에스겔

어떻게 설교할 것인가

두란노 HOW주석 시리즈 27

에스겔 어떻게 설교할 것인가

엮은이 | 목회와신학 편집부

펴낸곳 | 두란노아카데미
등록번호 | 제302-2007-00008호
주소 | 서울시 용산구 서빙고로 65길 38 두란노빌딩

편집부 | 02-2078-3484   academy@duranno.com http://www.duranno.com
영업부 | 02-2078-3333   FAX 080-749-3705
초판1쇄발행 | 2009. 8. 25.   9쇄 발행 | 2022. 4. 12

ISBN 978-89-6491-077-1   04230
ISBN 978-89-6491-045-0   04230(세트)

책값은 뒤표지에 있습니다.

두란노아카데미는 두란노의 '목회 전문' 브랜드입니다.

에스겔
어떻게 설교할 것인가

• 목회와신학 편집부 엮음 •

두란노 HOW주석

HOW
COMMENTARY
SERIES
27

두란노아카데미

설교는 목회의 생명줄입니다

설교는 목회의 생명줄입니다. 교회 공동체를 향한 하나님의 음성입니다. 그래서 목회자는 설교에 목숨을 겁니다. 하나님의 말씀을 가감 없이 전하기 위해 최선을 다합니다.

이번에 출간한 「두란노 HOW주석 시리즈」는 한국 교회의 강단을 섬기는 마음으로 설교자를 위해 준비했습니다. 「목회와신학」의 별책부록 「그말씀」에 연재해온 것을 많은 목회자들의 요청으로 출간한 것입니다. 특별히 2007년부터는 표지를 새롭게 하고 내용을 더 알차게 보완하는 등 시리즈의 질적 향상을 추구하였습니다. 독자 여러분의 끊임없는 관심과 격려를 부탁드립니다.

「두란노 HOW주석 시리즈」는 성경 본문에 대한 주해를 기본 바탕으로 하면서도, 설교에 결정적으로 중요한 '적용'이라는 포인트를 놓치지 않았습니다. 또한 성경의 권위를 철저히 신뢰하는 복음주의적 관점을 견지하고자 노력했습니다. 또한 성경 각 권이 해당 분야를 전공한 탁월한 국내 신학자들에 의해 집필되었습니다.

학문적 차원의 주석서와는 차별되며, 현학적인 토론을 비껴가면서도 고밀도의 본문 연구와 해석이 전제된 실제적인 적용을 중요시하였습니다.

이 점에서는 목회자뿐만 아니라 성경공부를 인도하는 평신도 지도자들에게도 매우 귀중한 지침서가 될 것입니다.

오늘날 교회에게 주어진 사명은 땅 끝까지 이르러 예수 그리스도의 복음을 전파하는 것입니다. 사도행전적 바로 그 교회를 통해 새롭게 사도행전 29장을 써나가는 것입니다. 이 시리즈를 통해 설교자의 영성이 살아나고, 한국 교회의 강단에 선포되는 말씀 위에 성령의 기름부으심이 넘치기를 바랍니다. 이 땅에 말씀의 부흥과 치유의 역사가 일어나고, 설교의 능력이 회복되어 교회의 권세와 영광이 드러나기를 기도합니다.

바쁜 가운데서도 성의를 다하여 집필에 동참해 주시고, 이번 시리즈 출간에 동의해 주신 모든 집필자들에게 이 자리를 빌어 감사의 뜻을 전합니다.

두란노서원 원장

contents *

발간사

I. 배경연구

1. 에스겔서의 개관과 신학 ㅣ이학재   11

2. 에스겔서와 예레미야서의 비교 연구 ㅣ김회권   25

3. 예언서와 기독론적 설교(겔 34장) ㅣ김회권   35

II. 본문연구

1. 겔 1~3장: 그발강가에서 일어난 미스터리 사건 | 이종록   49

2. 겔 4~5장: 예루살렘의 포위와 포로 | 배정훈   65

3. 겔 6~7장: 심판의 또 다른 이름: 하나님을 아는 은혜 | 한동구   75

4. 겔 8~11장: 신앙적 탈선과 심판 그리고 구원 | 강성열   89

5. 겔 12~15장: 참 예언과 거짓 예언 | 채홍식   107

6. 겔 16장: 음녀 예루살렘과 하나님의 영원한 언약 | 오택현   123

7. 겔 17~18장: 온 땅의 통치자이신 하나님 | 하경택   135

8. 겔 19~20장: 확정된 심판의 선포와 회복에 대한 약속 | 조휘   147

9. 겔 21~22장: 칼의 노래 | 이용호   163

10. 겔 23~24장: 두 자매와 녹슨 가마 | 우택주   175

11. 겔 25~28장: 열방에 대한 심판 신탁이 주는 의미 | 곽철호   191

contents

12. 겔 29~32장: 상한 팔과 이미 꺾인 팔 | 이한영   207

13. 겔 33장: 생명과 죽음에 이르는 길 | 강규성   225

14. 겔 34~37장: 하나님께서 행하신 여덟 가지 회복 | 이학재   235

15. 겔 38~39장: 최후의 전쟁과 궁극적 목표 | 우택주   257

16. 겔 40~42장: 새 성전 회복과 그리스도 | 김두석   267

17. 겔 43~46장: 하나님의 귀가(歸家), 그리고 다시 시작하기 | 이종록   279

18. 겔 47~48장: 성전 너머의 세상 | 전성민   303

주   316

원어 일람표   325

I. 배경 연구

1. 에스겔서의 개관과 신학 | 이학재

2. 에스겔서와 예레미야서의 비교 연구 | 김회권

3. 예언서와 기독론적 설교(겔 34장) | 김회권

01

에스겔서의 개관과 신학

선지자 에스겔의 이름인 '예헤즈케엘'(יְחֶזְקֵאל)은 '하자크'(חָזַק, 강하게 하다)와 '엘'(אֵל, 하나님)의 합성어로써 '하나님이 강하게 하실 것이다'라는 뜻이다. 그는 제사장 출신이면서(1:3) 동시에 하나님의 부르심을 받은 선지자였다. 에스겔은 30세(1:1)의 나이에 하나님의 부르심을 받았는데, 이때는 바빌론으로 유다 왕 여호야긴과 함께 포로로 끌려간 지 5년째 되는 주전 593년이었다.

역사적 배경

당시 남왕국 유다에서는 바빌론의 1차 침략이 있었던 주전 605년에 다니엘과 많은 지도자들이, 2차 침략이 있었던 주전 597년에 여호야긴과 에스겔 그리고 많은 백성들이 바빌론으로 끌려갔다.

이렇게 포로로 붙잡혀 간 사람들과 함께 있었던 에스겔에게 하나님의 말씀이 특별히 임했다. 하나님께서는 절체절명의 위기에 있는 유다 백성들을 심판하실 수밖에 없는 이유와, 미래에 있을 회복에 대한 계획을 말씀해 주셨다.[1]

연대적으로 보면, 에스겔서의 메시지는 주전 593년부터 시작해 예루살렘이 멸망하던 주전 586년까지 주어졌고 이어 포로 후 25년인 주전 573년과 포로 후 27년인 주전 571년 기록이 간헐적으로 나타난다(40:1). 따라서 30세에 부르심을 받은 에스겔은 53세가 되기까지 즉 주전 593~571년까지 약 23년 동안 사역했다.

에스겔서에서 연대기적으로 관련된 말씀은 13회 정도 나오는데, 아래의 도표와 같다.[2]

	성경 구절	본문의 내용	본문에 기록된 연도	역사적 연도
1	1:1~2	에스겔의 소명(참고 3:16)	5년 4월 5일	593년 6~7월
2	8:1	성전 안에서의 우상 숭배 환상	6년 6월 5일	592년 8~9월
3	20:1	장로들에게 응답	7년 5월 10일	591년 7~8월
4	24:1	끓는 가마의 비유 (임박한 예루살렘에 대한 심판)	9~10년 10월 10일	588~7년 12~1월
5	26:1	두로에 대한 심판	11년 ?월 1일	587~6년 3~4월
6	29:1	애굽에 대한 심판	10년 10월 12일	588~7년 12~1월
7	29:17	애굽에 대한 심판	27년 1월 1일	571년 3~4월
8	30:20	바로의 심판에 대한 예언	11년 1월 7일	587년 3~4월
9	31:1	바로의 심판에 대한 예언	11년 3월 1일	587년 5~6월
10	32:1	애굽의 심판에 대한 예언	12년 12월 1일	585년 3월
11	32:17	애굽의 심판에 대한 예언	12년 12월 15일	585년 4월
12	33:21	예루살렘 파괴에 대한 소식	12년 10월 5일	586~5년 12~1월
13	40:1	예루살렘 환상	25년 1월 10일	573년 3~4월

역사적으로 에스겔서에 나타난 가장 충격적인 사건은 바빌론 포로 상황 (1:1~2)과 예루살렘 훼파(33:21)이다. 이런 일련의 사건을 통해 유다 백성은 정신적·물질적·영적 충격을 받게 되었고, 나중에는 포로로 붙잡혀 바빌론으로 끌려갔던 포로 그룹과 예루살렘에 남아 있던 그룹 간에 갈등도 생기게 된다.

당시 바빌론의 포로 그룹은 대략 4,600명(렘 52:30)으로 그들은 정치적·

종교적 지도자들로서 신 바빌론을 위한 노동력으로 이용되기도 했다. 그러나 바빌론은 포로 정책을 통해 유다를 경제적으로 황폐화시키고 반란을 근본적으로 막기 위해 유다 백성을 등용한 것으로 볼 수 있다.

또한 예루살렘에 남아 있던 사람들은 지도자들이 잡혀가자, 정치적 경제적 어려움을 당하면서 식민지 백성으로서 많은 고통을 받았을 것이다. 그러나 그들에게 닥친 가장 큰 시련은 그들이 겪어야 했던 신학적 갈등이다. '하나님께서 택하신 백성이 어찌하여 이방 민족에 의해 멸망하게 되었는가 (36:6), 더 이상 우리에게 소망이 있는가(37:11), 하나님께서 과연 우리와 함께하시는가(11:23)'라는 신의론적 질문을 하게 된 것이다. 에스겔의 회복에 대한 예언은 유다 백성의 이런 신학적 질문들에 해답을 준다.[3]

문학적 형식

에스겔서는 다양한 문학적 형태를 띠고 있다. 시와 산문은 물론이고 꿈과 환상의 구조(1~3장; 8~11장), 계시적 문학(37:1~14; 40~48장), 드라마(4~5장; 12장), 알레고리, 풍유, 잠언(16:44; 18:2), 장례 노래(19; 26~28; 32장) 등의 형태를 보이고 수사학적 용법도 반복적으로 나타난다. 특히 꿈과 환상은 주전 6~7세기 메소포타미아 지역에서 나타나는 문학적 형태이기도 하다. 에스겔서는 회복과 축복의 메시지를 위해 계시적 환상을 많이 사용하고,[4] 내용상 대조 형식을 취하고 있다.

예를 들면, 24장은 예루살렘의 포위에 대한 예언의 시작에 이어 33장은 마침내 멸망을 선포하며, 3장에서 에스겔이 처음 사명을 받을 때 파수꾼으로 부르심을 받고 예루살렘이 멸망하고 33장에서 다시 파수꾼의 소명에 대해 언급하고 있다. 6장에서는 이스라엘의 산에 임하신 심판과 파괴와 황폐, 36장에서는 같은 산에서 회복과 새롭게 임하시는 풍성함을 묘사하고 있다. 7장에서는 끝을 언급하고 있지만, 37장에서 끝난 마른 뼈의 환상에서 성령

님을 통한 회복을 보여 준다.[5]

에스겔서의 특징과 메시지

포로로 잡혀간 유다 백성에게, 그들이 왜 국가적으로 멸망할 수밖에 없고 앞으로 어떻게 회복될 것인지에 대해 하나님의 메시지를 통해 해답을 주는 것이 에스겔서의 목적이다. 주로 포로기 및 후기 선지서들은 하나님의 백성이 겪는 갈등을 말씀으로 해결하는 메시지에 관심이 있다. 예를 들면 다니엘 말씀은 포로로 잡혀간 이방인들 속에서도 역사의 주인은 하나님이심을 보여 주고, 학개는 하나님 나라의 회복을 위해 유다 백성이 적극적으로 참여해 하나님의 성전을 건축할 것을 촉구한다. 또 스가랴는 하나님께서 주도적으로 이끄실 회복을 강조하고, 말라기는 하나님께서 변함없으시니 그분께 신실하게 반응할 것을 요청한다.

에스겔서는 포로기와 후기 선지서들과 유사하게 절망 속에서의 하나님의 임재로 시작해(1장), 마지막에 회복될 하나님의 임재인 '여호와 삼마'로 끝을 맺는다(48:35). 또한 그들이 멸망할 수밖에 없는 이유는 하나님께 대한 그들의 불순종과 죄악 때문이고(8~11장), 하나님의 백성뿐 아니라 하나님을 대적한 이방 민족들까지도 하나님께서 심판하실 것이며(25~32장), 유다 백성을 위한 회복의 계획도 나타난다(33~39장). 그리고 미래에 새로운 성전(40~48장)에서 하나님의 임재를 통해 하나님의 백성은 완전히 회복될 것임이 드러난다.[6]

에스겔서에 나타난 특징은 하나님의 임재와 영광 그리고 '영'에 대한 관심이다. '영'(רוּחַ 루아흐)이라는 단어는 '바람, 마음' 등 여러 가지 뜻이 있으며, 구약성경에서 총 389회 나타나는데 아람어로 11회, 히브리어로는 378회 사용되었다. 그런데 통계적으로 보면, 구약성경 중 에스겔서에서 '영'이라는 단어가 무려 52회나 사용되고 있어 다른 어느 성경보다도 강조되고 있다.[7] 그뿐 아니라 영이라는 단어가 주는 자연에 대한 현상으로 6회, 사람들의 영의 개념으로 8회, 하나님의 영으로 16회, 하나님께서 사용하시는 자연적 용례로 22회 사용되었다. 이러한 사실은 하나님의 영광이 성전에 임재해 있을 뿐 아니라 하나님의 백성과 그들의 회복을 위해 우주적·역동적으로 역사하심을 강조하고 있다.[8]

이렇게 하나님의 영 즉 성령님께서 우리 가운데 오셔서 우리를 내면적으로 완전히 변화시키시며(36:26~28), 하나님의 백성을 살아 있는 군대로 회복시키신다(37:9~10). 하나님의 영으로 유다 백성을 회복시키신다고 에스겔이 강조하는 것은, 에스겔보다 20세가 많은 예레미야가 내면적 말씀을 통해 변화를 강조한 것과도 균형을 이룬다(렘 31:33).[9]

에스겔서의 단락 구분

에스겔서에서 내용상으로 확연하게 드러나는 단락은 1~3장의 에스겔의 소명, 8~11장의 성전 환상과 회복, 25~32장의 열방에 대한 심판, 40~48장의 미래에 있을 새 성전에 관한 내용이다. 이를 내용상 두 단락으로 나눈다면, 하나님의 심판에 관련된 1~24장과 회복에 관련된 25~48장을 들 수 있다.

이러한 내용상 구분을 참고로 해서 여덟 개의 단락으로 나누는 것이 보편적인데, 그것을 다시 50개의 소단락으로 나누면 다음과 같다.[10]

> **1. 에스겔의 소명**(1~3장)
> 하늘이 열리고(1:1~3)
> 여호와 영광의 형상(1:4~28)
> 반역하는 백성에게(2:1~7)
> 네게 주는 것을 먹으라(2:8~3:11)

　　　주의 신이 나를 들어(3:12~15)

　　　이스라엘 족속의 파수꾼(3:16~21)

　　　너로 벙어리가 되어(3:22~27)

　2. 유다와 예루살렘에 대한 심판과 상징적 행동(4~7장)

　　　벽돌의 상징적 행동(4:1~3)

　　　좌우편으로 눕기(4:4~8)

　　　부정한 양식의 상징적 행동(4:9~17)

　　　털을 깎는 상징적 행동(5:1~4)

　　　털을 깎는 행동의 해석(5:5~17)

　　　이스라엘 산들에 대하여(6장)

　　　이스라엘 땅들에 대하여(7장)

　3. 성전 환상과 하나님의 떠나심(8~11장)

　　　성전 안에서의 죄악들(8장)

　　　우상 숭배자들을 죽이는 환상(9장)

　　　하나님의 영광이 떠나는 환상(10장)

　　　예루살렘에서 떠나는 하나님의 영광 환상(11장)

　4. 유다와 예루살렘의 심판 및 비유들(12~19장)

　　　포로로 잡혀가는 상징적 행동(12:1~20)

　　　잘못된 속담(12:21~28)

　　　거짓 선지자와 거짓 여선지자들(13장)

　　　우상에게 상담하는 자들에 대한 심판(14:1~11)

　　　예루살렘의 멸망(14:12~23)

　　　쓸모없는 포도나무 가지(15장)

　　　행음한 여인(16장)

　　　독수리들과 포도나무 비유의 예언(17장)

　　　개인 책임에 대한 예언(18장)

　　　방백들을 위한 애가(19장)

5. 유다의 반역과 심판(20~24장)

   역사를 통한 이스라엘의 반역(20:1~44)

   여호와의 복수의 칼(20:45~21:32; 히브리 성경 21:1~37)

   피의 성에 대한 저주(22장)

   오홀라와 오홀리바(23장)

   끓는 가마(24:1~14)

   에스겔의 아내의 죽음(24:15~27)

6. 열방에 관한 심판(25~32장)

   암몬에 관한 심판(25:1~7)

   모압에 관한 심판(25:8~11)

   에돔에 관한 심판(25:12~14)

   블레셋에 관한 심판(25:15~17)

   두로에 관한 심판(26:1~28:19)

   시돈에 관한 심판(28:20~26)

   애굽에 관한 심판(29~32장)

7. 회복의 예언(33~39장)

   파수꾼과 예루살렘 멸망(33장)

   거짓 목자와 참 목자(34장)

   여호와의 땅의 회복(35~36장)

   마른 뼈 환상(37:1~14)

   두 막대기의 회복(37:15~28)

   곡과 마곡의 심판(38~39장)

8. 영원한 성전(40~48장)

   새로운 성전(40:1~43:11)

   새로운 법(43:12~46:24)

   새로운 땅(47~48장)

에스겔은 절망적인 상황에서 하나님께 소명을 받는다(1~3장). 그리고 소명을 받는 것은 하나님의 백성에게 심판이 임하심임을 여러 상징적 행동을 통해 강조하며 보여 준다(4~7장). 이런 필연적 심판은 바로 하나님 백성의 죄악상 때문이다(8~11장). 따라서 그들에게 하나님의 심판의 메시지가 거듭 언급된다(12~19, 20~24장).

그러나 하나님의 심판의 잣대는 유다 백성에게만 주어지는 게 아니다. 그들을 괴롭힌 자들에게도 반드시 임하게 된다(25~32장). 이방 백성에 대한 심판은 하나님의 회복이라는 주제와 연관되어 있다. 하나님께서 백성을 회복시키기 위해 대적을 완전히 멸망시켜야 하기 때문이다. 그리고 참 목자인 예수 그리스도와 성령님을 통해 하나님의 백성은 완전히 회복될 것이며, 그 대적들도 결국 심판을 받게 될 것이다(33~39장).

회복 후에 유다 백성은 새로운 성전에서 새로운 법으로 하나님을 섬기고 기업을 누리며, 하나님의 영은 그곳에 영원히 거하게 된다(40~48장).

에스겔서의 신학

포로로 잡혀간 공동체에서 사역한 선지자 에스겔은 예루살렘에 임박한 심판을 선포하고, 예루살렘이 멸망하자 회복의 메시지를 계속 선포한다.

혹자는 에스겔이 사역한 곳이 예루살렘이며, 포로 공동체가 머물던 바빌론이 아니라고 주장한다. 그러나 이 견해는 1:1~3과 3:15에서 사역지를 명확하게 언급하고 있기 때문에 받아들일 수 없다.[11]

따라서 에스겔서의 신학은 포로 공동체의 소망 신학과 밀접하게 연관되어 있다. 일반적으로 에스겔서는 하나님의 본질, 심판의 목적, 개인적 책임, 이스라엘의 윤리적·종교적·도덕적 역사와 회복 등을 강조하고 있다.[12]

1. 하나님의 백성

이사야 선지자는 하나님께서 유다 백성을 구원하실 뿐 아니라(사 40장) 열방의 구원과 회복에 대한 관심을 잊지 않으신다(사 2장)고 강조한다. 그러나 에스겔은 철저히 하나님의 백성의 회복과 대적들의 멸망에 대한 메시지에만 관심이 있다. 이것에 대해 편협주의(parochialism)라고 부를 만큼, 에스겔은 철저히 유다 백성의 회복에만 초점을 맞춘다.[13] 이방 민족의 회복에 대해 특별한 관심과 언급이 없고, 유다 백성의 과거 모습과 현재 상태 그리고 미래에 있을 하나님의 계획만을 묘사한다.

과거에 유다 백성이 하나님 앞에서 얼마나 범죄를 저질렀던가? 이런 유다 백성에 대해 16, 23장은 영적 행음자로, 20장은 하나님의 언약을 끝까지 버린 자로 묘사하고 있다. 또한 철저하게 자기 조상들에게 죄를 전가하는 모습을 보이며(18:1~2), 조상들처럼 영적으로 음행하는 모습을 보인다(6장; 8:5~17; 14:3~5; 16:15~22; 20:30~31).[14] 유다 백성의 이런 죄악에도 불구하고 하나님께서 계획과 언약대로 그들을 회복시킬 것을 약속하신다(34~39장). 그리고 개인뿐 아니라(36:26~28) 민족적 회복을 묘사하고 있다(37:15~28).

2. 하나님의 영광의 임재

하나님을 '이스라엘의 거룩하신 분'(קְדוֹשׁ יִשְׂרָאֵל 케도쉬 이스라엘)으로 언급하는 이사야서와 유사한 내용이, 에스겔서에서는 '하나님의 영광의 임재'로 나타난다. 시작부터 하나님을 우주를 통치하시는 분으로 묘사하며(1장), 성전에도 영광으로 임하시는 모습으로 기록한다(43:5; 48:35).

여기서 흥미로운 것은 하나님의 영광의 모습이 유다 백성의 죄악으로 인해(8~11장) 성전에서 떠났다가 다시 회복되는 내용이다. 처음에 하나님의 영광은 지성소 안 언약궤에 있었지만(9:3), 성전 문지방으로 가시고(10:4), 그곳에서 동문까지 떠나시며(10:18~20), 마침내 성읍에서 떠나 성읍 동편 산에 머무시게 된다(11:23). 그리고 다시 성전으로 돌아와 가득히(43:5) 유다 백성 중에 거하시게 된다(48:35).

성경 외의 다른 근동 자료들은 그 신당에 돌아오는 신들의 마음이 먼저 변화될 것을 강조하고 있지만, 에스겔서는 하나님에 의해 사람들의 마음이 먼저 변화됨을 강조하는 것이 큰 차이점이다(11:18~21).[15] 사람의 전인적 변화는 하나님의 임재와 연관시켜 이해할 수 있다.

3. 회복자 성령님

하나님의 영광의 임재와 연관된 에스겔서의 회복은 바로 성령님의 임재이다. 선지자 에스겔은 메시지를 받을 때나 하나님의 뜻을 깨닫게 될 때 하나님의 영에 철저하게 의존한다(3:12, 14상; 8:3; 11:1, 24상; 37:1; 43:5). 하나님의 영은 에스겔을 들어 올려 환상 가운데로 데려가기도 하시며(3:15; 8:3; 11:1) 움직이게도 하신다. 즉 성령님께서 에스겔에게 하나님의 말씀을 보여 주고 계시하시는 것이다. 이는 성령님을 통해 하나님의 계시를 보여 주었다는 히브리서 3:7의 "그러므로 성령이 이르신 바와 같이 오늘날 너희가 그의 음성을 듣거든"이라는 신약성경의 언급과 일치한다.

에스겔은 성령님께서 절망 가운데 있는 유다 백성에게 하나님의 계시를 주셨을 뿐 아니라 유다 백성의 완전한 변화조차 성령님의 내주하심으로 일어난다고 강조한다. 이것은 '새 영'이고, '나의 신'(36:26~27)이신 성령님께서 유다 백성의 마음속에 임하여 그들을 완전히 변환(transformation)시키시는 것을 의미한다.

이런 신학적 강조점은 다른 선지자들과 차이를 보인다. 앞서 언급한 바와 같이, 소년 예레미야가 소명을 받은 때가 주전 627년임을 참고하면 그의 출생 연도는 대략 주전 643년이 된다. 에스겔이 소명을 받은 때가 주전 593년이었고 그는 30세였으니(1:1~3), 그가 주전 623년생이라면 예레미야와 에스겔은 20세밖에 차이가 나지 않아 동시대에 사역한 것으로 볼 수 있다.[16] 그러나 예레미야는 새 언약(31:31~34)의 말씀을 통한 회복을 강조한 반면, 에스겔은 철저히 성령님을 통한 회복을 강조했다. 이런 면에서 예레미야의 말씀을 통한 회복과 에스겔의 성령님을 통한 회복은 우리에게 신앙적 균형을 제공한다(참고 엡 5:18; 골 3:16).

4. 회복자 예수 그리스도

에스겔서에 하나님의 영광과 성령님에 관한 예언만 있는 게 아니다. 구약
의 모든 선지서들이 그리스도에 관해 예언했듯이, 에스겔서도 그리스도를
회복자로 묘사하고 있다. 논란이 있긴 하지만, 8:2의 '불같은 형상'을 '사람
같은 형상' 또는 '인자 같은 형상'으로 해석하는 성경도 많다. '불같은 형상'을
1장에 나타난 예수 그리스도에 관한 묘사로 이해하는 것이다(1:26~27).

또한 예수 그리스도의 십자가 사역의 예표로 '이마의 표'(9:4)를 지적한다.
이것이 십자가를 직접적으로 예언한다고 말하기는 무리가 있지만, '이마의
표'는 엑스자형 즉 십자 형태로써 십자가를 예표 한다. 이 표를 받은 무리만
심판에서 제외된다는 약속은 분명히 그리스도의 구속의 사역과 연관되어
있어야 한다(참고 고전 5:7; 계 7:3; 14:1).

그리고 '연한 가지'(17:22~23)가 참 소망으로 묘사되고 있는데, 이것도 메
시아적 사역으로 이해할 수 있다. 높은 나무를 낮추고, 낮은 나무를 높이는
역사를 감당하는 것이 바로 '연한 가지'(라크)의 사역이다.

또 예수 그리스도는 '한 목자'(로에 에하드)로 묘사되고 있다(34:23~31).
주로 선지서에서는 목자를 인도자인 왕으로 봐야 하는데, 그리스도는 거짓
목자와 달리 양들을 돌보는 참 목자로서 구원 사역을 감당하시는 분으로 묘
사되고 있다.[17]

그리스도는 '영원한 왕'(나시)이시며(37:25. 참고 44:3; 45:7~8; 45:21~
46:12; 48:21), '나시'는 영원한 성전에서 높아진 인물로서 그 역할을 감당하며
그 임무도 신비적이다.[18] '나시'의 역할이 그리스도와 연관되는 것을 반대하
는 입장이 있는데, 이것은 '나시' 자신을 위해 속죄제를 드리기 때문이라고
한다(참고 45:22).

그러나 40~48장은 죄를 사함 받기 위한 제사를 보여 주는 게 아니기 때
문에 메시아적 인물의 역할로 이해한다.[19]

5. 구원자 성부 하나님

에스겔서에서 많이 나타나는 표현 중에 하나가 '너희로 나를 여호와인 줄 알게 하려 함이니라'(6:7, 10, 13, 14; 7:4, 27; 11:10, 12; 12:15, 16, 20; 13:9, 14, 21, 23; 14:8; 15:7; 16:62; 20:20, 26, 38, 42, 44; 22:16; 23:49; 24:24, 27; 25:5, 7, 11, 17; 26:6; 28:22, 23, 24, 26; 29:6, 9, 16, 21; 30:8, 19, 25, 26; 32:15; 33:29; 34:27; 35:9, 15; 36:11, 23, 38; 37:6, 13, 28; 38:23; 39:6, 7, 22, 28)이다. 에스겔서에서 이 표현은 '열국의 목전에서', '내 거룩한 이름', '여호와의 거룩'이라는 주제와 연결되어 주로 사용되었다. 또 이 표현은 유다 백성에 대한 심판뿐 아니라, 이방 심판을 통한 유다 백성의 회복과 연관된다.[20]

하나님께서는 말씀대로 심판과 구원을 행하는 분이시다(17:24; 22:14; 36:36; 37:14). 그리고 유다 백성에게 구원을 베푸는 분이시다(출 6:7; 7:5). 민족적으로 절체절명의 위기에 처해 있는 유다 백성에게 이런 표현들이 많이 사용된 것은 하나님은 새 출애굽을 행하는 분이심을 강조하며 백성을 위로해 주시려는 의도일 것이다.

맺는 말

에스겔서는 절망 상태에서 받은 하나님의 계시의 말씀이다. 따라서 하나님의 백성이 심판을 받아야 하는 이유와 그들의 책임 그리고 하나님의 회복의 계획이 신학적 관심 속에서 다뤄진다. 구약성경은 철저하게 하나님께서 어떤 분이시고 삼위 하나님께서 어떤 계획으로 구원하셨는지에 대해 말씀하신다. 우리는 그런 관점으로 본문을 이해해야 한다.

따라서 에스겔서에는 하나님의 영광의 임재, 성령님의 회복하심, 성자 예수님의 메시아적 사역이 골고루 예언되어 있다.

구약의 다른 선지서들보다 획기적인 것은 성령님의 사역을 통한 회복을 강조하고 있다는 점이다. 그런 면에서 에스겔서는 구약 역사의 마지막에 하나님의 약속들을 총망라해서 정리하고 있다.

하나님과의 관계성에 관한 표현들('너희는 나의 백성이 되고 나는 너희 하나님이 되리라, 내가 여호와인 줄 너희가 알게 되리라')과 40~48장의 성전에 관한 언급 및 하나님의 함께하심은 모세 오경의 출애굽기와 레위기 등의 신학적 총결이며, 땅 분배는 여호수아의 신학적 주제와 일관성이 있다. 그리고 유다 민족의 회복은 선지서들이 갖는 마지막 결론이다.

02

에스겔서와
예레미야서의 비교 연구
에스겔과 예레미야의 미래 사회 청사진

예레미야와 에스겔은 주전 6세기에 바빌론 제국에 의한 조국 유다가 멸망하는 것을 목격했거나(예레미야), 포로로 잡혀간 지역에서 그 소식을 들었던(에스겔) 사람들이다. 주전 586년에 유다는 하나님이 선택하셨던 것에 대한 상징적 보증들이었던 성전과 다윗 왕조를 상실하고 말았다. 그것은 야웨와 이스라엘 사이에 유지해 온 특별한 관계(계약 관계)에 대한 인습적 이해를 뿌리째 뒤흔드는 일이었다. 예수님의 십자가 사건의 그림자가 공관복음 전체에 드리워진 것과 마찬가지로, 주전 586년에 일어난 사건의 그림자가 예레미야서 전체와 에스겔서 후반부를 뒤덮고 있다.

예레미야서와 에스겔서

예레미야서와 에스겔서의 독자들을 예상해 보면, 의심의 여지가 없이 절망의 구렁텅이에 빠져 있던 사람들이다. 결과적으로 두 책의 주제는 절망을 초극하는 희망, 하나님이 창조하신 희망이다. 과거는 흘러간 것이고 다시 돌이킬 수 없는 것이다. 오로지 이스라엘이 바라고 희망할 수 있는 것은 과거의 폐허와 잔해로부터 하나의 새로운 이스라엘을 탄생시켜, 예전에 자신들의 죄악으로 인해 실현되지 못했던 그 오래된 하나님의 약속들의 상속자가 되는 것이다.

엘리야–엘리사 시대가 하나님 백성(이스라엘/유다)의 공동체에서 자라기 시작한 암세포(암의 징후)를 발견하는 단계라면, 아모스–호세아–이사야–미가 시대는 암세포 제거 수술의 필연성을 역설하는 암 3~4기 단계다. 예레미야–에스겔 시대는 암세포 제거 수술의 무용성을 인정하고 사망을 선고하는 단계다. 예레미야와 에스겔은 죽음을 넘어 부활과 회복을 내다본다.

지방 성소 출신의 예레미야

예레미야는 예루살렘의 몰락(렘 1, 20, 25, 29, 31~33장) 현장을 목격하면서 하나님의 언약적 신실성이 아니라면 유다에게 다시는 희망이 없다고 단언한다. 그는 유다 멸망의 필연성을 역설하고 바빌론 유배의 신학적 의의를 강조한다(렘 25장; 29:11~13). 가나안 땅에 사는 것이 얼마나 큰 은혜인지 모를 바에는 차라리 포로로 붙잡혀 바빌론으로 가서 거기서 다시 땅의 상실이 의미하는 것이 무엇인지, 약속의 땅에 살던 시절이 얼마나 놀라운 은혜였는지 회상해야 한다고 주장한다. 그는 바빌론이 하나님의 심판 도구라고 주장했기 때문에 민족주의적 정서를 가진 사람들에게 매국노라는 비난을 받았고 상대적으로 바빌론 정복군에겐 선대를 받았다.

이사야가 앗수르라는 대제국에게 군사적 원조도 요청하지 말고 앗수르와 군사적 대결도 벌이지 말라고 충고한 반면(비동맹 고립 정책), 예레미야는 한 걸음 더 나아가 민족의 전멸을 면하려면 바빌론의 멍에를 지라고 말한다. 그는 전체적으로 바빌론에 포로로 잡혀간 사람들에게 유다의 미래가 있을 것이라고 말한다. 예레미야는 지방 성소 아나돗의 제사장 아비아달 가문의 아들로서 유다의 미래상을 제시함에 있어서 에스겔과 사뭇 다른 미래상을 제시한다. 그는 하나님의 영으로 가득 찬 이스라엘 계약 공동체, 영적 민주주의 공동체를 미래의 이상 사회로 꿈꾼다(렘 31~33장).

미래 사회에 대한 예언을 담고 있는 예레미야 30~33장의 메시지는 예레미야서의 중심축을 이룬다. 그가 소명을 받았을 때(주전 627년)부터 예루살렘이 재난에 임박했을 때(주전 587년)까지 46년 동안 예레미야의 설교를 들었던 사람들은 자신들의 영적 자기 만족감을 일깨우는 예레미야의 무서운 경고들을 알고 있었다. 재난이 이제 막 그들을 덮치려 하자 그들의 영적 자기 만족감은 절망으로 바뀌었고 뒤이어 희망에 대한 상실감이 그들을 지배하기 시작했다. 그리고 이 절망감과 환멸감에 지배당한 바로 그 백성들에게 예레미야의 희망의 메시지가 전달되었던 것이다.

그치지 않는 사랑으로 이스라엘을 돌보셨던 거룩하고 은혜로운 하나님의 정당한 분노를 옹호했던 예레미야는 나라가 멸망당하자 그때부터 그릇된 길에서 돌이키는 백성을 능히 회복시키실 하나님의 구원 의지를 옹호하기 시작했다. 뿌리를 뽑고 기초를 훼파(毀破)하셨던 그 하나님은 다시 건축하고 심는 분이시다(렘 1:10).

여기서 한 가지 주목할 것은 유다의 미래에 대한 예레미야의 예언자적 비전 안에 예루살렘 성전이나 사독 계열 제사장의 위계질서는 아무런 역할을 못하고 있다는 사실이다. 실로(Shiloh) 성소의 적통을 이어받은 아비아달 계열의 제사장 가문에서 태어난 예레미야는 아비아달을 지방으로 축출한 사독 계열 제사장이 주도하는 예루살렘 성전에 대해 신학적, 역사적 문제의식을 가진 예언자였다. 이런 점에서 예레미야는 에스겔과 다른 궤적을 남기고 있다.

사독 계열 제사장의 아들 에스겔

에스겔은 주전 597년에 포로가 되어 바빌론으로 끌려가서 10년간의 포로 생활을 보낸 후 유배지에서 예루살렘에 대한 멸망 소식을 듣고 경악한다. 그는 유배지에서 아내를 잃었지만 공식적으로 애도 의식도 거행치 못했을 만큼 비극적인 인물이었다.

　사독 계열 제사장의 아들로 태어난 에스겔은 30세의 나이에 바빌론 포로들 사이에서 하나님의 부르심을 받고 예언자적 목회에 들어간다. 그는 성전의 그룹 사이에 좌정하신 하나님이 아니라 불 전차를 타고 세계를 종횡무진 하시는 절대적으로 초월적이고 자유로우신 하나님과 부딪힌다. 그는 25세에 바빌론으로 유배되어 온 지 5년 후 동족들이 운하 건설 공사에 동원되어 노동하던 그발강(the Kebar River) 가에서 '하늘이 열리는' 묵시(默示, 幻像, vision)를 경험한 것이다. "제 삼십 년 사월 오 일에 내가 그발강가 사로잡힌 자 중에 있더니 하늘이 열리며 하나님의 이상을 내게 보이시니 여호야긴 왕의 사로잡힌 지 오 년 그달 오 일이라"(1:1~2).

　그가 하늘이 열리는 경험을 한 그발강가는 유다의 포로들이 민족 멸망의 아픔과 상처 속에서 시온을 기억하는 노래(고라 자손의 시온 순례시들)를 부르며 망국의 한을 삭이던 장소였다(시 137편). 에스겔은 조국의 멸망과 더불어 자신의 인생이 송두리째 망가지는 경험을 한 것이다. 고국의 왕도 포로로 잡혀가고 예루살렘 성전도 파괴되었다. 그가 다시 고국으로 돌아가 제사장으로 봉사해야겠다는 희망은 아득히 멀어져 간 신기루와 같이 되어 버렸다.

　그런 우울하고 답답한 포로 생활이 5년째로 접어든 시점에, 그가 고국에 있었다면 성전에 나가 제사장 직무를 감당해야 할 30세가 된 시점에 하늘의 불 전차 보좌 위에 앉아 계신 하나님을 목도한 것이다.

　그는 유다 왕실이 망하고 왕의 보좌가 비어 있지만, 하나님 나라의 보좌에는 아무 이상이 없음을 깨달았다. 이것이 바로 하늘이 열리는 경험이다.

　전후좌우 평면적 차원의 모든 전망이 흑암처럼 답답하고 닫힐 때 하늘이 열리는 묵시의 경험이 시작된다. 우리는 에스겔서 전체에 걸쳐 유다 왕조의 흥망성쇠와 상관없이 여전히 우주와 역사, 인생과 삼라만상을 주재하는 왕이신 하나님을 만난다. 유다 왕의 보좌는 비어 있지만 하나님은 불 전차 보좌 위에 앉아 계시며 세계를 다스리신다.

　역설적이게도 나라가 망하고 민족이 파멸되고 자신이 언제 끝날지 모르는 전쟁 포로의 신분으로 전락한 절망적인 상황에서 에스겔은 예언자로 거듭 태어난 것이다. 좋고 안정된 직장(예루살렘의 제사장직)을 잃고 다소 불안정하지만 매우 거룩하고 역동적인 직장을 얻게 된 것이다. 그는 옛 세계의 멸망을 통해 새 세계에 눈을 뜰 수 있었다.

에스겔은 자주 말씀의 능력에 의해 끌려 올림(영적 부양)을 경험했다. 그것은 하나님의 보좌에서 역사와 인생을 바라볼 수 있는 예언자적 통찰력과 상상력을 획득했다는 뜻이다. 즉 하나님 보좌의 시야로 역사를 조감하고 민족의 미래를 내다볼 수 있게 된 것이다. 하나님의 보좌 환상을 보면서 에스겔은 하나님의 왕적 다스림과 이스라엘의 미래를 확신하게 되었다.

이스라엘의 파수꾼으로 부르심을 받은 에스겔

에스겔서의 전반부인 1~24장은 시드기야 왕의 반(反)바빌론 정책을 규탄하는 데 할애하고 있다. 에스겔의 환상들은 포로기 공동체의 다면적 문제 상황들을 잘 예시한다. 에스겔서 전반부 예언들은 주전 597~587년에 예루살렘 성전에서 벌어지는 온갖 종류의 이방 종교 제의들을 규탄하고 심지어 바빌론 포로들 중에 유력자들(장로들) 사이에 만연해 있던 우상 숭배를 단죄하는 데 초점을 맞추고 있다.

에스겔서의 2부라고 할 수 있는 25~32장은 2부로써 열방에 대한 심판 예언을 담고 있다.

에스겔서의 3부(33~39장)와 4부(40~47장)는 이스라엘의 영적 회복과 갱생에 관한 예언 및 약속을 기록하고 있다(특히 3부). 3장에서 이스라엘의 파수꾼으로 부르심을 받은 에스겔이 33장에서 다시 한 번 이스라엘의 파수꾼으로 부르심을 받고 있다. 그런데 이번에는 파멸과 심판의 대언자가 아닌 희망과 약속을 대언하도록 부르심을 받는다(33장).

에스겔은 이스라엘의 회개와 회복의 메시지를 선포하도록 위임받은 파수꾼이다. 파수꾼은 하나님의 목적과 의도의 빛 아래 이스라엘의 과거를 해석하고 현실을 분석하며 미래를 전망한다(22:30). 그의 메시지의 핵심은 '이스라엘 백성은 회개하라'(33:10~20)는 것이다.

거짓 지도자들에 대한 규탄

34장은 하나님의 백성을 노략질하는 거짓 지도자에 대한 규탄을 담고 있다. 악한 짐승에게 물어뜯기고 삯군 목자에게 버림받아 방치되고 상한 양 떼를 보호하는 다윗 왕의 도래를 예언한다. 현재와 과거의 거짓 목자들과, 미래의 다윗 왕과 같은 선한 목자는 서로 대조된다(34:1~31). 이스라엘의 목자들은 양 떼를 삼키는 거짓 목자들이지만 야웨께서 그들을 심판하실 것이며 친히 양 떼를 먹이고 돌보는 목자가 되실 것이다(요 10:11, 14 "나는 선한 목자라").

하나님은 거짓 목자들을 심판하실 뿐 아니라 양 떼들을 심판하시며 야웨의 마음에 합한 종 다윗을 세워 그들과 평화의 언약을 맺을 것이다. 거짓 목자들은 양 떼를 잡아먹고 수탈하며 억압하고 갈취하며 이용할 것이다. 그래서 하나님께서 그들로부터 야웨의 양 떼를 빼앗고 그들로 하여금 더 이상 백성의 목자가 되지 못하게 하실 것이다(34:1~10). 야웨께서 친히 당신의 백성을 양 떼처럼 먹이고 돌보시는 시대가 올 것이다. 야웨께서 당신의 양 떼 가운데 심판하시며(살진 양과 병든 양; 막 6:34) 마침내 다윗(재림 다윗 유형)을 선한 목자로 그들 위에 세우실 것이다. 반면에 이스라엘의 숙적(에돔/세일산)은 파멸할 것이다. 에돔이 하나님을 대항해 이스라엘의 영토를 차지하려고 노력하는 과정에서 심히 교만했기 때문에(하나님의 영토 경계 묵살) 하나님께서 에돔을 심판하실 것이다. 그리고 에돔은 굴욕의 심판을 통해 야웨께서 하나님이심을 깨닫게 될 것이다(35:1~15).

그 반면에 이스라엘의 미래는 영광스러울 것이다. 야웨께서 이스라엘과 유다를 약속의 땅에 다시 한데 모아 번영을 누리게 할 것이기 때문이다. 지금 비록 그들은 원수들에게 모욕을 당하고 있지만 언젠가 이스라엘이 고토를 회복하고 정결케 된 후에 다시 하나님이 주시는 번영을 누리는 때가 올 것이다(36: 1~38). 이스라엘은 회복한 고국의 땅에서 다시 번성할 것이다(36:1~15). 하나님의 거룩한 이름을 위해 고토에서 정결케 될 것이며 마침내 새 언약의 수혜자가 될 것이다(36:16~18, 19~38). 이제 그들은 하나님의 저항할 수 없는 은총에 의해 정결케 되어 새 언약 안에 묶인 채 하나님과의 밀접한 영적 친교를 누리게 될 것이다.

'골짜기'의 비전

이스라엘과 유다에 대한 에스겔의 미래 비전의 핵심은 37장의 골짜기 환상이다. 그것은 이스라엘의 민족 갱생과 통일에 대한 비전이다. 비록 지금은 이스라엘이라는 나라가 죽어 있지만(오랜 포로 생활로 인한 절망, 무덤에 있는 백성) 그들이 야웨의 말씀을 들음으로써 영적으로 소생할 것이다(행 1:6). 소생한 이스라엘과 유다는 하나님의 손 안에서 하나가 될 것이다(37:1~28).

무덤 속의 부활은 분열된 이스라엘과 유다의 연합을 뜻하며 이상적 '다윗 왕'의 다스림 아래로 들어간다는 뜻이다. 두 막대기들로 대표되는 이스라엘과 유다는 하나님의 손 안에서 하나가 될 것이다. 에스겔서의 새 언약은 통일과 연합의 언약이자 하나님의 주도 아래 갱신되는 것이다(37:14~28).

마른 뼈들은 하나님의 말씀을 듣고 마른 골짜기에서 부활할 것이며 무덤에서 뛰쳐나올 것이다(36:1~37:28). 따라서 다윗 왕과 같은 이상적인 왕의 주도 아래 열방에 흩어져 있던 마른 뼈들인 이스라엘이 '하나님의 군대'로 부활할 것이다. 그들은 영적으로 갱생해 고토로 회복될 것이다.

우주적 반역 세력과의 성전(聖戰)

그런데 중요한 사실은 고토로 돌아온 하나님의 백성은 자신들의 죄악과 상관없이 큰 전쟁을 치러야 한다는 것이다. 여기에 하나님의 백성과 종말의 대전쟁을 벌이는 우주적 반역 세력인 '곡'(Gog)과 '마곡'(Magog)이 등장한다 (38~39장). 하나님의 백성은 영적으로 갱생하고 회복하며 연합하고 통일된 후에 지상에 임할 하나님 나라를 위해 거룩한 전쟁을 치러야 하는 것이다. 갱생하고 부활한 이스라엘과 전쟁을 치르는 세력은 태초부터 종말까지 하나님의 다스림에 반역하는 우주적 반역 세력이다. 즉 성결케 된 이스라엘은 태초부터 하나님께 반역해 온 대적 세력[신약성경의 정사와 권세와 보좌와 주관(골 2:15; 엡 6:12; 고전 15:20~28)]의 지상 구현을 놓고 마지막으로 큰 전쟁을 치러야 한다.

그런데 이 전쟁의 목적은 모든 족속들이 야웨께서 만유의 대주재 하나님 이심을 인정하도록 하기 위함이다. 하나님과 그분의 백성과 이스라엘을 멸절시키려는 우주적 원수인 곡과 마곡 사이의 종말 전쟁(38:1~39:29)은 갱생한 이스라엘을 연단시키는 거룩한 싸움인 셈이다.

이 전쟁을 통해 이스라엘은 지극히 순결하게 단련될 것이다. 비록 곡과 마곡이 엄청나게 큰 군대로 이스라엘을 공격하지만, 하나님께서 자연을 사용하셔서 그들을 패퇴시킬 것이며 대적을 포함해 만민들은 야웨가 하나님 이심을 인정하게 될 것이다. 곡은 하나님에 의해 대패하고 이스라엘은 곡의 시체들을 매장할 것이며, 열방들은 야웨가 하나님이심을 인정하게 될 것이다(38:17~39:29).

골짜기의 마른 뼈들이 하나님의 군대로 부활하는 데 결정적인 세 요소는 하나님의 영, 하나님의 말씀, 말씀의 대언자다. 오늘날 교회 갱생과 개인의 영적 갱생도 이런 세 가지 요소가 결합된 곳에서 일어난다.

에스겔서의 4부격인 40~47장은 예루살렘 성전 회복과 사독 계열 제사장 직의 회복 및 복권을 다룬다. 예루살렘은 세계 만민을 치료하는 생명의 강을 흘러내리는 하나님 나라의 중심 보좌로 복권될 것이다.

에스겔의 미래 사회 청사진의 핵심

전체적으로 에스겔서의 주제는 예루살렘 성전을 떠나는 '하나님의 영광'(쉐키나)과 회복된 성전(시 46편; 겔 40장)이다. 예레미야와 달리 에스겔은 바빌론 포로기 공동체 혹은 포로 생활 자체의 신학적 자산 가치를 높이 평가하지 않는다. 마찬가지로 이사야 40~55장도 바빌론에 눌러 앉아 살려는 사람들을 겨냥해 바빌론 우상들을 맹렬하게 공격한다.

에스겔서는 예레미야서에 비해 유다의 바빌론 포로들이 바빌론에 영속적으로 거주할 가능성을 봉쇄하고 고토로 돌아가서 새롭게 시작할 하나님의 새 역사를 강조한다.

하나님께서 타락하고 돌무더기로 전락한 예루살렘 성전을 회복시킬 것이며 다시금 사독 계열 제사장들로 하여금 예루살렘 성전을 중심으로 '여호와 삼마' 공동체를 이루는 데 기여하게 할 것이다. 에스겔의 미래 사회에 대한 청사진에서 핵심은 예루살렘 성전과 사독 계열의 제사장직의 회복이다. 예레미야와 달리 에스겔은 거룩함과 속됨을 나누고 정결과 부정을 나누는 제사장들이 미래 사회를 영도할 지도자로 부상할 것이라고 보았다.

03

예언서와 기독론적 설교
(겔 34장)

구약 예언서 본문들에 대한 '기독론적[1] 설교'란 무엇인가?

신약성경의 사도들과 그리스도인들은 십자가에 달려 죽고 삼 일 만에 부활한 나사렛 예수를 '메시아' 혹은 '그리스도'라고 고백하였다. 메시아(그리스도)는 '기름 부음을 받은 자'(מָשִׁיחַ마쉬아흐)를 의미한다. 고대 이스라엘의 왕정 신학(royal theology)은 인간 왕을 신정 통치의 이상을 실현하는 대리자로 보는데, 대관식(戴冠式) 의식 중 하나가 왕의 머리 위에 하나님(신)의 지혜와 권능을 상징하는 '감람유를 붓는' 것이었다(삼상 16:13, 14; 사 11:1~4). 기름 부음을 받은 왕은 신정 통치의 이상(理想)을 구현하는 왕으로 위임받았음을 의미한다(시 2:2; 단 9:25, 26). 이런 의미에서 가장 이상적인 왕에 가까운 메시아가 다윗이었다.

주전 8세기부터 이스라엘의 예언자들은 종말에 올 이상적인 왕을 다윗의 자손 혹은 다윗(재림 다윗)이라고 불렀다(사 9, 11, 32장; 미 5:2; 호 3장; 겔 34장). 19세기 독일 구약학자이자 구약성경의 메시아적 해석의 태두(泰斗)인 헹스텐베르크는 주전 6세기부터 예수님 오실 때까지 약 600년의 국권 상실 기간 동안에 유대인들을 지탱시켰던 하나의 예언/약속이 있다면 그것은 바로 메시아 도래에 대한 예언이었다고 주장한다.[2]

그는 창세기 3:15의 '원시 복음'(여자의 후손)부터 말라기 3:3~4:6의 '야웨의 날'의 도래 예언에 이르기까지 전체 구약성경이 그리스도의 고난과 대속적 사역을 증거 한다고 주장한다.

사실 이런 의미의 구약성경에 대한 '기독론적 설교'를 처음 시도한 사람들은 신약 시대의 사도들과 신약성경 기자들이었다. 누가복음 24장은 아주 명백하게 구약성경 전체가 그리스도에 대하여, 좀 더 구체적으로 말하면 그리스도의 굴욕적 고난과 죽음(영생)에 대하여 증거 한다고 선언한다.

> "가라사대 미련하고 선지자들의 말한 모든 것을 마음에 더디 믿는 자들이여 그리스도가 이런 고난을 받고 자기의 영광에 들어가야 할 것이 아니냐 하시고 이에 모세와 및 모든 선지자의 글로 시작하여 모든 성경에 쓴 바 자기에 관한 것을 자세히 설명하시니라"(눅 24:25~27).

> "또 이르시되 내가 너희와 함께 있을 때에 너희에게 말한 바 곧 모세의 율법과 선지자의 글과 시편에 나를 가리켜 기록된 모든 것이 이루어져야 하리라 한 말이 이것이라 하시고"(눅 24:44).

요한복음 5장도 구약성경이 그리스도(영생)에 대하여 증거 하는 책이라고 규정한다.

> "너희가 성경에서 영생을 얻는 줄 생각하고 성경을 상고하거니와 이 성경이 곧 내게 대하여 증거 하는 것이로다"(요 5:39).

이외에도 많은 신약성경 구절들은 '예수 그리스도가 구약성경의 모든 예언들을 성취하는 종말의 메시아'라는 관점에서 구약성경의 여러 구절들을 해석한다. 특히 누가복음 24:25~26은 예언서의 핵심 주장이 '그리스도가 먼저 굴욕적 고난을 받고 자기 영광에 들어간다'였다고 주장한다. 마가복음에서 예수님은 세 차례에 걸쳐서 자신의 굴욕적 고난(죽음)과 삼 일 만의 부활을 선언한다. 마가복음은 인자(그리스도)의 굴욕적 고난과 삼 일 만의 부활을 예언한다(8:31, 9:31, 10:34). 그런데 사도 바울은 고린도전서 15장에서 그리스도의 대속적 죽음('우리를 위하여')과 삼 일 만의 부활 사건 둘 다 구약성경에 의하여 증거 된 것이라고 말한다. "내가 받은 것을 먼저 너희에게 전하였노니 이는 성경대로 그리스도께서 우리 죄를 위하여 죽으시고 장사 지낸 바 되었다가 성경대로 사흘 만에 다시 살아나사"(고전 15:3~4). 사도 바울은 나사렛 예수의 대속적 죽음(굴욕적 고난)과 그의 부활이 그가 그리스도임을 결정적으로 증명한 사건이라고 해석한다. 나사렛 예수는 자신을 공공연히 메시아라고 선전하거나 혹은 자신이 메시아 나라를 창설할 이상적인 왕이라고 주장하지 않았지만, 신약 시대의 사도들과 신약 기자들은 '예수 그리스도의 굴욕적 고난과 부활 승천'이라는 결코 부인할 수 없는 증거를 보고 그가 과연 하나님의 아들이자 구약성경이 그토록 다양한 방법과 다양한 시기에 걸쳐서 예언해 온 그 하나님의 인자, 메시아임을(참고 단 7:13; 막 10:41~45) 확증하기에 이르렀다.

따라서 구약 예언서의 기독론적 설교의 첫 단계는 그리스도의 굴욕적 고난과 부활/승귀(昇貴, exaltation)를 예언하는 예언서 본문들을 발굴하는 일이다. 단지 메시아의 탄생 장소나 일반적 통치 행태를 예언하는 예언들은 기독론적 설교를 위한 본문으로 적당한 것이라고 볼 수 없다. 중세 로마 가톨릭교회의 지배하에서 구약성경 전체, 특히 예언서들에 대한 기독론적 해석이나 설교는 거의 이뤄지지 않았다. 근본적으로 가톨릭 신학은 그리스도의 지상 왕권을 대리하는 교황권의 강화 때문에 그리스도의 굴욕적 고난을 강조하는 십자가의 신학이 가톨릭 교회의 영광의 신학에 의하여 약화되었다. 그러다 그리스도의 굴욕적·대속적 고난과 부활/승천을 강조하는 기독론적 해석을 다시 부흥시킨 사람들은 마틴 루터, 칼빈과 같은 16세기 종교 개혁자들이었다.

결론적으로, 예언서의 기독론적 설교란 그리스도의 굴욕적 고난과 대속적 죽음, 그리고 부활/승귀를 예언하는 예언서 구절들을 다루는 설교다. 구약성경의 중심을 메시아 도래에 대한 예언이라고 보는 메시아적 해석은 기독론적 설교보다는 좀 더 포괄적이고 광범위한 개념이다. 메시아 예언은 메시아의 탄생 및 도래 등에 대하여 예언하는 예언(미 5:2)도 포함하지만, 정치적이고 군사적인 메시아 예언들도 구약에는 포함되어 있다. 기독론적 예언은 그리스도의 굴욕적 고난과 대속 사역을 부각시키는 예언이다. 엄밀하게 말하면, '기독론적 해석'은 성령론적 혹은 삼위일체적 혹은 구원론적 구약성경 해석 등과 다르게 사용되기 때문이다.[3] 여기서 중요한 것은 기독론적 설교나 해석이 위에서 정의된 기독론적 예언들이 당대의 역사적·신학적 맥락에서 갖는 의미들을 제거하거나 대체하지는 않는다는 것이다. 일단 모든 구약의 예언들은 당대의 역사적·신학적 맥락에서 해석될 필요가 있으며 그런 해석을 바탕으로 기독론적 설교가 가능하다는 것이다.

기독론적 설교와 비슷하지만 기독론적 설교로 볼 수 없는 예

그리스도의 중보 사역(대속적 고난 사역과 부활/승귀)을 직접적으로 다루지 않는 예언서 본문은 기독론적 설교 본문으로 적합지 않다. 예를 들면, 구약의 심판 담당 천사들을 성육신 이전의 그리스도라고 해석하는 설교는 기독론적 설교라고 할 수 없다. 헹스텐베르크는 아모스 9:1과 에스겔 9장의 심판하는 야웨의 천사가 바로 성육신 이전의 그리스도라고 이해한다(출 12:2~3). 왜냐하면 신약성경(특히 요 9~12장에서 심판권의 위임에 대해 자주 언급됨)의 많은 구절들이 모든 심판 권세가 하나님의 아들 예수 그리스도에게 위임되었다고 말하기 때문이다.

구약의 심판 천사(창 18~19; 수 5장)들을 성육신 이전의 그리스도(pre-incarnate Christ)라고 해석하는 소위 '기독론적 설교'들은 우리가 정의하는 기독론적 설교에서 제외된다. 또한 회복된 정복주의적 다윗 제국이 다시 에돔을 정복할 것을 예언하는 아모스 9:11~12에 대한 사도행전 15:16~17(그리스도의 왕국의 이방인 지역에로의 확장)의 해석도 엄밀한 의미의 기독론적 설교(해석)는 아니다. 이 경우는 아모스에 대한 교회론적 혹은 선교신학적 설교라고 볼 수 있을 것이다.

또 하나의 예로 이사야 7:14의 임마누엘 예언에 대하여 이뤄지는 소위 기독론적 설교들이다. 먼저 이사야 7:14에 대한 바른 해석을 위해서는 전후 문맥(7:10~17)을 살펴보아야 한다.

"여호와께서 또 아하스에게 일러 가라사대 너는 네 하나님 여호와께 한 징조를 구하되 깊은 데서든지 높은 데서든지 구하라 아하스가 가로되 나는 구하지 아니하겠나이다 나는 여호와를 시험치 아니하겠나이다 한지라 이사야가 가로되 다윗의 집이여 청컨대 들을지어다 너희가 사람을 괴롭게 하고 그것을 작은 일로 여겨서 또 나의 하나님을 괴로우시게 하려느냐 그러므로 주께서 친히 징조로 너희에게 주실 것이라 보라 처녀가 잉태하여 아들을 낳을 것이요 그 이름을 임마누엘이라 하리라 그가 악을 버리며 선을 택할 줄 알 때에 미쳐 버터와 꿀을 먹을 것이라 대저 이 아이가 악을 버리며 선을 택할 줄 알기 전에 너의 미워하는 두 왕의 땅이 폐한 바 되리라 여호와께서 에브라임이 유다를 떠날 때부터 당하여 보지 못한 날을 너와 네 백성과 네 아비 집에 임하게 하시리니 곧 앗수르 왕의 오는 날이니라"(사 7:10~17).

이사야 7:1~9에서 이사야는 아하스 왕에게 시리아-에브라임 동맹군을 두려워하지 말고(두려워한 나머지 앗수르의 도움을 요청하지 말고) 다윗에게 준 하나님의 약속을 굳게 믿으라고 설득한다(주전 734~733년. 왕하 16:7~9; 대하 28:16). 야웨께서는 이사야의 아들 스알야숩의 이름 예언을 상기시키며 아하스 왕에게 보내어 두려워하지 말 것을 권고한다(7:3~9). '스알야숩'의 문자적 뜻은 '오직 남은 자만 돌아가리라'이다. 전쟁의 상황에서 남은 자는 항상 전쟁에서 살아남은 자를 가리킨다.

따라서 여기서는 두 '사악한' 꾀를 도모하는 연합군 군사 중 오직 소수의 군사들만이 살아남을 것이라는 불길한 예언이 선포된다(참고 사 17:1~7). 특별히 하나님(이사야)이 이 동맹군의 계획을 악하다고 평가하는 이유는 그들이 공공연히 유다의 다윗 왕조를 멸절시키고 벤 다브넬이라고 하는 정체불명의(아람)사람을 왕으로 세우겠다고 위협하고 있었기 때문이다. 다윗 왕조는 사무엘하 7:12~16 이래로 야웨 하나님의 봉신 왕조로써 야웨의 계약적 돌보심과 보호아래에 있는 집이다. 이사야는 예루살렘의 정통 신학인 이 다윗-솔로몬 왕정 신학 전통의 계승자였기 때문에 다윗 왕조가 끊어진다는 생각은 상상할 수 없는 일이었다. 따라서 다윗의 집 아하스 왕 대신에 벤 다브넬을 왕으로 옹립하려는 시리아-에브라임 동맹의 '사악한 계획들'은 무위로 끝날 것이다.

왜냐하면 야웨 하나님은 아직도 다윗 언약을 기억하고 지키고 계시기 때문이다. 다윗 언약의 핵심은 다윗의 적법한 후손이 다윗의 위를 계승할 것이라는 약속이 아닌가? 그러나 아하스는 눈앞에 보이는 두 대적 앞에 크게 요동한다. '다윗의 집'은 정작 자신이 야웨의 봉신임을 잊고 있다. 열왕기하 16:5~10에서 아하스 왕은 앗수르 대왕에게 '나는 당신의 아들(봉신)이다'라고 고백하고 있음을 밝힌다.

여기서 우리는 시리아-에브라임 동맹군을 무서워하지 말고 동요하지 말라는 이사야의 충고가 어떤 현실 정치적인 함의가 있는지 알게 된다. 스알야숩 예언을 아하스가 충분히 믿지 못하자 이사야는 아하스에게 자신의 마음을 진정시킬 하나의 표적을 요청하라고 제의한다. 이는 기드온의 경우와 비슷하다(삿 6~7장). 기드온은 하나님께서 함께하심을 확신하기 위하여 양털 표적을 요청한다. 이는 '하나님의 함께하심'(임마누엘)을 확신하기 위한 하나님 시험인 셈이었다. 하지만 아하스의 대답은 실망스럽다. '나는 하나님께 표적을 구하지도 않겠고 하나님을 시험하지도 않겠다.'

이것은 이사야를 통하여 주어진 하나님의 말씀 노선과 갈 길을 달리하겠다는 강력하고 무례한 거절이었다. 아하스를 도와주려는 이사야의 인내는 점점 바닥을 드러내기 시작하며 하나님 자신이 친히 하나의 징조(표적), 곧 임마누엘 표적을 주신다. 그런데 하나님이 친히 주시는 징조는 상당히 조건적인 표적이요 징조다. 믿느냐 안 믿느냐에 따라서 그 표적(징조)의 파급 효과가 전혀 다른 양상을 띠게 될 것이다.

하나님께서 친히 하나의 징조를 주심으로 다윗의 집과 '함께하시겠다'는 다윗 언약(시 46편)을 재확증하신다(14절). '한 여인이 아들을 낳고 임마누엘이라고 이름 짓는 일이 있을 터인데 이것이 바로 다윗의 집에 대한 하나님의 함께하심의 약속 확증을 의미한다는 것이다.' 여기서 중요한 것은 여인의 정체성에 관한 질문이 아니다. 이 절이 70인역의 영향을 받은 신약 기자에 의하여 처녀 잉태설을 예언한 본문으로 둔갑하지만 적어도 여기서는 처녀 잉태에 초점이 맞춰져 있지 않다.

많은 주석가들과 설교자들은 이사야 7:14의 '처녀'(עַלְמָה 알마)와 '임마누엘'을 각각 '마리아'와 '예수 그리스도'라고 해석한다. 결론부터 말하면 이런 해석은 기독론적 설교가 아니다. 우리는 신약으로 가기 전에 이사야 문맥에서의 의미를 놓치지 말아야 하겠다. 일단 이사야 문맥에는 그리스도의 대속적 고난과 부활/승귀가 중심 주제로 다뤄지지 않는다. 뿐만 아니라 여인 혹은 임마누엘이라고 아이의 정체성이 본문의 중심 관심사가 아니다.

일단 이 본문을 전후 문맥에서 자세히 살펴보면, 징조의 핵심은 처녀가 남자와 성관계를 갖지 않고 아이를 낳는다는 초자연적 이적 사건이 아니며 그 아이의 정체성도 아니다. 오히려 그 여인이 낳는 아들, 임마누엘이라고 불리는 그 아들이 서너 살이 되기 전에(선악을 선택할 수 있을 나이) 시리아—에브라임 동맹군의 영토가 유린되고 버린 바 될 것이라는 점이 징조와 표적의 핵심이다. 두 동맹군의 '임박한 패배와 영토 상실'이 징조의 핵심이다.[4]

그러나 굳이 이 여인이 누구며 임마누엘이 누구냐고 묻는다면 우리는 문맥상 이 여인은 이사야의 아내며 임마누엘은 이사야의 아들이라고 보아야 할 것 같다. 7~8장에서 가임 여성과 예언적 의미를 가진 아들을 낳은 여인은 오로지 이사야의 아내뿐이다.[5]

결국 이사야의 둘째 아들이 임마누엘일 가능성이 제일 크다. 이사야의 아내는 둘째 아들을 임마누엘이라고 이름 지음으로써 하나님이 함께하시겠다는 다윗 언약의 핵심 조항을 재확증하였을 것이다.[6] 이 임마누엘 예언이 처음에는 시리아—에브라임 동맹군을 두려워하지 말 것을 권고하는 가운데 주어진 구원 예언으로써 스알야숩 예언의 후속편이라고 볼 수 있다. 구약성경의 계약 역사로 보면 '임마누엘 약속'은 다윗 언약을 요약한 신학 선언과 같은 역할을 한다(시 46~48편; 삼하 7:12~16). 결국 임마누엘이라는 이름 예언은 다윗 언약의 유효성에 대한 하나님 편에서의 확증이자 이사야(와 그의 아내) 편에서의 신앙 고백인 셈이다. 다윗 언약이 유효하다면 필시 하나님께서 다윗의 위에 앉을 후계자는 '한 아들'을 다윗의 혈통에서 내실 것이기 때문이다(사 9:5~6을 예기한다).

그래서 결국 다윗의 아들인 아하스를 폐위시키고 다른 계통의 왕들을 세우려는 시리아—에브라임 동맹의 악한 꾀는 성사되지 못할 것이며 오로지 '하나님이 함께하심으로' 다윗의 위는 계속 다윗의 후손에 의하여 차지될 것이다. 가장 근접한 문맥에서 살펴보면, 하나님의 '함께하심'은 일차적으로 시리아—에브라임 동맹군의 공격에서 유다를 건져 주시는 구원 사건 속에서 경험되어졌다. '임마누엘'은 하나님의 함께하심을 천명하는 예언적 이름이 되고 종말론적으로 다윗의 아들 예수님에게 적용된다(마 1:23). 그러나 이사야 7:14 자체에는 아직 그리스도의 대속적 고난과 부활/승귀가 충분히 다뤄지고 있지 않기에 기독론적 설교를 위한 본문이 되기에 충분하지 않다.

기독론적 설교의 주해와 적용

예수님은 요한복음 10:11~15에서 세 차례나 당신 자신을 양들을 위하여 목숨을 버리는 '선한 목자'라고 소개한다. 선한 목자의 본질은 자신의 목숨을 버려서 '왕적 권위를 행사하는 데' 있다.

"내가 온 것은 양으로 생명을 얻게 하고 더 풍성히 얻게 하려는 것이라. 나는 선한 목자라 선한 목자는 양들을 위하여 목숨을 버리거니와 삯군은 목자도 아니요 양도 제 양이 아니라 이리가 오는 것을 보면 양을 버리고 달아나나니 이리가 양을 늑탈하고 또 헤치느니라 나는 선한 목자라 내가 내 양을 알고 양도 나를 아는 것이 아버지께서 나를 아시고 내가 아버지를 아는 것 같으니 나는 양을 위하여 목숨을 버리노라"(요 10:11~15).

예수님 당시의 세계는 로마 제국의 가이사(Caesar)의 권력(공포, 폭압, 강제) 남용 아래 신음하고 있었다. 팔레스타인은 헤롯 가문과 로마 총독 빌라도의 권력 강제와 권력 남용에 시달리고 있었다. 마가복음 10:41에서 예수님은 당시의 로마 제국과 헤롯 가문의 통치 본질을 권력 강제적 통치와 권력 남용이라고 정의한다. 예수님은 자신이 대안적인 지도자라는 자의식을 공적인 맥락에서 여러 차례 언급한다. 그는 사람들을 마음으로 다스리는 참 목자 지도자가 되기 위하여서는 반드시 양 떼들을 위하여 자신의 목숨을 버리는 통과 의례를 거쳐야 함을 역설하신다. "너희 중에 누구든지 으뜸이 되고자 하는 자는 모든 사람의 종이 되어야 하리라 인자의 온 것은 섬김을 받으려 함이 아니라 도리어 섬기려 하고 자기 목숨을 많은 사람의 대속물로 주려 함이니라"(막 10:44~45).

따라서 우리는 나사렛 예수의 십자가상에서의 죽음이 목자 없는 양 같은 무리들의 '선한 목자'가 되기를 자청하였기 때문에 자취(自取)한 자발적인 고난임을 알게 된다. "예수께서 나오사 큰 무리를 보시고 그 목자 없는 양 같음을 인하여 불쌍히 여기사 이에 여러 가지로 가르치시더라"(막 6:34). 예수님이 자신을 '선한 목자'라고 주장하는 성경적인 맥락을 이해하려면, 에스겔 34장을 살펴보아야 한다. 34장은 포로기 이후에 전개될 이스라엘의 회복 시대를 주도할 이상적인 지도력에 관한 예언이다.

예수님은 34장의 빛 아래에서 '자신이야말로 선한 목자'라고 규정한다[에고(ego)라는 일인칭 대명사의 강조적 사용]. 34장의 '선한 목자와 악한 목자' 예언은 그리스도의 대속적 고난과 부활/승귀(왕적 통치권 회복) 주제를 다루는 예언이다. 왜냐하면 34장에서 '선한 목자'는 양 떼들을 모으고(열방 한 복판에 흩어진 양 떼들) 먹이고 보호하기 위하여 대적들(거짓 목자들, 들짐승들)과의 싸움을 거쳐야 하며 이 희생적인 사역을 통하여 양 떼들을 고치고 치료하기 때문이다. 예수님이 자신을 가리켜 선한 목자라고 할 때마다 자신이 치르는 대가를 말하는 셈이다.

> "이스라엘 목자들은 화 있을진저 목자들이 양의 무리를 먹이는 것이 마땅치 아니하냐… 내 양의 무리가 모든 산과 높은 멧부리에마다 유리되었고 내양의 무리가 온 지면에 흩어졌으되 찾고 찾는 자가 없었도다… 주 여호와의 말씀에 내가 목자들을 대적하여 내 양의 무리를 그들의 손에서 찾으리니목자들이 양을 먹이지 못할 뿐 아니라 그들이 다시는 자기를 먹이지 못할지라… 내가 그것들을 만민 중에서 끌어내며 열방 중에서 모아 그 본토로 데리고 가서 이스라엘 산 위에와 시냇가에와 그 땅 모든 거주지에서 먹이되… 그 잃어버린 자를 내가 찾으며 쫓긴 자를 내가 돌아오게 하며 상한 자를 내가 싸매어 주며 병든 자를 내가 강하게 하려니와 살진 자와 강한 자는 내가 멸하고 공의대로… 나 여호와는 그들의 하나님이 되고 내 종 다윗은 그들 중에 왕이 되리라 나 여호와의 말이니라"(겔 34:2~24).

예수님은 목자 없는 양 같은 무리들에 대하여 애끓는 연민과 긍휼을 느꼈다. 법과 체제 바깥으로 밀려난 자, 그 당시 정치·종교 기존 체제 안에서는 구원의 가능성을 발견하지 못한 채 방치된 대중들은 예수님 안에 선한 목자로서의 감수성을 불러일으켰고, 예수님은 그들을 위하여 목숨을 버린다. 예수님은 무리들의 질병을 고쳤고 그들을 점령한 귀신들을 축출하였고 그들의 훼손된 존엄성을 회복하였고 그들의 죄를 용서하였다.

예수님은 권력 강제와 권력 남용의 희생물이 된 사람들에게 하나님의 통치, 하나님의 사랑어린 돌보심을 보여 준다. 예수님은 목자 없는 양 같은 사람들을 위하여 목숨을 던진 선한 목자다.

선한 목자라는 말은 대속적인 고난을 감내하는 왕을 가리킨다. 근본 하나님의 본체시나 하나님과 동등 됨을 취할 것으로 여기지 아니하시고, 이렇게 자기를 비워 양 떼들을 위하여 자신의 목숨을 내어 준 예수님을 하나님이 지극히 높이셨다. 그에게 모든 이름 위에 뛰어난 이름을 주셨다. 결국 하늘에 있는 자들과 땅에 있는 자들과 땅 아래 있는 자들로 모든 무릎을 예수님의 이름에 꿇게 하셨고 모든 입으로 예수 그리스도를 주라 시인하여 하나님 아버지께 영광을 돌리게 하셨다(빌 2:6~11; 겔 34:24).

맺는 말

우리는 위에서 예언서 본문들에 대한 기독론적 설교의 부적절한 예들과 적절한 예를 살펴보았다. 유대인 히브리 성서학자들은 기독교인들이 구약 예언서들을 기독론이라는 축소주의적 해석틀로 해석하고 설교하는 것에 대하여 이의를 제기한다. 그러나 위의 논의에서 짐작할 수 있듯이 '기독론'은 다른 해석틀과 단절된 닫힌 해석틀이 아니다. 기독론적 설교는 다른 방식으로 구약 예언서를 설교하는 입장들에 의하여 풍요로워질 수 있을 뿐만 아니라 다른 관점의 설교들을 보완할 수도 있다.

일찍이 19세기 독일 성서학자들 중 많은 사람들은(아돌프 슈바이처 등) 예수의 죽음을 비자발적인 죽음, '재수 없는 참변'이라고 해석하였다. 이런 해석은 예수 자신의 십자가 죽으심을 구약성경의 예언의 성취라고 믿는 예수 그리스도 자신의 자기 이해를 반박하는 참으로 현대적인 이론이다. 이런 경향성에 대한 하나의 대안이 기독론적 설교일 수가 있을 것이다. 기독론적 설교의 핵심은 그리스도의 대속적 고난의 필연성을 확증하는 데 있다.

II. 본문 연구

1. 겔 1~3장: 그발강가에서 일어난 미스터리 사건 │ 이종록
2. 겔 4~5장: 예루살렘의 포위와 포로 │ 배정훈
3. 겔 6~7장: 심판의 또 다른 이름: 하나님을 아는 은혜 │ 한동구
4. 겔 8~11장: 신앙적 탈선과 심판 그리고 구원 │ 강성열
5. 겔 12~15장: 참 예언과 거짓 예언 │ 채홍식
6. 겔 16장: 음녀 예루살렘과 하나님의 영원한 언약 │ 오택현
7. 겔 17~18장: 온 땅의 통치자이신 하나님 │ 하경택
8. 겔 19~20장: 확정된 심판의 선포와 회복에 대한 약속 │ 조휘
9. 겔 21~22장: 칼의 노래 │ 이용호
10. 겔 23~24장: 두 자매와 녹슨 가마 │ 우택주
11. 겔 25~28장: 열방에 대한 심판 신탁이 주는 의미 │ 곽철호
12. 겔 29~32장: 상한 팔과 이미 꺾인 팔 │ 이한영
13. 겔 33장: 생명과 죽음에 이르는 길 │ 강규성
14. 겔 34~37장: 하나님께서 행하신 여덟 가지 회복 │ 이학재
15. 겔 38~39장: 최후의 전쟁과 궁극적 목표 │ 우택주
16. 겔 40~42장: 새 성전 회복과 그리스도 │ 김두석
17. 겔 43~46장: 하나님의 귀가(歸家), 그리고 다시 시작하기 │ 이종록
18. 겔 47~48장: 성전 너머의 세상 │ 전성민

그발강가에서 일어난
미스터리 사건

에스겔 1~3장 주해와 적용

본문의 개요

지금부터 2600년 전에 나라가 망하는 바람에 바빌론 땅에 끌려온 유다인들. 그들이 살아가던 땅 '델아빕'(Telabib, 홍수로 폐허가 된 곳. 홍수의 언덕 그발강가에 있는 지방으로써 유다인 포로들이 살고 있었음). 그 이름만큼이나 척박한 환경에서 살아갈 수밖에 없었던 포로들. 그런데 그들 중에 영적 상상력이 탁월한 한 사람이 있었다. 그는 메마른 그 시대를 놀라운 영적 상상력으로 꽃 피웠고, 그 시대를 상징하는 표상으로 살았다. 그리고 그 사람 자체가 메시지였다. 그는 바로 에스겔이었다. 지금 그는 바빌론 땅 그발강가에 서 있다. 그는 그곳에서 희한한 일을 경험하면서, 예언자로 부르심을 받고 있다. 다른 어느 곳에서도 찾아보기 힘든 미스터리 사건의 현장으로 들어가 보자.

> 하나님 그리기-신묘막측, 평지풍파, 전광석화(1장)
>
> 하나님 배반하기1-배반의 시대에 부르는 애가(2장)
>
> 하나님 배반하기2-말할 수 없는 답답함(3장)

본문 주해

1. 하나님 그리기−신묘막측, 평지풍파, 전광석화(1장)

1) 그발강가에서(1~3절)

별로 특이할 것이 없는 본문인데 자세히 들여다보면 동일한 내용이 반복되고 있음을 알 수 있다. 우리는 맨 처음에 '제 삼십 년 사월 오 일'(당시 에스겔의 나이가 30세였을 것이다)이라는 시간 표기를 읽게 되는데, 2절에 들어가면 '여호야긴 왕의 사로잡힌 지 오년 그 달 오 일'이라는 시간 표기를 다시 만나게 된다. 그리고 본문 기자는 1절에 나오는 '나'를 3절에서 '부시의 아들 제사장 나 에스겔'로 확장하고, '그발강가 사로잡힌 자 중'을 3절에서 '갈대아 땅 그발강가'라는 표현으로 확인한다. 또한 '하늘이 열리며 하나님의 이상을 내게 보이시니'는 '여호와의 말씀이… 특별히 임하고 여호와의 권능이 내 위에 있으니라'로 확장한다. 이렇게 동일한 내용을 두 번 반복하면서 본문은 에스겔이 예언자로 부르심을 받은 시간, 장소, 사건을 강조한다. 따라서 우리도 에스겔이 부르심을 받은 상황과 그에게 일어난 신비스러운 일에 관심을 기울여야 한다.

2) 병거 환상(4~24절)

(1) 이미지−신묘막측

네 생물과 네 바퀴 그리고 보좌를 묘사하는 1:4~24을 읽으면서 강하게 느끼는 것은 그 묘사의 섬세함이다. 에스겔은 자신이 본 것을 세밀화를 그리듯이 자세하게 묘사한다. 그런데 에스겔은 자신이 본 것을 표현할 때 '어떤 것 같은 모양'과 '어떤 모양 같은 것'이라고 한다. 이것은 하나님께서 인간의 언어로 표현해 낼 수 있는 분이 결코 아님을 의미한다.

하나님은 우리가 논리적으로 추론해 말할 수 있는 분도 아니고, 깔끔하게 정리해 말할 수 있는 분도 아니다. 그분은 우리가 이해할 수 없는 분이시고, 어떤 형태라고 말할 수도 없도록 울퉁불퉁한 분이시다. 그래서 '신묘막측'(神妙莫測)이라는 말이 어울린다. 그분께서 우리의 이해 속으로 들어오시지만, 금방 우리의 이해를 벗어나는 신비로운 분이시다. 그렇기에 그분은 하나님이시다. 마치 모래를 꽉 움켜쥐면 손에 잡힐 듯하지만, 더 세게 움켜쥐면 쥘수록 모래는 모두 빠져나가고 마침내 움켜쥔 빈손만 남듯이 하나님께서 그렇게 우리의 이해를 빠져나간다. 에스겔이 말하는 그 불명료함, 자신이 본것을 세밀하게 묘사하면 할수록 더욱 불명료해지는 그 모순은 바로 이런 이유에서다.

(2) 바람 – 평지풍파

하늘이 열리면서 에스겔은 하나님의 이상 즉 하나님의 모습을 보았는데, 그것이 무엇인지 4절부터 상세하게 묘사한다. 하늘이 열리고 하나님의 모습을 보았다면 얼마나 감격스러웠을까? 하지만 다음 장면은 우리의 기대를 크게 벗어난다. 아니 우리의 기대와 전혀 다르다. 그가 첫 번째로 보는 것이 바람이다. 열린 북쪽 하늘에서부터 바람이 불어온다. 그 바람은 보통이 아니다. 엄청나게 강한 북풍이다. 그야말로 '북풍한설'(北風寒雪)을 연상케 한다. 굳게 닫혀 있던 하늘이 열리더니 무슨 좋은 일이라도 일어날 줄 알았는데, 무지막지한 회리바람이 불어오는 것이다. 지금 에스겔은 유프라테스 강물을 끌어들이는 운하인 그발강가에 서 있다. 강물이 험하게 일렁이고 먼지가 하늘을 덮으며 거세게 불어오는 바람에 에스겔은 몸도 제대로 가누지 못했을 것이다. 이것을 사자성어로 표현하면 '평지풍파'(平地風波)이다. 캄캄해진 온 세상을 휩쓸고 갈 것처럼 미친 듯이 불어대는 바람, 에스겔은 강가에서 그 바람을 맞으며 눈도 뜰 수 없을 정도로 불어치는 바람을 맞으면서도 예리한 눈으로 자신 앞에 일어나는 심상찮은 현상들을 지켜본다.

(3) 불 - 전광석화

그다음으로 강력한 파괴의 바람을 타고 무엇인가 달려온다. 에스겔은 북쪽 하늘에서 무엇인가 짙은 구름을 몰고 엄청난 소리를 내면서 '전광석화'(電光石火)처럼 빠르게 내려오는 것을 본다. 에스겔은 두려움으로 인해 몸이 얼어붙는 중에서도 눈을 똑바로 뜨고 그것을 지켜본다. 엄청난 바람소리를 내면서 온 천지를 뒤흔들 듯이 달려오는 그것은 과연 무엇일까? 에스겔은 짙은 구름을 본다. 짙은 구름은 온통 시커먼 구름을 의미할 것이다. 그리고 불이 타오르고(불꽃이 피었다 사그라졌다 하는 모습) 주변에 불빛이 번쩍이는 것을 보는데, 그 번쩍이는 것이 무엇인지 알 수 없기 때문이다.

에스겔이 불을 보았다는 것은 하나님의 이상 즉 하나님의 모습을 불로 경험했다는 말이다. 우리는 '불'이라고 하면 대개 '심판'을 연상한다. 앞서 본 바람도 그렇지만 불도 하나님의 분노와 온 세상에 임한 심판을 상징한다고 생각된다. 실제로 에스겔이 보는 것들은 모두 심판과 관련이 있다. 에스겔이 보는 심판은 끔찍한 살육이다. 특히 그가 본 그룹 천사나 바퀴 천사들은 살인 기계를 연상시킨다. 그 넷이 사면에 사람과 짐승의 얼굴들을 달고 방향도 틀지 않은 채 일사불란하게 사방으로 자유롭게 이동하는 모습을 보면서 에스겔은 매우 섬뜩했을 것이다.

3) 보좌 환상(25~28절)

25절까지는 에스겔이 궁창 아래쪽을 관찰한 내용이다. 1~21절은 시각적 이미지에 충실하고 있는데, 22~25절은 거기에 청각적 이미지를 첨부한다. 여기서 청각적 이미지는 매우 중요한 역할을 한다. 궁창 아래를 주시하던 에스겔로 하여금 궁창 위를 보게 하는 것은 거기서부터 들려오는 '소리' 때문이다(25절). 에스겔은 궁창 위에서 나는 소리를 듣고 시선을 궁창 위로 옮긴다. 에스겔이 궁창 위를 보자 거기에 보좌 같은 것이 있고, 거기서부터 '보좌 환상'이 시작된다.

그 보좌에는 사람 모습의 형상이 있다(26~28절). 에스겔은 그 형상을 '여호와의 영광의 모습'으로 보았다. 에스겔은 그 사람과 같은 모습에서 하나님을 본 것이다. 온몸이 불타는 듯한 그분에게서 휘황찬란한 광채가 나면서 그 빛이 무지개처럼 사방으로 퍼진다. 그 모습을 보고 에스겔은 형용할 수 없는 아름다움을 느꼈을 것이다. 그런데 그 아름다움은 경박한 것이 아니라 두려움을 동반한 것이기에, 에스겔은 그 앞에 엎드리고 만다.

하나님께서 엎드려 있는 에스겔에게 "일어서라 내가 네게 말하리라"(2:1)고 말씀하신다. 그분께서 에스겔을 일으켜 세우신 다음에 말씀하신다. 하나님께서 에스겔을 '인자'라고 부르신다. 이것은 하나님께서 에스겔을 규정하는 용어이기도 하지만, 에스겔 자신이 스스로 규정한 것이기도 하다. 에스겔은 자신이 도저히 감당할 수 없는 그분을 만나면서, 자신이 인간이라는 사실을 뼈저리게 느꼈을 것이다. '그래, 나는 인간이다. 하나님 앞에 엎드릴 수밖에 없는 인간이다.' 따라서 하나님께서 에스겔을 인자 즉 인간이라고 부르신 것이다.

4) 설교를 위한 적용

첫째, 우리는 하나님께서 부르시는 음성을 들어야 한다. 하나님께서 하나님의 나라를 완성하시기 위해 오늘도 우리를 부르신다. 우리는 하나님께서 우리를 하나님의 나라를 위해 일꾼으로 부르신 것을 깨달아야 한다. 그리고 에스겔처럼, 하나님께서 우리를 부르시는 특정한 시간과 장소 즉 이 시대의 상황을 구체적으로 알아야 하며 하나님께서 하늘을 여시고 우리에게 말씀하시는 것에 귀를 기울여야 한다.

둘째, 우리는 하나님을 경험함에도 불구하고 그 경험을 모두 묘사할 수 없음을 인정해야 한다. 하나님께서 우리에게 자신을 드러내시지만, 항상 우리의 이해를 벗어나는 신비로운 분이시다. 히포의 대주교 어거스틴은 하나님을 가장 잘 말하는 사람이라도 '벙어리'에 불과하므로, 우리가 할 수 있는 일이란 고작 떠듬거리며 부적합한 말을 하거나 침묵하는 것이라고 말한다. 따라서 우리는 욥과 그의 친구들처럼, 하나님께 대해 전부를 아는 듯이 건방진 모습을 보여선 안 된다. 우리는 겸손한 마음으로 하나님을 더 깊이 알기 위해 매일 힘써야 한다.

셋째, 우리는 하나님을 우주 만물의 왕으로 섬겨야 한다. 에스겔 당시에 바빌론 왕이 세계를 지배하고 있었는데, 에스겔은 높은 하늘에 놓인 보좌를 보았다. 그는 바빌론 왕이 아니라, 하나님께서 온 세계를 다스린다는 사실을 명확히 보았다. 우리도 지금의 역사에 대해 그런 신앙적 통찰력이 있어야 한다. 그리고 하나님을 왕으로 인정하는 삶을 살아야 한다.

2. 하나님 배반하기1 – 배반의 시대에 부르는 애가(2장)

1) 패역무도한 백성들(1~5절)

에스겔은 2장에서 '패역'과 '배반', 특히 '패역'이라는 단어를 즐겨 쓴다. 개역한글이 '패역'이라고 번역한 단어는 히브리어로 두 가지가 있다. 하나는 '마라드'(מָרַד)이고, 다른 하나는 '마라'(מָרָה)이다. '마라드'는 정치적 폭동을 뜻하고, '마라'는 배반 행위를 뜻한다.

하나님께서 에스겔에게 말씀하시면서 처음부터 이스라엘 백성들이 하나님께 '마라드'와 '마라'를 범했다고 일러 주신다. 이스라엘 백성은 도대체 얼마나 엄청난 죄를 하나님께 지은 것인가? 하나님께서 이스라엘 백성에게 패역한 백성이며 하나님을 배반한 자들이라고 말씀하신다. 그리고 이스라엘 백성이 한 일은 자신들뿐 아니라 자신들의 열조까지도 하나님께 죄를 지은 것이다. 3절에서 하나님께서 패역, 배반, 범죄라는 용어를 사용하신다. 그런데 세 단어가 모두 정치적 반역 행위를 가리킨다. 이스라엘 백성은 하나님께 의도적으로 대항하고 거역한 것이다.

이런 심각한 상황에서, 하나님께서 에스겔을 예언자로 부르고 이스라엘 백성에게로 파송하신다. 그리고 이스라엘 백성이 패역한 족속이기 때문에 하나님께서 에스겔을 보내도 그들은 에스겔의 말을 절대 듣지 않을 것이라고 말씀하신다. 그래도 하나님께서 에스겔에게 그들이 듣든지 안 듣든지 하나님의 말씀을 전하도록 명령하신다. 그러면서 하나님께서 보내신 예언자들이 그들 가운데 활동한 사실만큼은 부인하지 못할 것이라고 말씀하신다.

2) 두려워 말라(6~7절)

하나님께서 이스라엘 백성에게 하나님의 말씀을 전하는 일이 얼마나 어려운 것인지 에스겔에게 미리 말씀하신다. 본문은 에스겔이 말씀을 전하면서 당할 어려움을 가시와 찔레와 함께하는 것이며 전갈 가운데 거하는 것으로 표현하고 있다. 따라서 에스겔이 얼마나 어려운 일을 맡았는지 잘 알 수 있다. 말 그대로 형극(荊棘)의 길이다. 그러면서 하나님께서 에스겔에게 두려워하지 말 것을 말씀하신다. 6절에서 하나님께서 '두려워하지 말라'는 말씀을 네 번이나 하신다.

그런데 하나님께서 에스겔에게 두려움에서 벗어나도록 돕기는커녕, 오히려 공포심을 부추기시는 듯하다. 하나님께서 이스라엘이 심히 패역한 백성이라고 말씀하시면서, 그들이 듣든지 안 듣든지 그들에게 하나님의 말씀을 전하라고 명령하신다. 이것은 일종의 억지이다. 이스라엘 백성이 심히 패역했음을 몇 번이고 말씀하시면서 그들이 하나님의 말씀을 듣지 않을 것이 분명한데도, 에스겔을 보내서 그들에게 하나님의 말씀을 전하라고 명령하시는 것은 상식적으로 이해할 수 없는 일이다. 조금이라도 들을 가능성이 있을 때 예언자를 보내는 것이 도리이지, 전혀 듣지 않을 것이라고 하시면서 그들에게 예언자를 보내시는 저의가 무엇일까? 도대체 하나님께서 뜻하시는 바는 무엇일까?

3) 장송곡을 부르라(8~10절)

하나님께서 에스겔에게 무엇인가를 주면서 먹으라고 말씀하신다. 그런데 에스겔이 보니, 두루마리 안팎에 많은 글들이 가득 기록되어 있다. 도대체 무엇이 그토록 많이 기록된 것일까? 에스겔이 본 두루마리 책에는 안팎으로 '애가와 애곡과 재앙의 말'이 기록되어 있다(2:10). 그것이 바로 에스겔이 이스라엘 백성에게 들려줘야 하는 하나님의 말씀들이다.

기껏 하늘이 열리고 나서 에스겔이 그발강가에서 본 것은 모두 죽음과 관련된 것들이다. 즉 장송곡인 것이다. 국가의 멸망은 피할 길 없이 앞에 놓여 있고, 에스겔은 온몸으로 그것을 목격한다. 이런 참담한 상황에서 하나님께서 에스겔을 예언자로 부르신다. 이제 그가 할 일은 수없이 많은 죽음들 앞에서 애가를 부르는 것이다. 배반과 보복의 시대에 그가 부를 애가는 얼마나 처량하고 두려운 것일까? 하나님께서 그 섬뜩한 일을 에스겔에게 맡기시고, 에스겔은 거부할 엄두도 내지 못한 채 황망한 심정으로 예언자의 직책을 시작하는 것이다.

4) 설교를 위한 적용

첫째, 우리는 하나님 앞에서 신실해야 한다. 요즘 설교자들은 청중을 울리고 웃기며 감동을 주기 위해 무던히 애를 쓴다. 그렇게 하지 못하는 게 죄라고까지 말한다. 성도들이 그런 설교를 원하기 때문이다. 그렇다면 에스겔은 정말 무능한 설교자였을까? 설교 기법이 좋지 않아서 아무도 듣지 않는 설교를 했단 말인가? 에스겔은 수사력이 탁월한 웅변가였다. 언어의 마술사, 이미지의 대가, 행위 예술가였다. 그런데 그가 하는 말에 아무도 귀를 기울이지 않는다. 문제는 말씀의 내용이다. 그의 선포는 거슬리는 내용으로 가득했기 때문에 이스라엘 백성은 듣기 싫어한 것이다. 어떻게 말하는가보다 무엇을 말하는가가 더욱 중요하다. 우리는 훌륭한 설교가 아닌 신실한 설교를 선택해야 한다.

둘째, 우리는 두려움을 갖는 것을 두려워하지 말아야 한다. 믿음이 있는 사람은 아무것도 두려워하지 않는가? 절대 그렇지 않다. 하나님께서 아브라함, 여호수아, 예레미야에게 두려워하지 말라고 거듭 말씀하셨다. 하나님을 섬기고 그분의 말씀을 전하는 일은 예나 지금이나 두려운 일임을 알아야 한다. 그리고 우리가 두려워할 때, 두려워하지 말라는 하나님 음성을 들을 수 있다는 것도 기억해야 한다. 우리가 갖는 두려움이 크면 클수록, 우리를 위로하시는 하나님의 말씀은 그만큼 더 강해진다.

셋째, 우리는 이 시대에도 예언자가 필요함을 깨달아야 한다. 하나님을 믿는 자는 항상 긍정적인 이야기만 해야 하는가? 승리하고 성공하는 삶만을 이야기해야 하는가? 그렇다면 옛날 예언자들은 정말 불행한 사람들이 된다. 그들은 끊임없이 부정적인 이야기를 하고, 심지어 섬뜩한 죽음을 노래하는 장송곡까지 불렀으니 말이다. 그리고 목숨도 잃는 험악한 삶을 살았으니 말이다. 지금은 예언자가 필요치 않은 사회인가? 그렇지 않다. 어느 시대든지 예언자가 필요치 않을 만큼 완전한 시대는 없기 때문이다.

3. 하나님 배반하기2 – 말할 수 없는 답답함(3장)

1) 두루마리 먹기(1~3절)

3장은 2장과 연결된다. 실제로 2장 뒷부분과 3장 앞부분을 따로 떼어놓은 이유를 알 수 없을 정도로 동일한 내용으로 이어진다. 아마 에스겔은 두루마리에 적힌 내용을 읽고 큰 충격을 받아 심란해 하고 있었을 텐데, 하나님께서 그런 에스겔에게 손에 들고 있는 두루마리를 받아먹으라고 말씀하신다.

우리는 지금까지 본문을 여러 번 들어서 이 사실을 이미 알고 있기 때문에 그것을 당연하게 생각하지만, 두루마리를 먹는다는 것은 그리 흔한 일이 아니다. 대개 말씀을 듣지, 말씀을 기록한 두루마리를 먹지는 않기 때문이다. 아니 애당초 두루마리는 먹는 게 아니지 않는가. 하지만 하나님의 말씀에 따라 에스겔은 입을 벌리고, 하나님께서 그 두루마리를 에스겔에게 먹여 주신다.

그리고 '네 배에 넣으며 네 창자에 채우라'고 말씀하신다. 에스겔은 그것을(씹어) 먹었는데, 그것이 입에서 달기가 꿀과 같았다고 말씀하신다. 그런데 하나님의 말씀이 꿀처럼 달다고 해서 그것이 우리가 보통 말하는 '은혜롭다'는 것과 거리가 있음을 알아야 한다. 두루마리에 기록된 말씀이 전혀 감동적이지 않기 때문이다.

2) 차라리 이방인이 낫다(4~11절)

모두 여덟 절인 두 번째 문단은 2장을 그대로 반복하는 것처럼 보인다. 하나님께서 이스라엘 백성에게 가서 말하라고 명령하시면서(4, 10~11절), 에스겔에게 그들이 어떤 백성인지를 상세하게 말씀하신다. 하나님께서 에스겔을 다른 백성이 아닌 이스라엘 백성에게 보내신다는 것을 몇 번이고 반복해 말씀하신다. 그러면서 차라리 다른 민족에게 에스겔을 보내서 말씀을 전하게 하셨더라면 이미 하나님의 말씀을 들었을 것이라고 한탄하신다. 하나님께서 이스라엘 백성에 대해 이방인들보다 못하다고 말씀하신다. 하나님을 잘못 믿으면, 아예 믿지 않는 것만 못하다는 것을 절감케 한다.

3) 이렇게 답답할 수가(12~15절)

12절에서 에스겔은 놀라운 체험을 한다. 지금까지 에스겔은 여러 가지 희한한 현상들을 보았는데, 이제 하나님께서 에스겔을 들어 올리신다. 하나님께서 에스겔의 발을 일으켜 세우셨지만, 에스겔을 들어 올리신 일은 이번이 처음이다. 그때 에스겔은 소리를 듣는다. 그는 찬송 소리를 듣는데, 생물들의 날개가 서로 부딪히는 소리와 생물 곁에 바퀴 소리다(13절). 또한 크게 울리는 소리다. 에스겔은 주님의 손에 들려가면서 근심하고 분한 마음이 든다. 에스겔은 델아빕에 이르러 백성과 함께하는데, '민답(悶畓)히 칠 일을 보냈다'고 한다. 여기서 '민답하다'라는 말을 우리말 사전에서 찾아보면 '사정이 딱하여 안타깝고 답답하다'라는 뜻이다.

도대체 왜 그랬을까? 왜 근심하고 분한 마음이 들었을까? 에스겔이 답답해 한 것은 충분히 짐작할 수 있다. 하나님께서 에스겔을 부르셔서 이스라엘 백성에게 하나님의 말씀을 전하라고 하시면서, 이스라엘 백성이 얼마나 패역하고 강퍅한지 에스겔이 아무리 하나님의 말씀을 전하더라도 그들이 하나님의 말씀을 전혀 듣지 않을 것이라고 하시니 에스겔은 얼마나 답답했겠는가. 어떻게 해야 할지 전혀 대책이 서지 않았을 것이다.

4) 파수꾼(16~21절)

칠 일 후에 에스겔은 다시 하나님을 만난다. 하나님의 말씀이 그에게 임하신 것이다. 그 칠 일 동안 에스겔은 아무 일도 못하고, 답답한 마음으로 지냈을 것이다. 그 답답함을 깨고 하나님의 말씀이 임하신다. 그것이 과연 답답함을 완전히 깨뜨릴 수 있을지 알 수 없다.

하나님께서 에스겔에게 그를 이스라엘 족속의 파수꾼으로 세웠다고 말씀하신다. 파수꾼은 히브리어로 '초페'(מֹצִפֶה)인데, 원형은 '차파'(צָפָה)이며 여기서 '미스바'(מִצְפָּה미츠파)가 파생되었다. '초페'는 날카로운 눈으로 보는 것 즉 감찰(監察)하는 것이다. 감찰이라는 말에서 우리는 서슬 퍼런 사정 기관을 떠올린다. 나는 새도 떨어뜨린다는 무소불위(無所不爲)의 권력을 생각한다. 그런데 '초페'로 임명받은 에스겔이 해야 할 일은 하나님의 말씀을 듣고 하나님을 대신해 이스라엘 백성을 깨우치는 것이다. 그런데 하나님께서 네 가지 경우를 말씀하신다.

첫째, 에스겔이 악인에게 하나님의 말씀을 전하지 않는 경우이다. 이때 악인은 죄 가운데서 죽고 에스겔도 책임 추궁을 당한다. "가령 내가 악인에게 말하기를 너는 꼭 죽으리라 할 때에 네가 깨우치지 아니하거나 말로 악인에게 일러서 그 악한 길을 떠나 생명을 구원케 하지 아니하면 그 악인은 그 죄악 중에서 죽으려니와 내가 그 피 값을 네 손에서 찾을 것이고"(18절).

둘째, 에스겔이 악인에게 하나님의 말씀을 전하는 경우이다. 이때 악인이 깨우치지 않으면 그 악인은 죽고 에스겔은 책임 추궁을 당하지 않는다. "네가 악인을 깨우치되 그가 그 악한 마음과 악한 행위에서 돌이키지 아니하면 그는 그 죄악 중에서 죽으려니와 너는 네 생명을 보존하리라"(19절).

셋째, 에스겔이 의인을 거치게 해서 의인이 악을 행하는 경우이다. 이때 의인은 자신이 저지른 악으로 죽고, 에스겔도 책임 추궁을 당한다. "또 의인이 그 의에서 돌이켜 악을 행할 때에는 이미 행한 그 의는 기억할 바 아니라 내가 그 앞에 거치는 것을 두면 그가 죽을지니 이는 네가 그를 깨우치지 않음이라 그가 그 죄 중에서 죽으려니와 그 피 값은 내가 네 손에서 찾으리라"(20절).

넷째, 에스겔이 의인을 깨우쳐서 죄를 범치 않게 하는 경우에는, 의인도 살고 에스겔도 산다. "그러나 네가 그 의인을 깨우쳐 범죄치 않게 하므로 그가 범죄치 아니하면 정녕 살리니 이는 깨우침을 받음이며 너도 네 영혼을 보존하리라"(21절).

여기서 셋째 경우까지는 악인이든 의인이든 어차피 죽는다는 점에서 공통점이 있다. 에스겔 역시 그의 삶을 보장받지 못하며 위협을 받는다. 에스겔이 말씀을 전해야 하는 자신의 책임을 다하지 않거나 다른 사람을 시험에 들게 한다면, 그 사람들은 물론이고 에스겔의 생명도 위험하다. 19, 21절은 동일한 문장으로 끝난다. 따라서 에스겔도 자신을 구하기 위해 애를 써야 한다. 여기서 네 번째 경우가 중요하다. 이것은 양쪽 모두 살기 때문이다. 에스겔이 의인을 깨우쳐서 그로 하여금 죄를 범치 않게 할 수만 있다면 오죽 좋은가.

5) 계곡의 미스터리(22~27절)

하나님의 말씀을 들은 에스겔은 다시 환상을 보게 된다. 하나님께서 에스겔을 일으켜 세우신 다음에 하시는 말씀이 매우 엉뚱하다. 하나님께서 1장에서 본 것과 같은 모습을 에스겔에게 보여 주신다. 아니 그전에 에스겔을 파수꾼으로 부르시고 악인이나 의인에게 가서 하나님의 말씀을 전하라고 명령하신 후에 여기서 전혀 예측할 수 없는 말씀을 하신다. 하나님께서 에스겔에게 즉시 나가서 이스라엘 백성에게 하나님의 말씀을 전하라고 하시지 않는다. 오히려 "너는 가서 네 집에 들어가 문을 닫으라"(24절)고 말씀하신다. 이상하지 않은가? 왜 하나님께서 에스겔에게 이런 명령을 하시는 것일까? 지금 당장 나가서 하나님의 말씀을 전하는 것이 급선무가 아닌가? 그렇게 하라고 에스겔을 부르신 게 아닌가? 지금까지 읽은 것들을 보더라도 당연하지 않은가? 그러나 하나님께서 그렇게 하시지 않는다.

그리고 더욱 알 수 없는 것은 에스겔이 옴짝달싹할 수 없도록 묶인다는 사실이다. 여기서 불분명한 것은 누가 에스겔을 포박하느냐는 것이다. 에스겔이 자신을 묶는 것인지, 아니면 다른 사람이 에스겔을 묶는 것인지 도대체 알 수가 없다. 동사 형태가 재귀형인 니팔형이어서 스스로 묶는다는 의미일 수도 있고, 또 재귀형이 주로 수동 의미로 쓰이기 때문에 에스겔이 누군가에 의해 묶임을 당한 것으로 볼 수도 있다. 어떤 사람들은 하나님께서 에스겔을 묶으신다('내가 너를 묶겠다')는 것으로 읽기도 한다. 그런데 앞뒤 문맥을 살펴보면, 에스겔이 홀로 방안에 들어가 스스로 결박했을 것으로 보인다. 도대체 왜 그런 것일까? 왜 하나님께서 에스겔을 방안에 가둔 것일까? 왜 밖으로 나오지 못하게 하시고, 혹시라도 나올 마음이 생길지 몰라 포박까지 하게 했을까?

그뿐 아니라 하나님께서 에스겔을 벙어리로 만드신다. 혀를 입천장에 붙게 해서 이스라엘 백성을 책망할 수 없게 하신다는 것이다. 그러면서 '그들은 패역한 족속이라'고 말씀하신다. 이스라엘은 패역한 백성이기 때문에 그들을 책망해야 하는데, 하나님께서 그들에게 아무 말도 못하게 하시면서 그들을 패역한 백성이라고 강조하신다.

에스겔이 하나님의 말씀을 듣고 방안에 들어가 자신을 포박한 채 침묵하는 것은 에스겔이 소명 체험 이후에 유대인 공동체로 돌아와 칠 일 동안 민답하게 지낸 것(15절)을 연상시킨다. 에스겔이 민답하게 지낸 것은, 할 말이 많지만 그 말을 못한 채 오히려 그로 인해 가슴이 터질 듯한 심경이었음을 보여 준다. 그때도 그런 상황이 아니었을까? 그들에게 들려줘야 할 말은 많지만, 그렇게 해봤자 아무 효험이 없다는 사실에 안타까워하고 절망한 것은 아닐까? 그래서 하나님의 말씀을 듣고 사람들이 모이는 곳으로 가서 말씀을 선포하기보다 오히려 집으로 들어가 문을 걸어 잠그고 제 몸을 묶어 옴짝달싹 못하게 한 것이 아닐까? 이는 말로 할 수 없는 답답함, 참담함 때문이었을 것이다.

6) 설교를 위한 적용

첫째, 우리는 온몸으로 하나님의 말씀을 전해야 한다. 에스겔은 하나님께서 주시는 두루마리를 먹었다. 그것은 에스겔 자신이 메시지 그 자체였음을 의미한다. 에스겔이 행하는 모든 행동은 바로 하나님의 뜻을 전하는 메시지였다. 그는 온몸으로 하나님의 말씀을 전했지만 그 내용은 결코 은혜롭지 않았다. 오히려 죽음을 노래하는 장송곡이었다. 이 장송곡을 에스겔은 온몸으로 불렀던 것이다. 그러니 오죽 답답했겠는가?

둘째, 우리는 하나님의 파수꾼이다. 하나님께서 에스겔을 파수꾼으로 부르셨지만, 이스라엘 백성이 돌이킬 가능성은 거의 없다. 그런 상황에서 에스겔은 목숨을 걸고 파수꾼의 역할을 다하도록 부르심을 받았다. 우리도 이 시대에 하나님의 파수꾼으로 부르심을 받았음을 깨달아야 한다. 따라서 그 직무를 감당하기 위해 애써야 한다.

셋째, 우리는 하나님의 마음을 알아야 한다. 에스겔로 하여금 벙어리로 지내게 하신 하나님께서는 언제까지나 에스겔을 방에 머물게 하시지 않는다. 27절을 보면, 하나님께서 에스겔의 입을 열어 주시면서 이스라엘 백성에게 가서 하나님의 말씀을 전하라고 명령하신다. 그러면서 '들을 자는 들을 것이고 안 들을 자는 안 들을 것'이라고 말씀하신다. 그래서 방안에 들어가 자신을 결박한 채 입을 다물고 있을 때나 결박을 풀고 밖으로 나와 선포할 때나 상황은 그다지 다르지 않다는 것이다.

어쨌든 듣지 않으려는 사람들은 무슨 방법을 써서라도 끝까지 듣지 않으려 한다. 오죽하면 하나님께서 '그들은 패역한 백성이다'라는 말씀을 입버릇처럼 하실까. 이것은 그들이 도무지 하나님의 말씀을 알아듣지 못하는 강퍅한 사람들이라는 뜻이다. 다시 말해, 그들은 무엇으로도 설득할 수 없는 구제 불능이라는 것이다. 입을 다물어도, 입을 열어 선포를 해도, 결과는 달라지지 않는 견고함과 강퍅함이다. 하나님마저 수수방관(袖手傍觀)할 수밖에 없는 그 민답함…. 하나님께서 이 시대를 보고 얼마나 답답해하시는지 우리는 생각해야 한다. 우리 시대가 에스겔 시대보다 더 낫지 않다면 말이다.

맺는 말

지금까지 우리는 2600년 전 바빌론 땅 그발강가로 가서 미스터리 사건이 일어난 현장을 살펴보았다. 나라가 망한 후에 포로로 잡혀 바빌론으로 끌려간 에스겔이 그곳에서 본 것은 정말 놀랍고도 신기한 현상들이었다. 하지만 그것은 결코 즐거운 경험만은 아니었다. 오히려 에스겔을 얼어붙게 만들었다. 여기서 우리는 하나님을 체험하는 것이 무엇인지를 다시 한 번 생각해야 한다.

그리고 우리는 그토록 자세한 묘사에도 불구하고, 에스겔이 무엇을 보았는지 알 수 없다는 것이다. 하나님께서 우리의 이해 속으로 들어오시지만, 언제나 우리의 이해를 넘어서시기 때문이다. 따라서 우리는 하나님께 대해 모두 아는 것처럼 이야기할 게 아니다. 에스겔이 두루마리를 먹는 그 놀라운 장면에서도, 우리는 그것이 결코 감동적이지 않고 에스겔이 할 수 있는 일이라곤 장송곡을 부르는 것뿐이었음을 알아야 한다.

하나님께서 에스겔을 파수꾼으로 부르시는 장면에서도 나타나는 그 답답함, 견딜 수 없는 그 막막함, 온몸을 동여매고 방안에 틀어 박혀 있거나 밖으로 나와 전력을 다해 외쳐 봐도 아무도 귀 기울이지 않는 그 지독한 무관심은 지금도 크게 다르지 않다. 그저 하나님을 믿고 성공하는 이야기만 듣길 좋아하고, 성경 말씀보다 예화에 은혜를 받는 이 견딜 수 없는 신앙의 가벼움. 하나님을 진지하게 섬기기보다 자신의 기분에 좋도록 하는 것을 예배로 생각하는 이 시대에 에스겔서는 정말 부담스럽다. 하지만 그것이 하나님의 말씀인 것을 어찌하겠는가? 따라서 우리는 하나님의 뜻을 따를 것인지, 자신의 취향을 따를 것인지 결단해야 한다. 이래저래 에스겔서 읽기가 우리를 힘들게 할 것 같다.

예루살렘의 포위와 포로

에스겔 4~5장 주해와 적용

본문의 개요

1~3장은 에스겔의 소명에 대한 두 가지 구성 요소인 보좌 이상(1:1~28)과 파수꾼의 사명(2:1~3:27)을 보여 준다. 에스겔은 주전 597년에 예루살렘이 함락되자 여호야긴을 비롯해 많은 상류층 사람들이 포로가 되어 바빌론으로 끌려갈 때 동행했다. 제사장들의 신학에 익숙했던 에스겔은 주전 593년에 예언자로 부르심을 받는다(1:2). 에스겔서의 메시지는 크게 두 단계로 구분되는데, 하나는 주전 587년 이전에 하나님의 심판으로 예루살렘의 완전한 함락을 선포하는 것이며, 다른 하나는 주전 587년 예루살렘이 완전히 함락된 후에 유다 백성의 회복에 대한 소망을 전하는 것이다. 주전 593~587년에 에스겔의 사명은 예루살렘이 철저히 함락됨을 선포하는 것이다. 주전 593년에 예루살렘과 백성은 완전 함락에도 불구하고 하나님께서 예루살렘을 적들에게 그냥 내어 줄 리 없다고 생각하고 곧 회복이 이뤄지리라는 낙관적인 생각을 한 것이다.

4~5장은 백성의 이런 생각과 반대로 이스라엘의 멸망이 임박했음을 선포한다. 이 선포는 에스겔 예언자의 상징 행위와 말씀이라는 두 가지 방법으로 표현된다. 에스겔은 예루살렘을 심판하시는 하나님의 메시지를 상징적 행위에 담아 전함으로써 청중으로 하여금 참여케 하고, 그 메시지를 해석하

시는 하나님의 음성을 절실하게 듣게 만든다.

본문 주해

1. 에스겔의 상징 행위(4:1~5:4)

1) 예루살렘의 포위(4:1~3)

개역한글에서 1~3절은 익숙하지 않은 용어가 많기 때문에 따로 설명하는 것보다 표준새번역으로 읽는 것이 효과적이다. "너 사람아, 너는 이제 흙벽돌을 한 장 가져다가 네 앞에 놓고, 한 성읍 곧 예루살렘을 그 위에 새겨라. 그다음에 그 성읍에 포위망을 쳐라. 그 성읍을 공격하는 높은 사다리를 세우고, 흙 언덕을 쌓고, 진을 치고, 성벽을 허무는 쇠망치를 성 둘레에 설치하여라. 너는 또 철판을 가져다가 너와 그 성읍 사이에 철벽을 세워라. 그 도성을 포위하고 지켜보아라. 네가 그 도성을 포위하고 있거라. 이것이 이스라엘 족속에게 보여 주는 징조다." 당시 바빌론에서 집이나 성전이나 배 등을 흙벽돌 위에 그려 놓는 것은 관례적인 일이었다. 이런 관례를 따라 예언자는 부드러운 벽돌 위에 도성의 윤곽을 새김으로써 포위를 연기한다.

예언자는 주위에 포위된 벽과 요새와 성벽 그리고 수직으로 만나는 축대를 쌓는다. 또 성벽을 허무는 데 필요한 쇳덩이를 설치한다. 그리고 자신과 모형 사이에 철벽을 설치해 하나님께서 예루살렘을 가혹하게 다스리실 의지를 표현한다. 에스겔의 행동은 예루살렘이 포위될 것을 예언하고 있지만, 실상은 성읍을 적대하고 공격하며 이스라엘을 파괴하기 위해 자신과 그들 사이에 장벽을 놓는 분은 다름 아닌 야훼 자신이다. 야훼의 계획에 따라, 그들은 하나님의 대행자에 의해 포위를 경험한다. 에스겔의 상징 행위는 이스라엘 족속에게 징조가 된다고 말하면서, 이 징조를 통해 심판의 첫 단계가 이뤄질 것임을 예언한다.

2) 죄악의 대속(4:4~8)

에스겔의 또 다른 상징 행위는 이스라엘과 유다 족속이 얼마동안 죄 값을 치러야 하는지를 보여 준다. 상징의 내용은 예언자 자신이 좌편과 우편으로 눕는 것이며, 누워서 그가 행한 일의 의미도 보여 주는 것이다. 예언자의 눕는 날수대로 그 죄악을 담당해야 되는데, 이 상징 행위는 예언자가 대속한다는 의미는 아니다. 만약 이 행위가 대속을 의미한다면, 유다 백성은 따로 죄악을 담당할 필요가 없게 되고 따라서 심판도 받을 필요가 없게 된다. 예언자가 하는 일은 단지 유다 백성이 겪어야 할 일을 미리 보여 주는 것이다.

야훼께서 에스겔로 하여금 좌편으로 눕게 하시고, 다시 우편으로 눕게 하신다. 그런데 히브리인들에게 있어서 성전이 있는 동쪽을 바라보면서 우편은 남쪽을 뜻하고, 좌편은 북쪽을 뜻한다. 따라서 4:4~8에서 말씀하시는 이스라엘 족속은 남유다와 구별되는 북왕국을 의미한다. 390일 동안 왼편으로 눕는 것은 북왕국이 390년 동안 지은 죄악을 담당하게 됨을 상징한다. 이때 390년은 분열 왕국의 시작이 아니라 통일 왕국인 솔로몬 시대에서 북왕국의 멸망 때까지 계속되는 이스라엘의 죄악을 계산하고 있다. 유다의 40년은 앞으로 닥칠 처벌의 기간을 상징한다. 390년과 40년을 합하면 430년이고 이는 애굽에서 포로 기간과 동일함으로 귀환이 있을 때까지 그들이 값을 치러야 하는 상징적 포로 기간으로 묘사된다.

7절은 1~3절과 연결되는데, 1~3절에서 상징 행위를 통해 예루살렘이 포위될 것을 보여 준 후에 상징 행위를 목격한 예루살렘 사람들을 향해 예언하라고 말씀하신다. 예언의 내용은 상징 행위의 설명으로써 예루살렘의 멸망과 회개의 촉구가 전제된다. 8절에서 몸을 이리저리로 돌리지 못한다는 것은 4~8절에서 좌편과 우편으로 돌리라는 것과 구별되는 상징으로써, 주제적으로 3절에서 보여 준 포위된 도시 상징의 연속이다. 예언자는 백성의 죄를 대속하는 대속자가 아니라, 그들을 향해 깨닫도록 하는 자이다. 줄을 동이고 에워싸서 몸을 이리저리 돌리지 못하는 것은 예루살렘이 포위를 당하고 꼼짝없이 멸망을 기다리는 모습을 상징한다.

3) 포위의 비참함: 양식과 물의 부족(4:9~17)

9~17절은 포위 기간 동안 예루살렘 백성의 비참한 상황을 보여 준다. 9절에서 390일에 대한 언급은 5절을 전제하는 상징이다. 아주 다른 곡식과 깍지 있는 열매를 한 그릇에 담아 떡을 만들라는 지시에 대해 그렇게 만든 떡 자체를 부정하다고 해석하는 학자들도 있지만(참고 레 19:19; 신 22:9), 이 구절은 남은 곡식을 모두 모아 음식을 준비해야 하는 절박한 상황의 표현으로 이해하는 것이 합리적이다. 식량이 모자라는 절박한 상황은 하루에 할당되는 음식이 빵 이십 세겔(250g)과 물 힌 육분 일(0.5ℓ)이라는 사실에서 강조된다(10~11절).

12~15절 말씀은 포위된 상황에서 양식이 부족한 그들의 삶을 더욱 악화시키는 야훼의 명령이다. 이 명령은 멸망 후에 다가올 포로 시대까지 예견하고 있다. 12절에서 보리떡을 인분 불에 구워먹으라는 명령을 수행한다. 그리고 예언자의 반응(13절)을 통해 이것을 부정한 떡이라고 정의하는데, 앞서 설명한 것처럼 떡 자체가 부정하기보다 인분에 구움으로써 부정한 떡임을 의미하는 것으로 봐야 한다. 왜냐하면 쇠똥에 구움으로써(15절) 부정을 면할 수 있다고 이해하기 때문이다.

13절은 부정한 떡을 먹어야 하는 상황은 포로기에 계속될 것임을 보여 주고, 14절은 포로기보다 12절의 명령 직후 이 명령이 백성에게 선포되기 전에 예언자를 통해 조정되는 과정을 보여 준다. 예언자는 보리떡을 인분에 구워먹는 것을 부정하게 보임을 전제로 한다. 쇠똥은 보통 때 쓰는 땔감이고, 요즘도 빵을 굽거나 요리할 때 사용한다. 인분에 떡을 구워 먹는 것은 더러움을 유발하는 부정으로 이해한다(신 23:12~14). 하나님께서 예언자의 간구를 받아들여 인분 대신 쇠똥을 사용하는 것을 허락하신다. 15절에서 하나님의 재가로 인해 도시가 포위되는 동안 부정한 떡을 먹는 것을 면했지만, 포로기에는 부정한 떡을 먹게 됨으로써 상황이 더욱 악화됨을 예언한다(13절). 에스겔의 중보는 포로기보다 포위되었을 때의 상황에 맞춰져 있고 그 중보는 허락을 받는다. 16~17절은 예루살렘의 포위 상황의 연속이다. 포위당함

(4:1~3)과 식량 부족(4:9~15) 후에는 식량과 물이 점점 더 줄어들고 마침내 완전히 고갈되고 만다.

4) 머리털과 수염의 상징 행위(5:1~4)

에스겔의 상징 행위는 5장에서도 계속된다. 4장에서 보여 준 예루살렘의 포위는 끝나고 예루살렘의 멸망과 포로가 어떻게 진행되는가를 보여 준다. 이사야 7:20에서 나타난 '면도의 비유'는 이방 정복자들에 의해 팔레스타인이 학살되고 황폐화되는 것을 의미한다. 면도를 하는 것은 슬픔의 표시이기도 하고(렘 41:5), 수치의 상징이기도 하며(삼하 10:4이하), 동시에 전쟁의 선포이기도 하다. 에스겔은 이런 주제들을 더욱 발전시켜 면도칼을 하나님께서 사용하시는 심판의 도구인 이방 국가의 검으로 상징한다. 에스겔은 면도칼로 자신의 머리카락과 수염을 깎음으로써 멸망하는 예루살렘의 수치를 표현한다.

이어서 머리카락과 수염을 대충 나누는 것이 아니라 저울에 달아 셋으로 나누는데, 무게를 달아 세며 나누는 것은 심판의 행위를 뜻한다(단 5:26이하). 머리카락과 수염을 날려 보낸다고 하는 것은 칼로 멸망당하는 유다 백성의 운명을 상세하게 설명하는 일이다. 성읍 안에서 불사른 3분의 1은 포위 기간 동안 기근과 질병으로 멸망당함을 의미하고, 성읍 사방에서 칼로 치는 자는 함락되는 과정에서 방어하거나 도망하다가 죽는 사람들을 의미한다(왕하 25:4~7). 바람에 흩어진 나머지 3분의 1은 멸망당한 후에 남은 사람들이 포로로 끌려가거나 도망하는 자들을 의미한다. 그들은 개인적으로 이웃 나라로 가서 포로가 되어 사로잡히곤 한다(렘 40:1; 41:15; 43:5~7).

1~2절에서는 유다와 예루살렘이 전멸된 것처럼 보이지만, 3~4절에서는 그중에 살아남은 자들이 있음을 암시한다. 3절을 보면, 터럭 중에서 조금을 취하는데 이는 2절의 심판에도 불구하고 살아남은 자들을 의미한다. 남은 자들 중에 얼마를 다시 불에 던져 불살라 버린다. 문법적으로 보면 불에 던져진 자들은 남은 자들 중의 일부를 의미하는데, 이 상징은 이스라엘

의 '남은 자들' 사상을 잘 설명해 준다. '남은 자들'이란 처음부터 구별된 사람을 말하는 게 아니다. 그들도 포위와 공격과 사로잡힘을 경험하고, 그 와중에 은혜로 살아남은 자들을 말한다. 2~4절에서 남은 자들이 어떻게 되는지에 대해 자세히 설명한다. 포위 중에 남겨지고, 함락되면서 남겨지며, 흩어지면서 남겨진다(2절). 남은 자들 중에 일부는 또 다른 심판의 형태로 불살라지게 된다. 야훼께서 심판의 상황에서도 암시하는 것은 그 가운데 남겨진 자들이 있다는 사실이다. 그러나 아직 남은 자들은 강조되지 않고 암시만 되고 있을 뿐이다.

2. 상징 행위에 대한 해석(5:5~17)

5~17절은 4:1~5:4에서 언급된 심판에 관한 상징 행위를 해석하고 있다. 지금까지 에스겔이 행동으로 보여 준 것은 예루살렘의 포위, 포위 기간 동안의 기근, 멸망과 포로, 포로 기간 등 일련의 심판에 관한 일이다. 5~17절에서 유사한 내용을 직설적으로 묘사하고 있다. 예루살렘은 성전이 있는 장소를 가리키기도 하고, 동시에 예루살렘의 거주민을 가리키기도 한다.

첫째로, 5~17절은 예루살렘의 정체성을 설명한다(5절). 멸망이 선포된 예루살렘은 과연 누구인가 하는 것이다. 5절에서 이 예언은 예루살렘에 관한 것임을 밝히고 있다. 예루살렘은 열방으로 둘러싸여 있다. 예루살렘은 하나님께서 계시는 성소이고(11절), 우주의 중심이다. 하나님께서 예루살렘을 통해 열방을 통치하시고 열방의 평화를 기대하신다. 예루살렘은 하나님께서 선택하신 구별된 곳이면서, 동시에 하나님의 기대가 열방보다 엄격한 곳이다.

둘째로, 5~17절은 예루살렘의 거민들이 선택받은 백성답게 살지 못하고 죄악을 범한 것을 설명한다. 그 죄를 두 가지로 설명하는데, 먼저 신명기적인 관점에서 규례와 율법을 어긴 것이다(6~7절). 다른 하나는 제사장 전승의 관점에서 가증한 것을 통해 성소를 더럽힌 것이다(9, 11절). 그들의 죄는 이방인들보다 더욱 심하다.

셋째로, 5~17절은 이에 대한 야훼의 반응은 그들을 아끼거나 긍휼히 여기지 않고 심판하시는 것임을 설명한다. 하나님께서 그들이 궁핍하여 아비와 아들이 서로를 먹으며, 남은 자들이 흩어질 것을 말씀하신다(10절). 1~4절의 이미지를 다시 사용해 온역, 기근, 칼로 인해 포위되고 함락되며 흩어지면서 죽어가는 심판을 목격하리라고 말씀하신다. 심판의 내용은 더욱 강화된다(17절).

넷째로, 5~17절은 심판의 철저함이 이방인과의 역전된 관계에서 나타나는 것을 설명한다. 이스라엘은 열방 중에 으뜸으로 선택받았지만, 이제 열방이 보는 가운데 심판을 받아(8절) 그들에게 수욕과 조롱을 당하게 된다(15절).

설교를 위한 적용

첫째, 본문을 그대로 읽어 나가는 설교는 생소하고 지루하게 될 위험이 있다. 따라서 이 본문을 다른 성경 특히 레위기와 연결시키고, 에스겔서의 특징을 신앙적 교훈과 관련시켜야 한다. 먼저 에스겔서는 성결 법전(레 17~26장)과 연결시켜 읽어야 한다. 특히 레위기 26장은 신명기 28장에 나오는 축복과 저주를 제사장 신학에 따라 각색한 것이다. 학자들은 성결 법전이 하나님의 현존을 강조하는 제사장 신학을 신명기 신학의 입장에서 개혁한 것이라고 말한다. 에스겔은 제사장 전승의 후계자로서 포로에 대해 레위기 26장의 성취로 이해하고 있다. 죄악의 내용은 명령을 이해하지 않는 것(레 26:15)뿐 아니라, 가증한 죄로 인해 땅이 토해 내는 결과를 초래하는 것이다(레 18:24~30). 심판은 땅이 안식을 취하는 기간이다(레 26:34~35).

4~5장은 심판의 내용면에서 레위기 26장의 용어를 많이 취할 뿐 아니라 강퍅한 자를 향한 일곱 배의 저주가 언급된다(2:1~5; 레 26:18, 24, 28). 하나님께서는 그들이 의뢰하는 양식을 끊으시며(4:16; 5:16; 레 26:26), 심판의 일환으로 아들의 고기를 먹게 하신다(5:10; 레 26:29). 에스겔서와 성결 법전의 특

징은 신명기의 영향으로 윤리적 죄를 지적하면서도 제의적 죄를 강조하는 것이다. 그래서 피를 흘리는 가증한 것으로 인해 땅이 더러워지고 이어서 성전을 더럽힘으로써, 하나님께 부정을 유발해 죽음에 이르게 되고 누적된 죄는 마침내 땅으로부터 추방을 야기하게 된다. 이런 주제에서 우리는 정결에 대해 다룰 수 있다. 하나님과 동행함으로써 나타나는 성결이 성도들의 능력인데, 이를 저해하는 것은 불의와 제의적 부정이고 궁극적으로 피를 흘리는 일이다. 예수님의 보혈은 우리를 악하고 더러운 것에서 정화시켜 주님 앞에서 새로운 출발을 하도록 돕는다.

둘째, 본문에서 드러나지 않고 다만 전제되고 있지만 에스겔의 예언을 들을 청중의 상태는 이미 강퍅한 것으로 판명난다(2:1~5). 하나님께서 청중에게 효과적이고 충격적으로 전하기 위해 어떤 방법을 선택하시는가? 곧 상징 행위이다. 상징 행위는 강퍅한 백성을 향한 충격 요법이다. 하나님께서 예언자의 이상한 언행이나 개인의 삶에서 나타나는 독특한 경험들을 사용하셔서 백성에게 말씀을 전하게 하신다. 일상에서는 기적이나 상징 행위보다 말씀을 듣고 순종하는 것이 성숙한 신앙이다. 말씀이 일상의 삶에 자리 잡았을 때 힘을 발하게 된다. 그러나 본문에서 말씀 대신 상징 행위를 택할 만큼 에스겔의 상황은 절박하다. 심판이 임박하고 백성의 마음은 강퍅하며 정상적인 방법으로 백성의 마음이 돌아오지 않을 때 하나님께서 특단의 방법을 택하시는데, 그것이 바로 에스겔이 보여 준 상징 행위이다. 상징 행위에는 강퍅한 백성에게 메시지를 전하시려는 하나님의 마음이 담겨 있다.

에스겔의 사역은 처음부터 강퍅한 예루살렘 백성과의 대결이었다. 그의 사역은 낭만적인 것이 아니라 백성의 낙관주의와 대결이었다. 백성은 시온 신학에 도취되어 사태를 낭만적으로 판단했다. 그들은 주전 597년의 예루살렘 함락을 끝으로 곧 회복되리라고 생각하고 있었다. 587년에 하나님의 철저한 심판이 실행되기까지 심판의 가능성을 전혀 인식하지 못했다. 그들은 하나님을 잘 알지 못하고, 죄가 무엇인지 그 감각을 잃었다. 그저 자신들의 감정과 주관에 따라 하나님을 마음대로 평가했다.

따라서 그들의 마음에 충격을 줄 만한 상징 행위가 필요했다. 하나님께서 말씀하시면 듣는 귀가 필요하다. 가인은 회개의 기회를 주기 위해 하나님께서 음성을 들려주셨지만 끝까지 거부한 대표적인 사람이다. 하나님께서 말씀을 들려주시는데도 인간의 마음이 강퍅하면, 점점 더 강도를 강화시켜 죄를 깨닫게 하고 회개하도록 촉구하신다. 에스겔과 같이 예언자의 상징 행위라는 충격 요법을 사용하기 전에 우리는 그분의 음성을 들어야 한다.

셋째, 심판과 회복의 중심에는 예루살렘과 열방의 관계가 있다. 예루살렘은 열방의 중심이며, 그들에 의해 둘러싸여 있다. 하나님께서 그들에게 먼저 선택함을 받았기에 더 높은 기준으로 무장하고 그분께서 동행하실 수 있도록 하기 위해 더 정결한 모습을 원하셨다. 하나님께서 이스라엘을 먼저 선택하신 것과 그들에 대해 기대하시는 것은 상관관계가 있다. 하나님께서 열방 가운데 예루살렘을 드높이시고, 그들로 하여금 하나님의 영광을 드러내기를 원하신다. 그러나 결과는 정반대였다. 기대했던 예루살렘은 열방보다 더 큰 죄악을 범하고, 열방에게 조롱거리가 되었다. 그래서 하나님의 심판은 열방 위에 있는 예루살렘으로 하여금 능욕거리가 되게 하고, 경계와 괴기한 것이 되게 하셨다(15절). 이 원리는 유대인과 이방인의 관계, 오늘날 그리스도인들과 이방인들과의 관계를 조명하게 만든다.

하나님께서 그리스도인들만을 위해 그들을 선택하신 것이 아니라, 열방을 하나님께로 인도하기 위해 선택하신 것이다. 그리스도인들이 선한 일을 했기 때문에 구원받은 것이 아니라, 선한 일을 위해 그들은 구원받은 것이다(엡 2:10). 하나님께서 그리스도인들에게 더 높은 기준을 요구하시고, 그분의 규례를 지키며 정결하게 살아가기를 원하신다. 그래서 장차 모든 열방이 그리스도인들처럼 정결한 모습으로 서기를 바라신다. 열방이 그리스도인들의 삶을 통해 하나님께 영광을 돌리기를 원하신다(마 5:16). 그리스도인들은 자신들의 삶이 이방인들에게 본이 되어야 하며, 동시에 에스겔처럼 하나님과 이방인 사이에 중보자로 서야 한다. 그들에게 심판은 정화의 기회임을 알리고, 임박한 심판으로부터 구원을 받도록 그들을 도와야 한다. 그리스도인으로 부르심을 받는 순간부터 하나님과 열방 사이에 중보자가 되는 것이다.

넷째, 에스겔은 예루살렘의 멸망을 단계적으로 묘사한다. 그러나 하나님께서 행하시는 심판의 모든 과정을 살펴보면, 우리는 심판이 멸망으로 끝나는 게 아니라 정화를 통한 회복을 염두에 두고 있음을 깨달을 수 있다. 심판이란 남겨진 악의 제거를 의미하기 때문에 철저하게 이뤄져야 한다.

악의 철저한 제거야말로 정화 과정을 이루는 것이다. 본문에서 심판은 예루살렘의 포위, 성안에서의 기근, 성의 함락을 통한 죽음, 남은 자들에게 주어지는 계속적인 재앙들에 이르기까지 철저하게 이뤄진다. 하나님의 철저한 심판이 수행될 때 우리는 하나님의 그늘에서 기다려야 한다.

심판의 절정에서 회복을 이야기할 수 있을까? 본문에서는 아직 회복을 구체적으로 말씀하시지 않고 있지만, 그 실마리를 남겨 두고 있다. 심판이 반복되면서도 남은 자들의 자리를 엿볼 수 있다. 심판은 전면적인 것이지만, 살아남은 자들을 통한 하나님의 회복의 역사는 계속된다. 심판에 담긴 하나님의 주권을 인정하고, 그 심판에서 살아남은 자들의 정화를 통해 하나님의 역사가 계속되기를 소망해야 한다. 성도들이 현재의 삶을 심판으로 이해한다면 삶의 고난을 통해 정화되는 자신을 발견할 수 있어야 한다. 회복이 이뤄질 때까지 깨어지고 정화되어 하나님께서 은혜로 자신을 거둬 주시기를 간구해야 한다.

심판의 또 다른 이름: 하나님을 아는 은혜

에스겔 6~7장 주해와 적용

본문의 개요

1. 종말론적 구조와 심판

에스겔서는 다른 예언서들과 마찬가지로 '종말론적 구조'를 이루고 있다. '이스라엘 민족에게 내린 심판'과 '이방 민족들에게 내린 심판' 그리고 '이스라엘 민족에 내린 구원'으로 구성되어 있다. 예언서에 나타난 '종말론적 구조'는 궁극적으로 심판을 통해 구원을 이룬다는 것이다.

> 이스라엘 민족에게 내린 심판(1~24장)
>
> 이방 민족들에게 내린 심판(25~32장)
>
> 이스라엘에게 내린 구원(33~48장)

이사야 예언자는 이스라엘 백성들을 완악하게 만들라는 독특한 소명을 받았다(사 6장). 하나님께서 이사야에게 내린 사명의 핵심은 이스라엘 백성으로 하여금 하나님의 징계를 피할 수 없도록 그들을 완악하게 만들어 완전한 심판을 받게 하라는 것이다.

하나님의 심판은 처벌만을 목적으로 하지 않는다. 하나님께서는 혹독한 심판을 내리시는 중에도 새 역사와 정의의 공동체를 바라보신다. 이런 원대한 목표를 이루기 위해 하나님의 백성이 참혹하게 부서지는 심판의 정화를 필요로 하는 것이다.

2. 내용과 구조

6장은 세 부분으로 나눠지며, 7장은 패망 선언과 함께 네 가지 범죄를 고발하고 있다.

이스라엘 산하에 내린 심판 선언(6:1~7)

파멸된 자들의 하나님 인식(6:8~10)

칼, 기근, 역병으로 내린 심판(6:11~14)

패망 선언(7:1~9)

모든 폭력과 교만에 대한 심판(7:10~13)

전쟁 준비에 대한 심판(7:14~16)

축적한 재산에 대한 심판(7:17~21)

성전에 대한 심판(7:22~24)

패망의 결과(7:25~27)

본문 주해

1. 이스라엘 산하에 내린 심판 선언(6:1~7)

1) 이스라엘 산하에 내린 하나님의 말씀

예언자는 자신의 지식이나 경험이나 영감으로 예언하지 않고 하나님의 말씀을 받아 예언한다. 하나님께서 당신의 뜻을 예언자에게 전하신다. 하나님께서 당신의 뜻을 알려 주시지 않는다고 해서 예언자는 거짓 예언을 하면 안 된다. 반대로 하나님께서 주시는 뜻이 감당할 수 없을 만큼 무겁고 참혹한 것일지라도 예언자는 그 말씀을 전달해야 한다.

5장에서 예루살렘에 대한 심판을 예언했다면, 6장에서는 '이스라엘 산'을 향해 예언하고 있다(2절). '이스라엘 산'이라는 표현은 주로 에스겔서에서만 사용되고 있다(6:2, 3; 19:9; 33:28; 34:13, 14; 35:12; 36:1~4, 8; 37:22; 38:8; 39:2, 4, 17). 여기서 '이스라엘 산'이란 이스라엘 전역에 있는 산하(山河) 즉 '산과 언덕과 시내와 골짜기'를 말한다(3절). '이스라엘 산'이라는 표현은 단순히 '팔레스타인의 땅'이나 정치적 단위인 '이스라엘' 그 이상의 것이다. 하나님께서 당신의 백성에게 주신 그 땅의 귀중함을 나타낸 것이다.

2) 칼의 심판 선언

에스겔 예언자는 '이스라엘의 산'들을 청취자로 삼아 하나님의 말씀을 전한다. 이스라엘 산에 칼이 임할 것임을 선언한다. 전국의 산하를 하나님 말씀의 청취자로 삼은 것은 그곳에 '산당'(בָּמוֹתֵיכֶם 바모테켐 너희의 산당들)이 있기 때문이다(3절). 21장에서도 칼로 심판한다는 예언의 말씀이 상세히 소개되고 있다. 칼은 '전쟁' 또는 '적의 침입'에 대한 상징적 표현이기도 하다. 적들이 침입해 칼을 휘두르면, 많은 사람이 죽음에 직면하게 된다. 에스겔 예언자는 바빌론을 하나님의 심판의 도구로 이해하고, 하나님께서 바빌론을 들어 이스라엘 백성의 죄를 묻는다고 생각했다. 하나님께서 전쟁을 일으켜 이스라엘 산하에 놓인 산당들을 모두 철폐시키겠다고 선언한다.

'산당'(בָּמָה 바마)은 원래 '산등성이' 혹은 '높은 곳'을 의미하지만, 여기선 각종 제의 장소를 의미한다. 이런 제의 장소는 주로 언덕에 있지만, 골짜기나 큰 나무 아래 같은 곳에도 있다. 산당은 성전과 같은 건물을 갖춘 곳도 있지만, 대부분 건물이 없는 개방된 야외에 있다. 산당에는 '제단들'(מִזְבְּחוֹתֵיכֶם 미즈베홋테켐 너희들의 제단들), '분향단들'(חַמָּנֵיכֶם 하마네켐 너희의 분향단들), '우상들'(גִּלּוּלֵיכֶם 길루레켐 너희의 우상들)이 있다. 이런 제의물들로 인해 하나님께서 분노하셨으며, 그들에 대한 심판을 선언하신 것이다.

예루살렘에 성전이 건립되기 전에 이스라엘 전국에 성소들이 있었다. 이스라엘의 산당 중에 일부는 가나안으로부터 넘겨받아 언덕 위에 놓여 있었다. 이스라엘은 가나안 땅을 차지하면서 가나안의 유산들을 넘겨받았는데 그 과정에서 문화적 관습은 물론이고 제의 장소인 산당도 넘겨받아 그곳에서 하나님을 예배했다. 따라서 이스라엘의 산당 중에 일부는 야훼 하나님을 위한 합법적인 곳도 있고(예를 들어 기브온 산당), 일부는 이방신들을 위한 우상숭배의 거점이 되기도 했다.

하나님의 심판은 단호하고 참혹하다. 모든 것들(산당, 제단, 분향단, 우상)이 황폐하게 되며 사람들은 죽임을 당해 우상들 앞에 너부러지게 된다(4~5절). 산당과 마찬가지로 사람이 사는 도시들도 황폐화되어 사막과 같이 된다.

3) 심판의 목적

이스라엘의 산하를 휩쓸었던 하나님의 심판은 이스라엘 사람들의 내면에 있는 종교 사상을 전면적으로 뒤집었다. 우상을 숭배하던 자들은 우상 숭배에 사용된 모든 것들(산당, 제단, 신상)을 거룩한 것으로 여겼다. 그러나 하나님께서는 이를 모두 부정한 것으로 여기셨다. 인간의 눈에는 거룩한 것이지만, 하나님의 눈에는 혐오스러운 것이다. 하나님의 심판은 하나님의 존재를 다시 인식시켜 주었다.

과거에 이스라엘 백성은 우상 숭배로 인해 하나님의 존재를 잊어버렸다. 우상 숭배자들이 신성하게 여기던 것들을 하나님께서 모두 혐오한 것으로 보고 심판하셔서 자신의 존재를 이스라엘 백성은 물론이고 심판의 도구인 이방 민족들에게도 알리셨다.

야훼께서 심판의 목적을 설명하신다. 이와 같은 일을 행하시는 분이 바로 야훼라는 사실을 알리기 위함이다. 이에 대한 목적은 '야훼를 알지 못한다'라는 무수한 음성('야훼가 누구이기에 내가 그의 목소리를 듣고 이스라엘을 보내겠느냐 나는 야훼를 알지 못하거니와 이스라엘을 보내지도 않겠다')에 정면으로 맞서는 것이다. 에스겔 예언자를 포함해 포로기의 수많은 익명의 신학자들은 '모든 역사의 흐름을 주관하시는 분은 야훼이다'라는 사실에 대한 인식을 요구한다. '야훼께서 이스라엘의 창조주이고 조성자이며 동시에 전 세계의 인류를 조성하신 분'이심을 이스라엘 백성에게 분명히 주지시키는 것이다.

4) 부록: 산당 규탄의 동기

구약성경에서 산당을 규탄하는 동기는 크게 두 가지로 나타난다. 첫째, 산당에는 가나안으로부터 바알 숭배와 결부된 종교 관습을 넘겨받아 야훼 예배에 접목시킨 경우가 많았다. 그렇게 함으로써 이스라엘의 하나님을 가나안의 자연 신과 동화시켰다. 구약성경은 많은 곳에서 이방 민족의 신을 섬기지 말라고 경고하고 있다. 이방 민족의 신들을 포함해 그들과의 종교 및 문화 접촉도 금지하고 있다. 이런 금지의 동기를 신명기 7:16에서 '왜냐하면 그것이 네게 올무가 되기 때문이다'라고 말씀하신다. 이방 민족과의 접촉 과정에서 필연적으로 동화되고 흡수되어 궁극에는 민족적 자율성을 상실할 수밖에 없는 위기 상황에 놓이기 때문이다.

대개 경제적 약자나 약소민족은 강자나 강한 민족을 부러워하면서 모방하기 때문에 물리적 강압에 의하지 않더라도 종교·문화적으로 예속될 수밖에 없다. 주변의 강대국에 비해 종교·문화적으로 자주성을 갖지 못하고 예속된다면 이스라엘은 강한 민족으로 발돋움할 가능성을 근본적으로 배제당하기 때문이다.

둘째, 이스라엘의 중요한 전통 중에 하나는 이스라엘의 모든 예배가 합법적인 예루살렘의 성전에서만 드려져야 한다는 것이다. 신명기 역사서에서 솔로몬 이전에는 산당에서 예배가 드려졌다는 점을 인정한다. 그러나 솔로몬 성전이 봉헌된 이후에는 예루살렘 성전이 아닌 곳에서 예배드리는 것을 우상 숭배로 규정한다. 신명기 개혁의 중심 사상인 예배의 정화, 예배의 중앙 통일화 및 유일 신앙에 근거해 합법적이고 유일한 예루살렘 성전이 아닌 다른 예배를 추구하는 자는 야훼께서 보시기에 악한 자이며, 국가 멸망의 원인이 된다고 보았다.

합법적인 성전에서의 제사가 불가능한 포로기에 많은 이스라엘 백성이 지역 성소로 복귀했다(예를 들어 렘 7:17~18; 44:15). 합법적인 성전을 회복시킬 수 있는 길은 산당으로 복귀하지 않고, 희망 가운데 기다리는 것이다. 그래서 산당에서의 예배를 강력하게 규탄했다.

2. 파멸된 자들의 하나님 인식(6:8~10)

하나님의 칼의 심판은 궁극적인 목적이 아니다. 하나님께서 포로가 되어 이방인의 땅으로 끌려가 하나님의 심판을 모면한 자들을 남겨 두셔서 그들로 하여금 하나님을 기억하게 만드신다. 이스라엘 백성은 이런 운명에 처하게 된 원인은 자신들의 우상 숭배에 있음을 기억하고 스스로 한탄하게 된다. 이런 과정을 거친 후에 그들은 하나님의 존재를 올바로 인식하게 된다. 이 단락은 '기억하다'(זָכַר짜카르), '한탄하다'(קוּט쿠트), '알다'(יָדַע야다아)라는 세 동사를 중심으로 표현되어 있다.

1) '기억하다'(짜카르)

하나님께서 범죄 한 사람들을 모두 죽음으로 몰아가시지 않았다. 그중에 일부를 남겨 두고 세계 곳곳으로 흩으셨다. 그리고 그곳에서 하나님을 기억 하게 하셨다.

포로로 끌려갔던 사람들이 하나님을 기억하고 하나님과 함께 나눴던 아름다운 시절에 대한 추억을 기억함으로써 자신들이 처한 비참한 운명 속에서도 새로운 삶을 향한 생기를 얻게 된다. 그리고 그들이 처한 비참한 운명을 넘어설 수 있다는 희망을 갖는다. 생각(기억)은 새로운 삶을 현실로 이끌어 올 수 있는 진정한 힘이 된다.

2) '(스스로) 한탄하다'(쿠트)

'쿠트'의 뜻은 '(스스로) 역겨워하다'이다. 자신이 처한 현재의 참담한 운명 속에서도 자신이 행했던 과거의 행동을 생각할 때 스스로 역겨움을 느낀다. 그들은 마음으로 음란한 생각을 품어 야훼 하나님을 떠났고, 눈으로 음란한 우상을 추구해 야훼 하나님을 염려스럽게 만들었다. 그때의 일들을 생각할 때 자신의 행동이 역겨울 수밖에 없다.

히브리인의 사유에 따르면, 마음은 사람의 내면세계의 중심으로써 외부에서 들어오는 모든 자극을 인지하고 판단해 새로운 생동을 지시하는 기관이다. 한편, 눈은 외부의 감각 기관의 중심으로써 외부의 사물을 가장 먼저 접한다. 두 중심 기관이 음란한 생각으로 왜곡된다면 몸 전체가 음란한 생각에 빠져 우상을 추구하게 된다. 이스라엘 백성들은 이런 자신을 기억할 때, 지금의 참담한 현실에도 불구하고 자신의 행동을 역겨워 하는 것이다.

3) '알다'(야다아 인식하다)

지금의 참담함을 온몸으로 느끼며 과거의 죄스러움을 기억하고 자신의 행동을 수치스럽게 생각한 이스라엘 백성은 필히 그런 역사의 흐름을 이끄신 분이 누구인지를 알게 된다. 하나님의 말씀이 모두 이뤄졌음을 깨닫고 하나님의 존재를 인식하게 된다. 전 세계에서 가장 강하신 분은 권능의 하나님 야훼이시며, 이스라엘 백성을 포함해 전 세계의 역사를 주관하시는 분이 야훼이심을 깨닫게 된다. 나아가 야훼 외에 다른 신적 존재는 없음도 깨닫게 된다.

3. 칼, 기근, 역병으로 내린 심판(6:11~14)

다시 한 번 이스라엘 백성의 멸망을 선언한다. 야훼 하나님께서 예언자에게 명령하신다. '(손뼉을 치고 발을 구르며) 예언하라!' 예언자는 매우 안타까운 심정으로 손뼉을 치고 발을 구르며 '이스라엘의 멸망'이라는 하나님의 말씀을 전해야 한다. 그는 이스라엘의 범죄를 간결하게 '모든 가증한 악'이라고 지칭하며 그 내용이 무엇인지 구체적으로 말하지 않고 있다. 심판은 '칼과 기근과 전염병'의 수단으로 이스라엘을 멸망에 이르게 한다(11절). 12절은 심판의 내용을 보다 구체적으로 설명하고 있다. 먼 곳에 있는 자들(참고 8~10절)을 '전염병'으로 심판하시고, 가까운 곳에 있는 자들(1~7절)을 칼로 심판하신다. 그리고 포위를 당해 에워싸인 자들을 기근으로 심판하신다. 이로써 하나님의 분노를 모두 표현하신다.

이스라엘의 전역에 우상을 위한 성소들이 널려 있다. 성소마다 우상과 제단과 분향단이 즐비하다. 산과 언덕마다 우상을 위한 성소들이 있으며, 푸른 나무 아래와 무성한 상수리나무 아래에도 우상을 위한 성소들이 있다. 이스라엘 백성은 이런 장소를 신성하고 거룩한 곳으로 여겼으나, 하나님께서는 우상이 있는 곳들을 부정한 것으로 만드신다. 이스라엘 전역에 널려 있는 성소들마다 사람들의 시체가 가득하며 부정하게 되었다(13절). 이로써 그들은 야훼만이 심판을 내릴 수 있는 권능과 주권이 있음을 알게 된다.

야훼께서 권능의 손으로 그들을 심판하심으로써 이스라엘의 전 국토는 황폐해진다. 사람이 사는 도시는 부서지고 불에 타서 황량하게 된다. 이런 패망을 경험한 후에야 그들은 비로소 야훼 하나님의 존재를 올바로 깨닫게 된다(14절).

4. 패망 선언(7:1~9)

6장과 마찬가지로 7장에서도 하나님의 말씀으로 인해 새로운 사건이 시작된다. 모든 역사의 사건은 하나님의 말씀에 의해 일어나며 하나님의 뜻에 따라 종결된다(1절). 하나님께서 당신의 종(인자)에게 당신의 뜻을 예언하게 한다. '끝났도다.' 이런 과격한 파멸의 예언은 아모스 8:1~2에서도 볼 수 있다. 2상절에서 이스라엘 땅에 대해 말씀하고 있고, 2하절에서는 '이 땅 사방의 일'에 대해 말씀하고 있다. 이에 대한 정확한 히브리어 번역은 '이 땅의 네 기둥'(그밖에 사 11:12; 계 7:1)으로 이해해야 한다.

이는 이스라엘의 땅이 아니라 전 세계를 의미한다. 이스라엘은 물론이고 전 세계의 파멸을 선언한 것이다. 이는 야훼의 날을 위한 서론이 선포된 것이다.

심판의 동기에 대해 '네 행위' 또한 '네 모든 가증한 일'이라고 언급한다(3절). 심판의 동기는 구체적으로 네 가지 사실(참고 아래 서술)을 지적한다. 여기서 보다 중요한 것은 용서 없는 심판의 선언이다. "내가 너를 아껴 보지 아니하며 긍휼히 여기지도 아니하고 네 행위대로 너를 벌하여"(4상절). 죄로부터 철저한 단절만이 새로운 출발을 가져올 수 있는 정화의 심판이 되기 때문이다.

5. 모든 폭력과 교만에 대한 심판(7:10~13)

앞서 언급한 심판의 선언을 이제 네 가지 구체적 범죄에 적용한다. 첫째, '몽둥이'와 '교만'을 지적하신다. 몽둥이는 원래 죄를 벌하시는 하나님의 심판의 도구의 상징적 표현이다. 하지만 이것이 하나님을 모독하고 자기 자랑으로 가득 찬 교만으로 바뀔 때, 몽둥이는 포악하고 폭력적인 행동의 상징적 표현으로 다시금 바뀐다. 이런 폭력과 교만에 찬 몽둥이는 하나님의 진노를 불러일으키며, 따라서 모든 삶을 종결시키는 파멸로 이어진다.

6. 전쟁 준비에 대한 심판(7:14~16)

예언서의 여러 곳에서 전장에 배치할 수 있는 군사력에 대한 신뢰를 하나님께 대한 신뢰의 거절로 간주하고 불경스럽게 보고 있다(사 2:7; 3:25). 여기서 야훼의 분노는 모든 전쟁 준비의 행동을 마비시킨다. 전쟁을 피해 산 위로 도망하더라도 각자의 죄악에 따라 처벌될 것을 강조한다(16절).

7. 축적한 재산에 대한 심판(7:17~21)

하나님을 등한시하는 자들의 행동 양식 중에 두드러진 특징은 맘몬에 대한 믿음이다. 그들은 맘몬의 도움을 받아 위험을 모면하고자 한다. 그들은 욕심 사납게 맘몬을 추구하고 마구 끌어 모은다. 하지만 자신들의 배를 다 채우지 못하면서 욕심은 끝이 없다. 더욱이 그들은 화려한 장식으로 교만을 드러낸다. 또한 가증한 우상과 미운 물건으로 자신들을 자랑하지만 모든 것들은 오물이 되고 만다.

8. 성전에 대한 심판(7:22~24)

하나님의 신성한 구역인 성전을 더럽혔다고 고발하며 더럽힘의 내용을 소개한다. 그들은 온갖 폭행을 일삼는 피에 굶주린 자들이다. 그들은 계약 백성 상호간의 연대를 흉악하게 파괴하는 자들이다(22절). 힘 있는 자들의 폭행 모습과 쇠사슬에 묶여 포로로 끌려가는 자들의 모습을 중첩해 유비시키고 있다(23절). 여기서 에스겔 예언자는 제의상의 불결함보다 형제적 연대를 우선하는 것으로 보인다.

이스라엘 백성이 성전을 찾더라도 하나님의 자애로운 얼굴은 그들에게서 돌이킬 수밖에 없다. 악한 이방인들을 데려 와서 그들을 치게 하신다. 따라서 악한 이방인들은 이스라엘 백성의 집들을 점령하고 또 그들이 자랑스럽게 여기는 성전도 짓밟는다. 이런 파멸은 스스로 강하게 여기고 교만했던 자들을 원래 자리로 되돌려 놓는다(24절).

9. 패망의 결과(7:25~27)

전쟁의 재난이 몰아쳐 평화로웠던 시간은 끝나고, 더 이상 안전과 평화를 찾아볼 수 없게 되었다. 불행이 꼬리를 물고 일어났다. 그동안 하나님의 뜻을 해석한다던 자들은 모두 거짓말쟁이임이 밝혀졌다. 사람들이 선지자에게 묵시를 구했으나 모두 헛것이 되었다. 또 제사장에게 율법을 물었으나 그들의 말 속에 하나님의 뜻이 없다. 그리고 장로에게 난국을 피할 수 있는 방책을 물었으나 그들은 수습책을 내놓지 못했다. 모든 것들이 그들의 행위에 따라, 그들의 죄악에 따라 내려진 마땅한 처벌이다. 이런 처벌을 당하고 나서야 이스라엘 백성은 비로소 하나님의 존재를 인식하고 또 인정하게 된다.

설교를 위한 적용

1. 스스로 거룩한 자: 하나님을 분노케 하는 자

하나님께서 이스라엘의 산하를 단호하게 심판하신다. 심판의 원인은 이스라엘의 태도에 있다. 하나님을 섬긴다고 하면서 산당을 찾아 스스로 거룩해지기를 추구했다. 표면적으로 '하나님과 함께' 하면서 내면의 깊은 사고에서는 '하나님 없이' 사유하고 결정하며 행동했다. 고대 이스라엘에서 우상숭배의 본질은 '표면적 신앙'에 있다. 하나님께 순종하는 자는 내면 깊은 곳에서부터 그분의 명령에 귀를 기울여야 한다. 겉으로 순종하는 척하면서 속으로 다른 것을 추구한다면 옳지 않은 일이다.

'표면적 신앙'에 담긴 무서운 독소는 그들이 스스로 거룩한 자로 자처한다는 것이다. 이스라엘 백성을 거룩한 백성이라고 부르는 것은, 이스라엘 내면에 있는 신성한 속성 때문이 아니라 하나님께서 그들에게 찾아오셨기 때문이다.

그러나 우상을 좇는 자들은 하나님 없이 스스로 거룩해지는 길을 추구했다. 그들은 손수 만든 신상을 '신성한 것'으로 선포하고 우상들 앞에 자신은 물론이고 백성들까지 절하도록 했다.

2. 하나님의 처벌은 정의롭다

국가의 멸망으로 인해 모든 사람들이 대파멸의 소용돌이에 휘말리게 된다. 그들 중에 죄가 큰 자들도 있고 작은 자도 있을 것이다. 모두가 한결같은 중죄인은 아니다. 그럼에도 공동체의 타락으로 인해 구성원 모두가 죄의 멍에를 짊어지게 되었다. 이런 점에서 일부 구성원에게 의문과 불만을 불러일으킬 수 있다. 하나님께서 죄 없는 자도 벌하시는가? 하나님의 답변은 단호하시다. 그들의 '행위대로' 벌하신다. 죄 없는 자를 벌하지 않고 죄질에 따라 벌하신다.

3. 하나님께서 내리신 '심판'

국가 붕괴의 재난이 시작된 직후에 이스라엘 백성은 신학적 갈등을 겪기도 했다. 원수들이 승리를 거둠으로써 다음과 같은 의문이 제기된다. 야훼 하나님께서 과연 최고의 신이며 또 강력한 신인가? 시온에서 보좌에 앉아 계시는 야훼 곧 자신이 기름 부어 세운 자의 도움으로 세계를 통치하시는 야훼는 어디에 계시는가? 그분은 도대체 자기 백성에게 관심을 갖고 계시는가? 이제 이스라엘은 끝났는가? 6~7장은 아무것도 남기지 않는 전쟁의 모든 결과를 서술한다. 중요한 것은 그런 불행을 억누르기보다 아무리 고통스럽더라도 그것을 있는 그대로 받아들여야 한다는 데 있다.

그뿐 아니라 고통스러운 상황을 야훼와 관련시켜 엄격히 신학적으로 해석했다. 이스라엘의 대파멸은 갑작스럽게 찾아온 운명의 장난도 아니고, 바빌론의 군사력에 의해 초래된 것도 아니다. 그것은 야훼께서 친히 내리치신 심판의 행위이다.

4. 처벌은 새로운 시작을 기약한다

한국인들에게는 모든 죄가 그리스도의 은혜 안에서 값없이 용서되었다는 의식이 깔려 있다. 따라서 어떤 죄 된 행동도 처벌받지 않고 용서되는 것이 기독교 정신에 합당하다고 생각한다.

그러나 구약성경에는 이와 다른 하나님의 메시지를 전하고 있다. 처벌은 새로운 시작을 열어 주며, 거룩한 그루터기를 남겨 주는 하나님의 정의로운 행위이다. 따라서 창세기의 시작에서 네 차례에 걸쳐 인류의 범죄를 기술하고 있고, 열왕기서에서 무수한 왕들의 과오를 고발하고 있다. 하나님의 벌은 죄에 대한 보복이 아니라, 거룩한 그루터기를 남기시려는 하나님의 은혜로운 행위이다.

5. 심판의 목적: 하나님에 대한 바른 인식

심판의 궁극적인 목적은 파멸이 아니다. 하나님의 심판은 무엇보다 자신의 존재를 올바로 깨닫게 만든다. 하나님과 함께 나눴던 아름다운 시절과 지금의 비참한 운명을 대비시킨다. 이런 과정을 통해 이스라엘 백성은 하나님의 존재를 올바로 인식하게 된다.

지금의 참담함을 온몸으로 느낀 사람은 역사의 흐름을 이끄신 분이 누구인지를 알게 된다. 오늘날 많은 사람들의 의식 속에 역사의 주인을 자본, 기술, 군사력, 지도자의 리더십 등으로 환원하려고 한다. 하지만 심판을 경험한 사람은 모든 역사의 사건이 하나님의 말씀에 의해 이뤄졌음을 깨닫고 하나님의 존재를 인식하게 된다.

04

신앙적 탈선과 심판
그리고 구원

에스겔 8~11장 주해와 적용

본문의 개요

8~11장은 1~24장의 심판 메시지에 속한 것으로써, 주전 597년의 제1
차 바빌론 포로에서 살아남은 유다 백성이 하나님의 징계를 깨닫지 못하고
여전히 죄 가운데 있음을 지적하고 있다(8:17; 9:9 등).

전체가 환상에 해당하는 8~11장은 포로로 잡혀 바빌론에 있던 유다 백
성을 대상으로 하는 말씀이다. 그러나 처음과 마지막, 즉 8:1상과 11:25
은 실제 현실에 속한 내용이다. 그 중간의 환상은 야웨의 손(권능)이 임하시
는 것으로 시작하며(8:1하), 환상이 떠나 '올라가는 것'으로 끝맺는다(11:24).
예언자는 야웨의 영에 의해 옮겨지며(8:3), 다시 본래 자리로 되돌아온다
(11:24). 환상 자체는 8:3~11:23에 걸쳐 기록되어 있다.

좀 더 구체적으로 살펴보면, 8장의 환상은 예루살렘 성전에서 발견되는
빗나간 네 개의 우상 숭배 장면들로 구성되어 있다(3~6, 7~13, 14~15, 16~18
절). 그리고 성소에서부터 시작되는 심판을 다루는 9장은 1~2, 3~7, 8~11
절의 세 장면으로 구성되어 있다. 각 장면은 하나님의 외침이나 '부르심'(קָרָא
카라) 또는 예언자의 '외침'(זָעַק자아크)으로 시작한다.

이어서 10~11장은 하나님께서 예루살렘을 떠나시는 모습을 네 단계에
걸쳐 묘사하고 있다. (1) 지성소에 있는 법궤 위의 보좌에서 성전 문지방으

로(10:4 참고 9:3), (2) 그룹들이 이끄는 움직이는 보좌로(10:18), (3) 성전 안뜰의 동문으로(10:19), (4) 성읍을 벗어나 감람산으로(11:23) 옮겨가신다. 야웨의 떠나심은 곧 파멸을 의미한다.

본문 주해

1. 성전을 더럽히는 온갖 우상 숭배 행위들(8장)

에스겔은 현직 제사장이면서 예언자로 활동했기 때문에, 함께 포로로 잡혀 온 유다 장로들이 때에 따라 그를 찾아와 하나님의 말씀에 대해 질문할 만큼 영향력이 있던 사람이다(8:1; 14:1; 20:1). 그는 포로가 된 지 6년째 되던 해인 주전 592년 6월 5일에 유다 장로들의 방문을 받는다(1절). 아마 장로들은 에스겔에게서 긍정적인 신탁을 받고자 그를 방문했을 것이다.

하지만 에스겔은 장로들이 원하는 메시지를 선포하지 못한다. 그는 야웨의 정의로운 심판을 선포할 뿐이다. 장로들의 질문에 대한 그의 답변이 8~11장의 환상이다. 11:25은 에스겔의 답변이 끝났음을 알려 준다. 그 구절에서 '사로잡힌 자들'은 에스겔의 집에 모인 장로들을 가리킬 것이다.

장로들의 방문을 받은 에스겔은 '야웨의 권능'(정확하게 '손', 히브리어로 ד;야드)이 임하심으로써 환상 체험을 시작한다. 그는 불같은 형상의 야웨 하나님을 목격하고(2절), 그분에 의해 머리털을 잡힌 채 그발강가 자신의 집에서 예루살렘으로 옮겨간다. 그는 성의 안뜰로 들어가는 북문에서 하나님의 질투를 불러일으키는 우상(신 32:16, 21)을 발견한다(3절). 그는 거기서 시작해 성전 뜰 주변의 출입문(7절), 성전으로 들어가는 북문(14절), 성전 안뜰(14절) 등을 거치면서 점점 안쪽으로 들어간다.

에스겔은 질투의 우상을 본 그 장소에서 1장에 언급된 야웨 하나님의 영광을 목격한다(4절). 이것은 그곳의 진정한 주인이 야웨임을 암시한다. 그런데 그곳에 질투의 우상이 있다는 것은 야웨의 자리에 엉뚱한 신이 대신 있는 것에 다름 아니다. 에스겔은 눈을 들어 북쪽을 바라보라는 하나님의 지시를 받고 제단문 어귀 북쪽에 우상이 있는 것을 본다(5절). 우상이 성전 안에 있다는 것은 성전 제사장들에 의해 우상 숭배 행위가 허락되었음을 의미한다. 이는 심각한 신앙적 탈선이 아닐 수 없다.

하나님께서 이스라엘 족속이 행하는 가증한 우상 숭배로 인해 자신의 성소를 떠날 수밖에 없다고 말씀하신다. 하나님의 자리에 질투의 우상이 대신 차지하고 있는 까닭에 하나님께서 자신의 성소를 떠날 수밖에 없다는 것이다. 그러면서 하나님께서 이보다 더욱 가증한 일을 보게 될 것이라고 에스겔에게 말씀하신다(6절). 이는 두 번째 우상 숭배 장면에 해당하는 것으로 7절 이하에 언급되어 있다. 뜰 문으로 인도하심을 받은 에스겔은 성전 담벼락에 구멍이 있는 것을 발견한다(7절).

에스겔이 하나님의 지시에 따라 그 담벼락을 헐자, 한 개의 문이 나타난다(8절). 그 문을 통해 안으로 들어가 보니 예루살렘 사람들의 가증하고 악한 일(9절), 곧 그들이 각양 곤충과 가증한 짐승과 우상들을 사방 벽에 그려 놓고 그 앞에서 분향하는 모습이 보인다(10~11절, 참고 신 4:17~18).

그런데 에스겔이 본 우상 숭배자들은 놀랍게도 이스라엘을 대표하는 70명의 장로들(출 24:1, 9; 민 11:16, 24~25)이었다. 그들 중에는 요시야 왕의 서기관 사반(왕하 22:3~6)의 아들 야아사냐도 포함되어 있다. 그의 우상 숭배 행위는 아버지 사반의 경건한 신앙과 큰 대조를 이룬다. 야아사냐를 포함해 70명의 장로들은 그림 우상들 앞에서 구름 같은 향연이 오르는 향로를 제각기 손에 들고 있다(11절).

분향은 제사장들만이 할 수 있는 일인데, 70명의 장로들이 제각기 손에 향로를 들고 있다는 것은 정통 신앙과 배치되는 모습이다(민 16:40). 남왕국의 웃시야 왕은 성전에 들어가 향단에 분향하려는 자신을 막고 나서는 제사장에게 화를 냈다가 이마에 나병이 들기도 했다(대하 26:16~19). 그러나 에스겔이 본 70명의 장로들은 야웨 하나님께 분향하는 것이 아니라, 각종 우상들에게 분향하고 있다는 점에서 웃시야 왕보다 죄질이 훨씬 더 무겁다고 할 수 있다.

하나님께서 그들이 방 안의 어둠 속에서 행동하고 있다고 보심으로써 그들의 우상 숭배가 은밀히 이뤄지고 있음을 강조하신다(12상절). 그들의 행동이 정죄의 대상이 된다는 것을 고려한다면(신 27:15; 사 29:15), 용서받지 못할 중죄임에 틀림없다. 하지만 그들은 야웨께서 자신들을 돌보시지 않으며 그 땅을 버리셨다고 불평한다(12하절). 이는 주전 597년에 있었던 바빌론의 침략과 유다 백성의 사로잡힘을 두고 하는 말이다. 그러나 하나님의 버리심은 그들의 죄악에 대한 심판과 징계의 결과이지 그들에 대한 무관심의 결과는 아니다.

예루살렘 사람들의 우상 숭배 행위는 그것으로 끝나지 않는다. 13절에서 하나님께서 다시금(참고 6절) 예루살렘 사람들이 행하는 다른 큰 가증한 일을 보게 될 것이라고 말씀하심으로써, 그들의 세 번째 우상 숭배 행위(14~15절)를 에스겔에게 보여 주신다. 먼저 야웨께서 에스겔을 성전으로 들어가는 북문 어귀로 데리고 가신다(14절).

그곳에선 한 무리의 여인들이 앉아서 담무스 신을 애도하고 있다. 이난나(Inanna) 여신의 배우자인 담무스를 숭배하는 행위는 바빌론의 영향으로 생겨난 것이다. 당시 사람들은 6~7월의 애곡 의식에서 지하 세계로 내려간 담무스를 위해 앉아서(26:16; 욜 2:8; 욘 3:6) 애곡하는 의식을 행했다. 이런 애곡 의식은 성전 안으로 들어가면 갈수록 더욱 가증스럽게 행해지고 있음을 분명하게 보여 주신다.

하나님께서 네 번째 우상 숭배 행위(16~17절)를 에스겔에게 보여 주시기 위해 다음 단락과의 연결을 위한 말씀을 주신다. 즉 세 번째 우상 숭배보다 더욱 큰 가증한 일을 보게 될 것이라는 15절 말씀이 그것이다. 16절에 의하면, 성전 안뜰로 들어간 에스겔은 성전 현관과 제단 사이에서 25명이 성전을 등지고 얼굴을 동쪽으로 향해 태양에게 경배하는 모습을 목격한다.

하나님께서 유다 족속에게서 발견되는 이상의 종교적 탈선 행위들을 요약하신 후에, 그것을 사회적 불의와 관련시키신다(17절). 그들은 사는 땅을

'폭력'(하마스)으로 가득 채움으로써 하나님의 진노를 불러일으킬 뿐 아니라, 나뭇가지를 코에 두는 새로운 우상 숭배 행위에 빠져들기도 한다. 나뭇가지를 코에 두는 것은 우상의 손에 입을 맞추는 행동(욥 31:27)과 마찬가지로 우상에게 경의를 표하는 행동이다.

여기서 우리는 종교적 범죄와 사회적 범죄를 똑같이 심판의 근거로 보는 에스겔의 핵심 메시지(22:4; 33:25~26)를 마주하게 된다. 하나님께서 그들을 불쌍히 여기시지도, 긍휼을 베푸시지도 않고 분노를 쏟아 부으실 것이다. 그들이 큰 소리로 부르짖어도 듣지 않으신다는 18절의 결론적 말씀이 이를 분명하고 극명하게 보여 주고 있다.

■ 설교를 위한 적용

우상 숭배 행위는 하나님의 질투를 불러일으킬 뿐 아니라 그분의 진노의 심판을 초래한다. 에스겔이 환상 중에 본 예루살렘 성전의 모습은 온갖 우상 숭배 행위들로 가득 차 있다. 에스겔은 성전 바깥에서 안쪽으로 들어가면서 점점 더 가중한 우상 숭배 행위들을 목격하는 바, 성전 안으로 깊숙이 들어가면 갈수록 더욱 거룩해져야 하는 성전 구조에 비춰 볼 때 잘못되어도 크게 잘못되고 있었다.

성전 가장 깊숙한 곳을 일컬어 '지성소'라고 부른다는 사실을 생각해 보라. 이런 점에서 성전을 거룩하게 만들기는커녕 온갖 우상들로 가득 채우고, 안으로 들어가면 갈수록 더욱 가중한 우상 숭배를 행하는 유다 족속의 신앙적 탈선은 하나님의 진노와 심판을 피할 수 없게 한다.

그리고 성전은 하나님의 임재가 있고 하나님과의 만남이 이뤄지는 곳인데, 그 반대로 하나님이 아닌 다른 신들 곧 각양각색의 우상들이 하나님의 자리를 대신하고 있으니 하나님께서 설 자리가 어디 있겠는가! 그래서 하나님께서 성전을 떠나시겠다고 말씀하시는 것이다(6절). 우상 숭배는 하나님을 당신의 성소로부터 몰아내는 가장 무거운 죄에 해당한다. 북왕국 이스라엘이 망한 것도 사실은 하나님을 버리고 우상 숭배에 빠진 죄악 때문이다(왕하 17:7~41). 하나님께서 계시는 성전으로 만들려면 다른 것들을 하나님보다 앞세우는 일이 있어선 안 된다. 우상 숭배는 더 말할 것도 없다. 성전이 우상 숭배의 중심지가 되는 한, 하나님께서 유다 백성을 돌보시지 않을 것이고 성전과 그들이 사는 땅에서 미련 없이 떠나실 것이다.

그렇다면 하나님의 집인 성전 안에서 온갖 우상 숭배가 이뤄지도록 한 자들은 과연 누구인가? 제사장들과 장로들을 포함해 사회 지도층 인사들이다. 하나님의 집인 성전을 거룩하게 잘 지켜야 할 사람들이 우상 숭배에 빠져 있으니 일반 백성은 더 말해 무엇하겠는가! 더욱이 그들은 주전 597년에 바빌론의 느부갓네살 왕을 통해 하나님의 1차 심판을 겪었으면서도 반성의 태도도 없이 계속 우상 숭배에 빠져들고 있으니, 참으로 안타까운 일이 아닐 수 없다. 하나님께서 선물로 주신 땅을 폭력으로 가득 채우고 있는 현상은 또 어찌할 것인가! 상황이 이러니 하나님께서 18절에서 에누리 없는 심판을 선고하시는 것이다.

2. 성소에서 시작되는 심판(9장)

하나님께서 에스겔이 듣는 데서 큰 소리로 예루살렘을 관할하는 자들에게 사람을 죽이는 무기를 손에 들고 나아오라고 지시하신다(1절). 심판을 명하시는 하나님의 큰 소리는 그분께 큰 소리로 부르짖는 유다 족속의 모습(8:18)과 대조를 이룬다. 초자연적 심판 집행자들은 출애굽 때 활동했던 죽음의 사자(출 12:23)와 이사야 때 앗수르 왕 산헤립의 군대를 친 야웨의 사자(왕하 19:35)에 반대되는 역할을 수행한다. 그들은 제각기 손에 사람을 죽이는 무기를 들고 북향 윗문 길로부터 와서 놋 제단 곁에 선다. 그들의 수는 모두 여섯인데, 그들 중에 한 명은 가는 베옷을 입고 허리에 서기관의 먹 그릇을 차고 있다(2절). 그 먹 그릇은 심판에서 면제받을 사람들의 이마에 보호 표식하기 위한 것이다.

심판의 첫 번째 단계로 하나님께서 지성소의 그룹에 머물러 있던 자신의 영광을 거두시고 성전 문지방으로 옮기신다(3절; 10:4). 이로써 하나님께서 성전을 떠나시기 위한(8:6) 첫 움직임이 시작된다. 하나님의 영광이 성전 문지방에 이르렀다는 것은 그분께서 성전 안에서 바깥으로 옮겨가심을 의미한다. 이처럼 야웨의 영광이 서서히 성전을 떠나는 것은 유다 백성이 하나님께서 계셔야 할 곳에 온갖 우상들을 갖다 놓은 탓이지만, 한편으로 하나님께서 심판을 집행하시기 위한 목적이기도 하다.

하나님께서 먹 그릇을 찬 사람에게 예루살렘 성읍을 순행하면서 우상 숭배 행위로 인해 탄식하며 우는 자들의 이마에 표를 하라고 명하신다(4절). 그 표는 가인에게 주어진 표(창 4:15)처럼 일종의 보호 장치에 해당한다. 아울러 하나님께서 심판 집행자들에게 먹 그릇을 가진 자를 따라다니면서 남녀노소를 막론하고 그들을 불쌍히 여기거나 긍휼히 여기는 마음을 접고(8:18) 우상 숭배의 중심지인 성소에서부터 죽이기 시작하되, 이마에 표가 있는 사람들은 살려두라고 명하신다(5~6절).

성소가 심판의 출발점이 되는 것은 더 이상 피난처 역할을 못함을 의미한다(왕상 1:50~53; 2:28~34; 왕하 11:15; 벧전 4:17). 이처럼 성소가 살육의 출발점이 되는 이유는 하나님의 거룩하심이 가장 많이 더럽혀졌고 그분의 율법이 가장 많이 범해졌기 때문이다. 무엇보다 8장에 언급된 우상 숭배자들이 가장 먼저 심판을 받게 될 것이다. 하나님께서 부르신 심판 집행자들은 실제로 성전 앞에 있는 장로들을 가장 먼저 죽이기 시작한다(6절). 하나님께서 그들에게 성소에서 우상 숭배자들을 죽인 후에 성전 뜰을 그들의 시체들로 가득 채우라고 말씀하신다(7절).

그런데 흥미로운 것은 성전 안에서 사람을 죽이는 일이야말로 성전을 가장 더럽히는 행위라는 점이다(왕하 23:15~16, 20). 이 구절은 8:16~17뿐 아니라 3~6, 7~14절의 범죄한 자들까지 포함하는 두 번째 단계의 심판 집행을 가리킨다. 이로써 8장에 언급된 네 종류의 범죄 행위자들은 모두 심판을 받게 된다. 그러나 심판과 살육의 현장을 목격한 에스겔의 마음은 결코 편치 않다. 이에 그는 엎드려 기도하면서(중재 기도) 부르짖어, 하나님께서 예루살렘을 향해 분노를 쏟으심으로써 주전 597년의 재난을 피해 살아남은 자들마저 모두 죽이려 하시느냐고 항변한다(8절; 11:13).

9~10절은 에스겔의 항변에 대한 하나님의 대답에 해당한다. 유다 족속을 위한 에스겔의 중재 기도는 받아들여지지 않는다. 그 이유에 대해 유다백성의 죄가 돌이킬 수 없을 정도로 중한 데다 예루살렘이 불법으로 가득하기 때문이라고 말씀하신다. 여기서 죄는 8:17의 사회적 죄악을 가리킨다. 그런데 유다 백성은 자신들의 죄를 반성하기는커녕 오히려 하나님께서 더이상 자신들과 자신들의 땅에 관심을 갖지 않으신다고 불평한다(9절; 8:12). 그들의 모습에 더욱 진노하신 하나님께서 5절(8:18)과 마찬가지로 그들을 불쌍히 여기시거나 긍휼히 여기시지 않을 것이고, 그들의 행위대로 그들의 머리에 갚으실 것이라고 분명히 말씀하신다(10절). 하나님의 이런 심판 계획은 먹 그릇을 찬 사람에 의해 그대로 이행된다. 그는 자신에게 주어진 모든 일들을 마친 후에 하나님께 나아와 그분의 지시대로 심판을 집행했음을 보고한다(11절).

■ 설교를 위한 적용

하나님의 심판이 그분의 성소에서부터 시작되는 것은, 하나님의 질투를 불러일으키고 그분의 진노를 초래한 우상 숭배의 죄가 예루살렘 성전에 만연해 있기 때문이고, 우상 숭배 행위에 대한 책임을 져야 할 사회 지도층 인사들이 그곳에 몰려 있기 때문이다. 하나님께서 우상 숭배의 온갖 행위들로 인해 성전을 더럽힌 그들을 죽이시고 그들의 시체들로 성전 뜰을 가득 채우게 하심으로써, 친히 자신의 성전을 더럽히신다. 자신의 거룩한 집에서부터 심판을 집행하시고 그곳을 시체로 가득 채워 부정하게 만드시는 하나님의 심정을 생각해 보라.

그리고 하나님의 심판에는 한 치의 오차도 허용되지 않는다. 그분께서 범죄한 자들을 조금도 불쌍히 여기시거나 긍휼히 여기시지 않는다. 심지어 에스겔의 중재 기도(8절)조차 받아들이시지 않는다(9절). 심판이 확정되기 전에 마음을 고쳐먹고 하나님께로 방향을 돌이켜 솔직히 자신의 죄를 고백하지 않는 이상, 하나님의 심판을 피할 길은 없다.

그러나 하나님께서 예루살렘의 가증한 우상 숭배 행위들에 대해 슬퍼하고 마음 아파하는 사람들의 이마에 보호 표시를 하게 하셔서 그들을 심판의 칼로부터 건져내실 것이다. 이렇듯 하나님께서 의인과 악인을 똑같이 처벌하시는 분이 아니시다. 그분께서 자신을 신실하게 따르는 자들의 생명을 소중히 여기신다. 따라서 그분께서 우상 숭배의 죄를 범한 자들을 가차 없이 처벌하시는 와중에도 우상 숭배를 미워하는 자들의 생명을 보호할 표식을 허락하신다.

3. 성전을 떠나시는 하나님(10장)

10장은 그룹들과 바퀴들을 중심으로 야웨의 움직이시는 영광에 대해 묘사하면서, 야웨께서 서서히 성전을 떠나시는 모습을 담고 있다. 먼저 에스겔은 환상 중에 1장에서 본 것과 비슷한 하나님의 모습을 목격한다(1절). 이 대목에서 달라진 것이 있다면 1:25~26에서는 그룹들 대신에 생물들이 언급되고 있지만, 여기서는 그룹들이 언급되고 있다는 점이다. 10:15, 20은 이 그룹들을 1장의 생물들과 동일시한다.

하나님께서 가는 베옷을 입은 사람(9:2~3)에게 그룹 밑의 바퀴 사이에 있는 숯불(1:13)을 움켜쥐고 예루살렘 성읍 위에 흩으라고 명하신다(2절). 이 숯불은 예루살렘을 파멸시킬 심판의 불을 상징한다. 가는 베옷을 입은 사람이 심판의 불을 가지러 갈 때 그룹들은 성전 오른쪽에 서 있고 안뜰은 구름으로 가득 차 있다(3, 4하절; 왕상 8:10~11; 출 40:34~35). 그때 하나님의 영광이 그룹을 떠나 성전 문지방으로 옮겨가신다(4상절). 이런 움직임은 하나님께서 우상 숭배의 중심지로 되어 버린 성전을 서서히 떠나시는 모습을 구체적으로 보여 준다(9:3). 그룹들의 날개 소리가 전능하신 하나님의 음성처럼 바깥뜰에까지 들린다는 5절의 말씀은 곧 그룹들이 그 자리를 떠날 것임을 암시한다.

이런 상황에서 가는 베옷을 입은 자는 하나님의 명을 좇아 그룹들 사이에서 불을 가져가는 바, 그 불은 어떤 한 그룹이 그룹들 사이에서 손을 내밀어

취해 그에게 준 것이다(6~7절). 이로써 2절에 언급된 하나님의 지시 사항이 구체적으로 이행된다. 이어서 8~17절은 에스겔이 본 그룹들의 모습이 1장에서 본 것들과 동일함을 구체적으로 서술하고 있다. 먼저 8절에 언급된 사람의 손 같은 것은 7절에 언급된 손과 동일한 것으로 보인다. 그리고 9~12절은 그룹들과 바퀴들 사이의 관계를 1:15~18의 시각에서 설명하고 있다. 더 구체적으로 설명하면, 9~10절은 바퀴의 형태에 대해 묘사하고, 11~12절은 바퀴의 기능과 역할(그룹들의 움직임과 방향에 의존함; 19절)에 대해 묘사한다.

그런데 11절이 '머리'에 대해 언급하는 것으로 보아, 그룹들 중에 우두머리가 있고 그 우두머리가 가고자 하는 방향으로 다른 모든 그룹들이 몸을 돌리지 않은 채로 나아가는 것으로 보인다. 바퀴 둘레에 가득한 눈들은 야웨의 '편재하심'(omnipresence)을 암시한다(슥 4:10; 계 4:6~8).

회전을 목적으로 하는 바퀴들(13절) 위의 그룹들은 각기 네 얼굴을 가졌는데(14절), 그 얼굴들은 1장에서 언급한 생물들의 얼굴과 크게 다르지 않다(1:10; 계 4:7). 1장과의 이런 비교는 이곳의 그룹들이 1장의 생물들과 동일한 것임을 드러내기 위한 목적을 갖고 있다(15절). 그리고 그룹들 밑에 있는 바퀴들은 철저히 그룹들의 움직임을 따른다. 그 이유는 바퀴 가운데 생물의 영이 있기 때문이다(16~17절; 1:19~21). 생물의 영이 바퀴 가운데 있다는 것은 그룹들이 그 영을 매개로 해서 바퀴를 조종하고 있음을 뜻한다. 그 영이야말로 바퀴들을 그룹들의 움직임에 따를 수 있도록 하는 원동력이 된다.

마침내 야웨의 영광은 성전 문지방을 떠나 그룹들 위에 머문다(18절). 이는 4절에 이어지는 내용으로, 심판을 집행하기 위해 성전을 떠나시는 야웨의 모습을 뜻한다. 그리고 야웨의 영광은 성전 문지방을 떠나 그룹들과 함께 성전 동문으로 옮겨가신다(19절). 에스겔은 계속되는 20~22절에서 다시금 그룹들과 생물들을 동일시하면서, 1장과의 관련성을 강조한다(1:6~9, 12).

■ 설교를 위한 적용

성전에 머물러 있던 하나님의 영광은 온갖 우상 숭배 행위들로 가득한 성전을 자신의 처소로 사용하기를 중단하신다. 그래서 그룹들 위에 머물러 있던 하나님의 영광은 마침내 지성소를 떠나 성전 문지방으로 옮겨가시며, 나중에 성전 문지방에서 그룹들 위에 머무시더니 그룹들과 함께 성전 동문으로 이동하신다. 이렇듯이 야웨의 영광이 성전을 떠나시는 일은 8:6에 이미 선포된 것으로써, 성전이 야웨의 영광을 담을 수 없는 거짓된 우상들의 집으로 변해 버렸기 때문에 생겨난 현상이다. 이것은 개개인의 경우에도 똑같이 적용된다. 우리의 몸은 하나님의 성전이고, 하나님의 성령님이 거하시는 거룩한 집과 같다. 이런 성전을 더럽힐 경우 하나님께서 그 사람을 멸하실 것이다. 하나님의 성전이 거룩한 것같이 우리도 거룩한 삶을 살아야 한다(고전 3:16~17).

4. 우상 숭배자들에게 임할 심판(11:1~13)

11장은 1~13절의 환상 진술(심판 신탁)과 14~21절의 구원 신탁으로 이뤄져 있다. 환상 진술에서 하나님의 말씀(2~12절)은 에스겔을 향한 사적인 메시지(2~4절)와 그에게 주어진 공적인 신탁 메시지(5~12절)의 둘로 나눌 수 있다. 야웨의 영이 에스겔을 들어 올려서 성전 동문으로 옮기셨다고 묘사하는 1상절은 야웨의 영광이 그룹들과 함께 성전 문지방을 떠나 성전 동문으로 옮겨가셨다고 하는 10:19의 설명을 잇고 있다.

에스겔은 성전 동문에서 정치적 음모를 꾸미고 있는 듯한 25명의 모임을 목격한다(1하절). 그중에 야아사냐와 블라댜도 포함되어 있다. 그곳의 야아사냐는 아버지(앗술)가 다른 것으로 보아, 8:11의 야아사냐(사반의 아들)와 동일 인물이 아닌 것으로 보인다. 야아사냐와 블라댜는 '싸레 하암'(שָׂרֵי הָעָם 백성의 고관)이라고 불린다.

2절에 의하면, 25인의 회동은 모종의 불의와 악한 일을 꾀하기 위한 목적을 갖고 있다(미 2:1~2). 그들은 이기적인 목적을 달성하기 위해 양심이나 윤리를 전혀 개의치 않는다. 그들의 불법적 부동산 탈취 행동은 집 건축을 더욱 불필요하게 만든다. 이로 인해 "이 성읍은 가마가 되고 우리는 고기가 된다"(3절)라는 속담은 그들의 입장에서 보면 적어도 긍정적 의미를 갖고 있음이 분명하다. 이 속담은 가마솥이 그 안의 고기(24:4~5) 곧 자신들을 불의 심판으로부터 막아 줄 것이라는 기대감을 표현하는 것으로 사용되고 있는 셈이다.

그러나 7절에서 그들이 죽인 시체가 고기이고 예루살렘이 가마솥인데, 그들이 그 솥에서 끌려나올 것이라고 말씀하심으로써 가마솥 안의 고기를 두 종류(희생자들과 악한 관리들)로 구분하고 있다. 이것은 악한 관리들에게 가마솥(예루살렘) 안에 거할 자격이나 권리가 없음을 강조하는 효과를 갖는다. 그런가 하면 11절에서 예루살렘은 가마솥이 아니고, 그들은 고기가 아니라고 말씀하신다. 예루살렘의 보호 기능과 그들의 고귀한 신분 모두를 부정하는 셈이다. 7절과 11절의 이런 논조는 24:3~11과 비슷하다. 이 본문은 가마솥과 고기의 비유를 예루살렘의 포위와 관련해 심판을 나타내는 은유로 사용한다.

하나님께서 악한 관리들의 불의와 죄악을 그대로 두지 않으시고 에스겔에게 그들을 쳐서 예언하라고 명하신다(4절). '그들을 쳐서 예언하라'는 명령이 두 번 반복되는 것으로 보아, 그들의 악행에 대한 하나님의 진노가 어느 정도인지를 짐작할 수 있다. 야웨께서 에스겔에게 자신의 영이 임하게 하심으로써 예언의 능력을 부어 주시고 악한 자들의 음모와 마음속에 있는 것들을 모두 알고 계심을 선포하게 하신다(5절). 여기서 '마음'으로 번역된 히브리어는 '루아흐'(חוּר)이다. 인간의 '루아흐'(마음)는 권력을 남용하면서 온갖 악을 행하지만, 하나님의 '루아흐'(마음)는 에스겔을 통해 그들의 악을 비판하시면서 그들에게 임할 심판을 선포하신다.

6절에서 그들이 예루살렘에서 사람들을 많이 죽여 그 시체들로 거리를 채웠다고 말씀하심으로써, 힘없는 백성을 많이 죽인 예루살렘 지도자들의 악행을 비난하신다. 7~12절은 그런 악행에 대한 심판의 메시지를 담고 있다. 먼저 야웨께서 예루살렘 지도자들이 죽인 사람들이야말로 예루살렘에서 보호받아야 할 자들(고기)임을 강조하시면서, 그 지도자들이 예루살렘으로부터 끌려나올 것이라는 심판을 선고하신다(7절).

이것은 예루살렘이 적어도 그들에게 가마솥같이 안전한 피난처가 되지 못함을 뜻한다. 또한 그들은 힘없는 백성을 죽인 대가로 바빌론 군대(타국인)의 손에 넘겨져 칼로 죽임을 당하게 될 것이다(8~10상절; 마 26:52). 하나님께서 그들을 나라의 중심지인 예루살렘에서 국경 지역에 이르기까지 완전히 멸하실 것이다. 그로 인해 그들은 야웨 하나님의 도덕적 권위를 인정하지 않을 수 없게 된다(10하절).

이어서 하나님께서 3절에 있는 그들의 말을 정면으로 부정하시면서, 예루살렘은 그들을 보호하는 가마솥이 아니고 그들은 보호받을 수 있는 고기도 아님을 분명히 하신다. 하나님께서 국경 지대에 이르기까지 그들을 철저하게 심판하실 것이다(11절). 그들은 예루살렘에서 영구히 안전하게 거할 특권을 갖지 못한다. 이런 심판을 통해 그들은 야웨 하나님을 인정하지 않을 수 없을 것이다. 이처럼 그들에게 가혹한 심판이 임하는 이유는 그들이 야웨의 율례와 규례를 지키지 않고 도리어 이방인의 규례대로 행동했기 때문이다(12절).

에스겔이 이런 심판의 메시지(5~12절)를 선포할 때 갑자기 브나야의 아들 블라댜가 죽는다. 그의 죽음은 베드로의 책망을 들은 아나니아의 죽음과 매우 흡사하다(행 5:5). 물론 블라댜의 죽음 자체가 에스겔의 예언에 대한 결과는 아니다. 에스겔의 예언은 장차 있을 심판에 한정된다. 결국 블라댜('야웨께서 피난처를 예비해 두시다')는 그의 이름의 의미와 정반대되는 운명을 맞이하게 된다. 이로써 그의 이름은 예루살렘에 닥칠 미래를 상징적으로 보여 주는 셈이다. 블라댜의 죽음에 놀란 에스겔은 하나님께 항변하는 투로 이스라엘의 남은 자들(주전 597년의 재난을 피해 살아남은 자들)을 모두 멸하려 하시느냐고 묻는다(13절).

■ 설교를 위한 적용

예루살렘의 지도자들은 가마솥과 같은 예루살렘이 그 안의 고기에 해당하는 자신들을 안전하게 지켜줄 것이라는 그릇된 안전 의식에 사로잡혀 있었다. 그러나 하나님께서 불의를 품고 악한 꾀를 꾸미는 그들의 악행을 결코 그냥 두시지 않는다. 그분께서 힘없고 약한 백성들을 죽임으로써 예루살렘 거리를 시체들로 가득 채우는 그들의 악행에 대해 사형 선고를 내리신다. 예루살렘은 결코 그들을 안전하게 지켜 줄 가마솥이 아니다. 그들은 바빌론 군대에 사로잡혀 칼에 죽을 것이고, 그 결과로 자신들을 심판하신 분은 야웨 하나님이심을 인정하지 않을 수 없게 될 것이다. 이는 악을 행하는 자들이 아무리 견고한 피난처에 있더라도, 인간의 생각과 마음을 감찰하시는(시 139:1~4; 잠 15:11; 눅 12:7; 마 10:30) 하나님에 의해 철저하게 심판 받음을 뜻한다.

5. 하나님의 구원과 관계 회복(11:14~25)

11장 후반부는 구원 선포를 다루는 14~21절과 현실 세계로의 복귀를 다루는 22~25절로 구성된다. 그중에 14~21절의 구원 선포는 에스겔의 항변(13절)에 대한 답변에 해당하는 것으로써, 하박국의 항변에 대한 하나님의 답변(합 1~2장)을 연상시킨다. 구원 선포의 서두 부분인 15절에 따르면, 주전 597년의 재난을 피해 살아남은 예루살렘 거민들은 포로로 잡혀간 에스겔의 형제와 친척 그리고 유다 백성을 향해 예루살렘 땅이 자신들에게 허락된 기업이라고 강변한다. 포로민들의 소유권을 인정하지 않는 그들은 땅의 소유를 하나님의 은총의 증거로 보는 듯하다.

그러나 앞 단락의 심판 신탁에 비춰 보면, 포로로 잡혀 바빌론에 끌려감으로써 자신들의 행위에 대한 응분의 대가를 치른 사람들이야말로 하나님께로부터 새로운 미래를 선물 받을 자들이다(33:24~25). 16절 이하의 구원 신탁이 이 점을 분명히 보여 준다. 야웨께서 심판을 받아 포로 생활을 하는 사람들에게 '잠시' 동안 성소(그들과 함께하심을 상징함) 역할을 하실 것인데, 그 장소는 고국이 아니라 포로로 잡혀간 나라들이다. 이것은 축소된 형태이지만 야웨께서 여전히 포로민들과 함께하심을 상징적으로 보여 준다. 야웨께서 '잠시' 동안 그들에게 성소가 되신다는 것은 그들의 포로 생활이 곧 종결됨을 뜻한다(17절). 예루살렘에 남은 자들은 그 땅이 자신들의 것이라고 주장하지만(15절), 하나님께서 포로 생활을 하는 사람들이 그 땅의 실제 주인이 될 것이라고 말씀하신다. 이것은 곧 포로들의 귀향이 있음을 나타낸다(출 6:6~8).

야웨와 본국 송환자들(귀향민) 사이에 약속의 땅에서 이뤄질 새로운 관계는 세 가지 특징을 지닌다. 첫째로, 우상 숭배 제거를 통한 올바른 예배의 회복이다. 이것은 예루살렘의 잔류민들에게 여전히 남아 있는 신앙적 탈선을 암시한다. 포로민들은 그런 범죄 행위로 인해 심판을 받은 자들이다. 이제 그런 것들이 제거된다. 미운 물건들과 우상 숭배의 가증한 것들이 사라진 상태에서 관계 회복이 이뤄진다(18절). 둘째로, 하나님과 귀향민 사이의 새로운 관계는 그분의 뜻에 순종하는 삶이 된다. 첫째 전제 조건이 외적 변화를 말한다면, 둘째 전제 조건은 내적 변화를 말한다. 야웨께서 그들에게 한마음을 주시고 새 영을 부어 주시며 그들의 몸에서 돌같이 굳은 마음을 제거하셔서 살처럼 부드러운 마음을 주실 것이요(19절), 하나님의 뜻(토라)을 기쁨으로 행하게 하실 것이다(20절). 셋째로, 예전의 계약 관계를 회복하게 된다(출 6:7). 그들은 마음과 삶의 변화로 인해 마침내 하나님의 백성이 되고 야웨께서 그들의 하나님이 되실 것이다.

이상의 구원 신탁은 21절에서 하나님께서 미운 것들과 가증한 것들을 '마음으로' 따르는 자들에게 행위대로 그들의 머리 위에 갚으실 것임을 분명히 밝히심으로써, 예루살렘 잔류민들의 신앙적 탈선(우상 숭배)에 대한 심판은 반드시 이뤄질 것임을 다시 한 번 강조한다. 미운 것들과 가증한 것들 곧 우상을 숭배하되 '마음으로' 따르는 자들은 내적 변화가 없는 탓에 심판을 받아 망한다. 반면에 포로 생활을 하는 자들은 구원을 받아 하나님의 백성이 된다.

11:1~21에 의해 잠시 중단된 환상의 흐름은 구원 신탁 종결 직후에 22절에서 다시 그 맥을 이어간다. 10:19에서 그룹들과 하나님의 영광은 성전

문지방을 떠나 성전 동문으로 이동한 바 있다. 그런데 그곳에서 그룹들과 그 위에 덮인 하나님의 영광(22절)이 예루살렘으로부터 성읍 동쪽 산(감람산)으로 이동해 그 위에 머무신다(3절). 이는 그룹들(야웨의 영광)의 이동 경로 중에 마지막 단계에 해당한다. 이로써 야웨께서 예루살렘을 완전히 떠나신다.

이와 더불어 에스겔의 환상 체험은 그가 야웨의 영에 의해 포로민들의 거주지로 옮겨지는 것으로 끝이 난다(24절). 에스겔은 포로민들에게 돌아옴으로써 온전한 의식을 회복하고 하나님의 뜻을 묻고자 찾아온 장로들(8:1, 포로 공동체의 대표자들)에게 자신이 경험한 것들을 그대로 전달한다(25절).

■ 설교를 위한 적용

예루살렘에 남아 있는 자들은 그 땅에 남겨졌다는 사실에 도취된 나머지, 자신들이야말로 그 땅의 진정한 소유자라는 자만심에 사로잡혀 있다. 하지만 그들의 자만심은 거짓된 것이다. 이미 포로 생활을 하고 있는 자들은 자신들의 죄악에 대해 처벌을 받은 탓에 이제 고국으로 돌아오게 될 새로운 미래를 목전에 두고 있다. 하지만 아직 죄에 대한 처벌을 받지 않은 채 여전히 우상 숭배에 빠져 있는 예루살렘 잔류민들에게는 그들의 땅으로부터 추방되는 일만 남아 있을 뿐이다. 하나님께서 그들의 소행을 벌하시는 한편, 이미 심판을 받아 포로 생활을 하는 자들과 잠시 함께하신 후에 그들을 고국으로 돌아오게 하실 것이다.

그러나 하나님께서 그들에게 옛 모습을 그대로 간직하고 있는 땅으로 돌아오게 하시지 않는다. 그들은 그 땅에 남아 있는 온갖 우상들을 모두 제거할 것이고, 내적 변화를 통해 자발적으로 토라에 순종하려는 마음을 갖게 될 것이다. 그 결과로 하나님과의 계약 관계를 회복할 것이다.

그러나 이런 변화는 오직 하나님에 의해서만 가능하다. 이것은 귀향민의 자발적 변화가 불가능함을 뜻한다. 하나님의 은혜가 아니라면 관계 회복이 불가능하다. 이것은 오늘날 우리에게도 그대로 적용된다. 본질상 진노의 자식들인 우리가 구원을 받아 하나님의 자녀된 것은 순전히 그분의 은혜이고

(엡 2:8), 전적으로 은총의 선물이다.

맺는 말

'백문(百聞)이 불여일견(不如一見)'이라는 말이 있다. 에스겔은 말로만 듣던 신앙적 탈선의 현장을 자신의 눈으로 직접 목격하면서 심판의 메시지를 듣는다. 그는 세속적 공간(그발강가)에서 점차 거룩한 공간(성전)으로 나아간다. 이미 심판을 받은 탓에 죄질이 가벼워진 공간에서 가증스런 우상 숭배로 죄질이 한층 무거워진 공간으로 옮겨간다.

에스겔은 환상 중에 네 개의 탈선 장면을 목격한다(8장). 이어 그는 유다 족속의 신앙적 탈선과 사회적 불의에 대한 하나님의 철저한 심판이 성소에서부터 시작될 것이고, 우상 숭배로 인해 애통해 하는 자들은 이마에 보호의 표식을 받아 구원을 받을 것이라는 메시지를 듣는다(9장).

그리고 10~11장은 하나님께서 죄악에 빠진 예루살렘을 떠나시는 모습을 단계적으로 묘사하고 있다. 하나님께서 지성소에 있는 법궤 위의 보좌에서 떠나 성전 문지방과 성전 안뜰의 동문을 거쳐 감람산으로 옮겨가신다. 야웨의 떠나심은 곧 파멸을 동반한다. 그분께서 예루살렘 성읍과 그곳에 남아 있는 자들을 심판하시기 위해 그곳을 떠나시는 것이다. 이런 판국에도 예루살렘의 지도자들은 하나님께서 자신들을 돌보시지 않고 그 땅을 떠나셨다고 말한다. 그러나 실은 하나님께서 그들의 모든 언행을 살피시고 심판하시기 위해 그 땅을 떠나신 것이지, 단순히 그들에게 무관심하셔서 떠나신 것은 결코 아니다.

그러나 심판으로 모든 것이 끝나지 않는다. 하나님께서 예루살렘 성안에서 이마에 보호의 표를 받은 자들을 구원하실 뿐 아니라, 심판을 받아 포로 생활을 하는 자들을 약속의 땅으로 돌아오게 하셔서 그들로 하여금 변화된 모습으로 토라에 순종하는 삶을 살도록 하실 것이다. 그렇게 하심으로써 그들과 완전히 새로운 관계를 맺으실 것이다. 우리는 항상 이런 심판과 구원의 순환 구조 속에 서 있다. 하나님의 은혜와 사랑은 언제나 심판을 뛰어넘는 새로운 미래를 지향한다. 변화와 순종을 가능케 하시는 하나님의 영에 사로잡힐 때 비로소 우리는 진정한 희망과 구원의 역사를 경험할 수 있다.

05

참 예언과 거짓 예언

에스겔 12~15장 주해와 적용

에스겔 예언자는 주전 597년에 유다의 여호야긴과 상류층 인사들 그리고 기능을 가진 기술자들과 함께 포로가 되어 바빌론으로 끌려갔던 사람들 중에 한 사람이다. 그는 여호야긴 5년 곧 주전 593년에 그발 운하 옆의 '델아빕'(오늘날 이스라엘의 텔아비브와 다르다)에서 하나님의 부르심을 받았다(1:1~3; 3:15).

본문의 개요

에스겔서는 유다와 예루살렘에 내려질 심판 선포(1~24장), 이방 민족들 위에 내려질 심판 선포(25~32장), 구원 선포(33~48장)로 구성되어 있다.

따라서 12~15장은 첫째 단락인 유다와 예루살렘에 내려질 심판 선포에 해당하며, 그 심판의 원인에 대해 소개하고 있다.

12~15장은 크게 두 주제로 구성되어 있다. 첫째는 참 예언과 거짓 예언이고(12~14장), 둘째는 비유와 표상을 통해 이스라엘 역사를 되돌아보는 것으로써(15장) 이스라엘은 쓸모없는 포도나무의 첫 비유이다.

참 예언과 거짓 예언(12~14장)

　두 가지의 상징 행위(12장)

　　유배를 예고하는 두 가지 상징 행동(1~16절)

　　공포 속에 먹고 마시는 상징 행동(17~20절)

　　예언자의 환시와 속담(21~28절)

　남자 예언자들과 여자 예언자들에 대한 화를 외침(13장)

　　거짓 예언과 거짓 환시(1~23절)

　우상 숭배자들은 하나님께 조언을 구할 수 없다(14장)

　　우상 숭배자들을 단죄하시다(1~11절)

　　막을 수 없는 하나님의 심판(12~23절)

비유와 표상을 통한 이스라엘 역사(15장)

　쓸모없는 포도나무(1~8절)

참 예언과 거짓 예언(겔 12~14장)

1. 두 가지 상징 행위(12장)

1) 본문 주해

(1) 유배를 예고하는 두 가지 상징 행동(1~16절)

유다의 유배를 예고하는 에스겔의 상징 행동은 곧 '유배를 가는 것'(1~16절)과 '공포 속에서 먹고 마시는 것'(17~20절)이다. 짐을 싸서 유배의 길에 오르는 이유가 '그들이 볼 눈이 있어도 보지 않고, 들을 귀가 있어도 듣지 않고, 반항의 집안이기 때문이다'(2절). 이것은 이미 이사야 6:9에 서술된 내용이기도 하다. 이스라엘이 이사야 선지자 때와 마찬가지로 마음이 완고해서 보고도 깨닫지 못함을 말한다. 이에 대한 하나님의 심판으로 유다가 심판을 받을 것이며, 바로 유배라는 것이다(8~16절). 실제로 유배는 주전 587년에 일어났다. 예루살렘이 함락되고 성전은 파괴되었으며, 많은 유다인들이 포로로 잡혀 바빌론으로 끌려갔다.

10절에서 수장은 아마 시드기야를 일컫는 말일 것이다. 시드기야는 어두울 때 어깨에 짐을 메고 나갈 것이고 사람들은 그를 위해 벽을 뚫지만 그를 보지는 못할 것이다. 그러나 그는 붙잡혀서 바빌론으로 끌려갈 것이다(12절). 열왕기하 25장은 그의 말로에 대해 상세히 서술하고 있다. 그러나 이것이 끝이 아니다. 주님께서 16절에서 희망을 보여 주신다. 이런 위기 상황에서 여호와께서 남은 자들을 두셔서 그들로 하여금 유다의 잘못을 사람들에게 알리시겠다면서, 그때 사람들이 여호와가 하나님이심을 깨닫게 될 것이라고 한다. 곧 유다의 유배 원인은 하나님께서 힘이 약해 바빌론의 신 마르두크에게 패한 것이 아니라, 순전히 유다 백성의 잘못임을 지적하고 있다. 당시에 전쟁은 신과 신의 싸움으로 이스라엘의 여호와와 바빌론의 마르두크의 싸움으로 이해할 수 있다. 이 개념은 겉으로 볼 때 여호와의 패배로 보이지만, 성경은 하나님과 맺은 계약을 이스라엘이 파기함으로써 하나님께서 바빌론의 느부갓네살 왕을 도구로 사용하셔서 이스라엘을 체벌하신 것이라고 말씀하고 있다. 이런 사실에 대해 남은 자들이 깨닫고 하나님의 약함이 아니라 유다의 반항으로 인한 결과임을 서술하고 있다.

(2) 공포 속에 먹고 마시는 상징 행동(17~20절)

아마 유배와 연결하거나 유배 직전의 전쟁 상황을 말하는 것으로 보인다. 이런 두 번째 상징 행동은 황폐해진 땅에 남아 떨면서 빵을 먹는 자신을 통해 예루살렘이 맞이하게 될 상황을 유다 백성에게 서술하려는 것이다. 이것은 예루살렘이 포위되었을 때를 말하는 방식으로 볼 수 있다(참고 4:9~17). 이렇게 된 이유가 무엇일까? 이것은 유다의 종교적인 죄뿐 아니라 사회적인 부정과 악한 행동의 결과이다(19절). 이로 인해 예루살렘은 황무지가 될 것이다. 누가 이 일을 했는가? 바빌론의 느부갓네살 왕이다. 느부갓네살은 하나님의 도구로써 유다를 침공한 것뿐이다. 이것은 여호와의 행동이다. 왜냐하면 하나님과 맺은 계약을 유다가 저버렸기 때문이다(참고 신 28장). 이렇게 상황이 종료되면 그때 비로소 유다 백성은 여호와가 하나님이신 줄 깨닫게 될 것이다. 여호와만이 하나님임을 인식하게 될 것이다. 에스겔서의 특징 중에 하나가 '여호와 인지' 곧 '그제야 너희는 내가 여호와임을 알게 될 것이다'[1]라는 말이 되풀이되고 있다는 점이다.

(3) 예언자의 환시와 속담(21~28절)

하나님과 예언자의 첫 대화(21~25절)는 사람들의 비아냥거림 곧 "세월은 흐르는데 환시는 모두 그대로 지나간다"는 것이다. 이에 대해 하나님께서 "나는 이 속담을 없애버리겠다"라고 하신다(23절). 곧 예언자들이 유다에 대한 심판 선언과 예루살렘 파괴(미가 3:12)를 선포했지만 그때까지도 실현되지 않고 있었다. 따라서 그들은 예언자를 빈정대며 예언자의 선포가 이뤄진 적이 없다는 말로 에스겔의 심판 선언에 응수한 것이다. 이에 여호와께서 바빌론을 들어 유배를 통해 그들의 잘못된 신앙을 제하시겠다는 것이다(참고 렘 26:18). 곧 주님의 말씀은 지체하지 않고 그대로 이뤄진다(25절).

하나님과의 두 번째 대화도 같은 주제이다(26~28절). 그들은 예언자의 경고에 대해 과거처럼 자신의 시대에는 이뤄지지 않고 미래에 이뤄진다고 생각했다. 그러나 여호와께서 '내 말은 어떤 것이든 더 이상 지체하지 않는다. 내가 말하는 것은 그대로 이뤄진다'(28절)라고 말씀하신다. 곧 하나님의 심판은 과거처럼 이뤄지지 않거나 지연되는 게 아니라, 곧 닥치게 될 것으로 말씀하신다.

사실 유다는 주전 587년에 파괴되었고 나아가 성전은 초토화되었으며 성전 기물들은 바빌론의 전리품이 되었다. 이는 10장에서 이스라엘의 반역으로 인해 여호와께서 예루살렘 성전에서 떠나셨기 때문에 발생한 일이다.

이스라엘의 반역과 '주님의 성전이 우리와 함께 계시기에 우리는 안전하다'라는 헛된 시온 신앙이 결국 여호와로 하여금 성전을 떠나시게 했다

(11:22~24).

2) 설교를 위한 적용

이미 오래 전부터 하나님께서 예언자들을 통해 이스라엘의 반역 곧 다른 신을 섬기는 문제에 대해 고발하셨다. 그러나 아모스를 비롯한 문서 예언자들의 메시지를 지도자들과 백성들은 주목하지 않았고 심지어 비아냥거리기까지 했다. 하나님의 목소리를 듣지 않는 결과는 심판뿐이다. 예언자를 통해 하나님의 말씀을 듣고도 하나님께 회개하지 않은 이스라엘 백성들을 향해 하나님께서 유다의 파괴를 선언하셨고, 유다 백성은 유배를 당하기까지 한다. 우리는 하나님의 목소리에 귀 기울여야 한다. 하나님께서 누군가를 통해 말씀하시는데, 우리는 그 말씀에 항상 귀 기울어야 한다.

2. 남자 예언자들과 여자 예언자들에 대한 화를 외침(13장)

1) 본문 주해

이스라엘에서 예언자는 전통적으로 직업 예언자를 일컫는다. 그들은 주로 궁중에서 활동하고 왕의 자문 역할을 담당했다. 그러나 우리가 일반적으로 예언자라고 하면 이른바 나 홀로 예언자를 말하며, 그들은 직업 예언자들과 잦은 충돌을 일으켰다.[2]

본문은 1~16절과 17~23절로 나눌 수 있는데, 남자 예언자들과 여자 예언자들을 구분하고 그 내용은 반복되며 끝에 '여호와 인지 공식'인 '그제야 너희는 내가 여호와인 줄 알리라'(9, 14, 21, 23절)가 반복되고 있다. 예언자란 하나님의 말씀을 그대로 전달하는 자이다. 이른바 메신저인 것이다. 메신저는 보내신 분의 말씀을 전하는 것이 임무이다. 그러나 예레미야 23장과 본문에서 직업 예언자는 자신이 원하는 것을 마치 여호와께서 주신 말씀인 것처럼 백성에게 전했다는 것이다. 곧 그들은 위기 상황에서 외부의 침략으로 인한 국가의 파멸은 일어나지 않을 것이라고 여호와께서 자신들에게 말씀하셨다고 주장한다. 그러나 이는 여호와의 말씀이 아니라 그들의 희망 사항일 뿐이다. 즉 에스겔이 말하는 국가의 파멸은 결코 일어나지 않을 것이라고 전했다.

2절에서 에스겔 예언자는 그들을 거슬러 예언하고 있다. 그들은 자신들의 마음대로 예언하는 자들이다(참고 왕하 22:13~20; 렘 23:27~28). 3절에서 이스라엘은 하나님의 백성으로서 하나님께서 보내주신 예언자를 볼 수 있다. 하지만 그들은 죄로 인해 참 예언자를 볼 수 없게 되었다. 직업 예언자들은 도무지 환상을 보지 못하는 자들이다. 환상은 예언자들로 하여금 하나님의 말씀을 들을 수 있게 하는 중요한 통로이자 수단이다. 예레미야의 표현을 빌리면 직업 예언자들은 천상 회의에 참석하지 못한 자들이다. 다시 말해 어전 회의에 참석한 자들이야 말로 그곳에서 하나님의 말씀을 전달받을 수 있다. 하지만 그들은 제 영을 따르는 어리석은 자들(잠언에서는 어리석음에 대해 많이 서술하고 있다)로서 자신의 '루아흐'(여기서는 하나님의 영이 아니라 자기 뜻의 개념으로 볼 수 있다) 곧 자신의 마음을 따르고 있다.

5절에서 이스라엘의 예언자들은 자신들의 임무를 수행하지 않았다. 예언자는 하나님의 선물이다. 왜냐하면 그들은 하나님의 뜻을 전달하기 때문이다. 하지만 여호와께서 "너희는 성벽이 무너진 곳으로 올라가지 않았다"라고 질책하신다. 그들은 무너진 성벽에서 외쳐야 했다. 즉 구원의 선포가 있어야 하는데 그들은 그 임무를 수행하지 않았다. 또한 그들은 주님의 날에 굳게 서 있을 수 있도록 성벽도 보수하지 않았다.

7절에서 '너희는 거짓 환상을 보며 속임수 점괘를 말하지 않았느냐'라고 말씀하신다. 그들은 성벽 보수 대신에, 올바른 메시지를 백성에게 전달하는 것 대신에, 거짓 환상으로 속임수 점괘를 썼다. 다시 말해 그들은 거짓 예언을 한 것이다.

4, 6절은 7하절의 확장이라 할 수 있다. 4절은 '폐허 속의 여우'와 이스라엘의 예언자들을 비교하고 있다. 여우는 좋지 않은 것으로 인식된다. 게다가 본문은 폐허 속의 여우라고 했다. 6절은 '거짓 환상을 보고 속임수 예언을 한

다. 여호와께서 보내지도 않았는데, 그들은 여호와의 말을 한다. 그리고 그 말이 이뤄지기를 기다린다'라고 기술하고 있다. 그러나 여호와께서 결코 그들을 보내지 않으셨다(참고 렘 14:14; 23:21). 그런데 그들은 자신들이 전하는 말을 여호와의 말씀이라고 한다.

8절은 다시 '그러므로'라는 말로 시작하고 있다. "그러므로 주 여호와께서 이같이 말씀하셨다." 이것은 이른바 메신저 양식이다. 곧 예언자는 자신을 보내신 분의 말씀을 전한다는 사실을 서술하고 있다. 8~9절은 하나님의 체벌에 대한 표현이다. 즉 하나님께서 그들을 대적하신다는 것이다.

9절은 여러 가지 심판에 관한 내용이다. '여호와께서 그들에게 손을 대시겠다'고 하신다. 그들은 하나님 백성의 모임에 들지 못하고(출교), 이스라엘 집안의 명단에 오르지도 못하며, 이스라엘 땅으로 들어가지도 못할 것이다. 본문은 이스라엘 백성이 현재 피난민(유배자) 신세임을 간접적으로 기술하고 있다. "여호와께서 손을 대겠다"라는 것은 위협의 말이다(4:7). 일반적으로 '펴신 팔'은 여호와의 구원 행위를 말하는데, 본문은 그 반대로 표현하고 있다. 심판의 내용을 보면 (1) 그들은 백성의 모임에 들지 못하고, (2) 이스라엘 집안의 명단에도 오르지 못할 것이다. 이 책은 일반적으로 족보를 말한다. 예레미야 22:30에서 이런 문서가 있음을 말씀하신다. 여호와의 입에서 이 말씀이 나온 것은 족보를 뛰어 넘는 일이다. 이것은 '여호와의 책'(출 32:32~33), '생명의 책'(시 69:28)을 가리킨다. 거짓 예언자들은 이런 책에 자신의 이름이 서술되는 기회를 박탈당한다. 따라서 그들은 더 이상 이스라엘의 동료가 아니다. (3) 그들은 이스라엘 땅으로 들어가지도 못한다.

이렇게 된 후에야 그들은 비로소 여호와가 주님이라는 사실을 깨닫게 될 것이다. 이 말씀은 여호와가 참 하나님이시며, 모든 것들을 주관하시는 분이라는 뜻이다. 바빌론에 의한 침범은 바빌론의 큰 세력 때문이 아니라, 하나님께 대한 이스라엘의 배반으로 인한 하나님의 체벌로써 그에 사용된 하나님의 도구가 바로 바빌론의 느부갓네살이라는 것이다.

10~14절에서 이런 이유로 인해 평화가 없는데도 그들은 평화롭다고 말

한다(참고 렘 6:14; 8:11). 그들이 백성을 잘못 이끌었기 때문인데, 이것이 바로 출교의 이유이다. 미가 3:5에서도 예언자와 예언자와의 논쟁을 서술하고 있다. 5절에서 성벽을 언급하는데, 성벽은 위급한 상황에서 백성을 보호하는 것이며, 따라서 건축자는 벽을 제대로 건축해야 한다. 그런데 제대로 건축되지 않은 성벽에 단지 구멍이나 파열된 것이 눈에 띄지 않도록 직업 예언자들이 회칠이나 하는 것이었다. 즉 보통 사람들이 보지 못하도록, 위험에 처해 있음을 알지 못하도록 회칠(평화가 없는데도 평화롭다)이나 했던 것이다.

13~14절은 여호와께서 폭풍을 일으켜 분노하심과 비를 내려 그 성벽을 허무실 것이라고 말씀하신다. 이것은 '여호와의 날'의 위협을 말한다. 폭풍, 우박, 비 등은 하나님께서 거룩하신 여호와의 전쟁에서 사용하시는 것이다. 여호와께서 회칠한 벽을 허무시고, 땅 바닥에 쓰러뜨려 바닥까지 드러나게 하신다.

앞서 예언자는 자신을 보내신 분의 말씀을 전한다고 했는데, 17절에서 이런 모든 것들을 '여호와의 말씀'이라고 서술하면서 끝을 맺고 있다. 이것은 전형적인 메신저 양식인 '주 여호와께서 이렇게 말씀하시다'와 '여호와의 말씀'이라는 공식이 잘 드러나는 대목이다. 진정한 예언자란 '하나님의 말씀'을 전하는 사람이지 자신의 말을 하나님의 말씀인 것처럼 전하는 사람이 아니다.

2) 설교를 위한 적용

예언자는 하나님의 말씀을 전하는 메신저 곧 대언자라는 뜻이다. 예언자는 하나님의 말씀을 받는 것도 매우 중요한 일이지만 그 말씀을 전하는 것은 더욱 중요한 일이다. 왜냐하면 그를 통해 하나님의 뜻이 사람들에게 전달되기 때문이다. 오늘날 특별히 예언자란 존재하지 않지만, 하나님의 종들이 다방면에서 사역하고 있다. 진정한 사역자란 자신을 세워 주신 분의 뜻을 따르는 사람이다. 곧 하나님께서 그분을 대신해 그분의 양들을 치라고 하셨는데, 이 일을 할 때 사역자는 다른 뜻을 품으면 안 된다. 오직 양들의 돌봄이 그의 역할이다. 어떤 난관이 기다리고 있더라도 그는 양들을 돌봐야 한다.

3. 우상 숭배자들은 하나님께 조언을 구할 수 없다(14장)

1) 본문 주해

(1) 우상 숭배자들을 단죄하시다(1~11절)

1~5절에서 유다 백성이 우상을 섬긴다고 고발한다. 우상은 에스겔 시대뿐 아니라 유다 왕국 전체에 걸쳐 있던 반(反)하나님적 행동이다. 열왕기하 22장에서 므낫세는 엄청난 우상을 섬긴 것을 고발하고, 신명기 저자는 이로 인해 결국 남왕국 유다의 멸망을 선포하고 있다. 같은 맥락에서 에스겔도 우상 숭배를 고발한다. 그렇다면 우상이란 무엇인가? 십계명은 우리에게 '우상을 만들어 섬기지 말라'고 선언한다. 곧 어떤 형상으로 무엇을 만들어서 '이것이 여호와 하나님이다'라고 하는 것을 금지한다.

출애굽기 32~33장에서 금송아지 사건이 우상 숭배의 대표적인 예이다. 아론과 이스라엘 백성들은 금을 모아 송아지를 만들고, 그 금송아지 형상을 보고 '이것이 우리를 이집트에서 인도하신 하나님이다'라고 했음을 고발한다. 또한 북왕국의 첫 임금인 여로보암도 단과 벧엘에 금송아지를 만들어 세웠고, 그것을 하나님이라고 선포했음을 강하게 고발한다.

이처럼 구약성경은 여호와께 대해 어떤 것으로 만들어서 표현할 수 있는 분이 아니심을 잘 설명하고 있다. 그런데 유다 백성은 여호와를 저버리고 다른 신에게 갔을 뿐 아니라, 다른 신상을 만들어 섬기기까지 했다. 이것은 하나님과 맺은 계약 위반이다. 이로 인해 하나님께서 유다 백성에게 심판을 선언하신 것이다.

6~8절에서 회개하고 하나님께 돌아오라고 주문하고 있다. 곧 다른 신을 숭배하는 것을 버리라고 선포하신다. 신은 오직 여호와뿐이라는 신앙 고백을 요구하신다. 하나님께 '우상에게서 돌아서서 여호와께로 오라'고 말씀

하시지만 유다 백성은 끝내 말을 듣지 않는다. 하나님께서 다른 우상에게 간 자들을 하나님 백성의 명단에서 제하신다(8절).

9~11절은 앞장에서 언급한 거짓 예언자 문제를 다시 언급한다. 하나님께서 거짓 예언자를 결코 용서하시지 않으리라. 그런 후에 그들이 돌아오면 유다는 하나님의 백성이 되고, 하나님께서 그들을 떠나지 않도록 하실 것이며, 특히 '유다는 하나님의 백성이 되고 여호와는 유다의 하나님'이 될 것이다. 이것을 이른바 '계약 양식'이라 할 수 있다. 하나님께서 이스라엘과 언약을 맺으실 때 항상 사용하시는 양식이다. 이것은 예레미야 31:33에서도 서술되고 있다.

(2) 막을 수 없는 하나님의 심판(12~23절)

12~14절에서 이스라엘의 죄로 인해 하나님께서 이스라엘을 심판하시겠다고 말씀하신다. 하나님께서 예언자를 통해 여러 번 회개를 촉구했지만, 그들은 돌아오지 않고 여전히 하나님과 맺은 계약을 깨뜨리고 있었기 때문이다. 첫 번째로 심판은 양식의 떨어짐이다. 굶주림이 있게 될 것이며, 하나님의 심판 의지는 강력해 하나님께서 가장 아끼시는 의인이 그 도성에 있다고 하더라도 하나님의 심판은 그대로 실행된다는 것이다. 노아, 다니엘, 욥 등은 의인이라는 칭호를 얻은 사람들이다. 오직 의인만이 구원을 받을 것이고 도성은 그 심판을 면할 길이 없다. 이유는 그들의 죄가 넘쳤기 때문이다.

15~16절은 사나운 짐승을 통해 그들을 심판하실 것이고, 17~18절은 칼을 보내 심판하실 것이라고 말씀하신다. 곧 전쟁이다. 그래서 자식들은 모두 죽게 될 것이다. 이것은 심판을 서술할 때 전형적으로 사용되는 그림이다. 주전 587년에 유다는 멸망했다. 19~20절은 심판의 전형적인 서술로써, 흑사병을 보내 그들을 심판하실 것이다. 어느 누구도 구하지 못할 것이지만 오직 의인만이 구원을 받을 뿐이다.

그러나 심판으로 끝나는 게 아니라 하나님께서 백성의 구원을 항상 염두에 두신다. 앞에서 잠깐 서술했듯이 에스겔서는 구원과 회복으로 끝을 맺는다. 하나님께서 이스라엘의 죄로 인해 심판하시지만, 하나님의 목적은 심판이 아니라 하나님과 그들의 관계 정상이다. 이런 심판 뒤에 하나님께서 다시 그들을 돌아오게 하실 것임을 전제하면서 남은 자들을 서술하고 그들은 하나님의 정의로우심을 보게 될 것이다.

2) 설교를 위한 적용

이스라엘은 출애굽 후 시나이에서 맺은 계약 곧 '여호와 외에 다른 신을 섬기지 않겠다'는 언약을 가나안 땅에서 지키지 않았다. 사실상 그들의 역사는 반역의 역사라 할 수 있을 만큼 다른 신들을 섬겼다. 따라서 여호와께서 예언자들을 통해 누누이 심판을 선포하셨고, 여호와께로 돌아올 것을 촉구하셨다. 그러나 이스라엘은 결국 하나님의 심판을 받는 상황에 이르렀다. 그러나 심판 자체가 하나님의 목적이 아님을 알 수 있다. 여호와께서 이스라엘과 관계를 회복하시기를 원하신다. 그들은 심판 뒤에 여호와께로 돌아오고, 여호와께서 정의로우신 분이심을 깨닫게 될 것이다. 여호와께서는 어떤 분이신가? 그분은 자비로운 분이심을 다시 볼 수 있는 대목이다(출 34:6~7). 우리가 어떤 행위를 하더라도 여호와께 용서를 구하면 그분께서 용서하신다.

비유와 표상을 통한 이스라엘 역사(겔 15장)

1. 쓸모없는 포도나무(15장)

1) 본문 주해

15장은 산문이 아니라 운문으로 서술된 아름다운 글이다. 포도 열매를 맺지 않는 포도나무는 아무짝에도 쓸모가 없고, 오직 땔감으로 아궁이에 들어갈 뿐이다. 신·구약성경에서 농부와 포도나무의 관계는 하나님과 이스라엘의 관계로 사용되었다(사 5:1~7; 렘 2:21; 겔 17:6; 호 10:1; 시 80:9~17; 마 20:1. 참고 요 15장). 포도나무에서 나온 것으로 포도주를 만들고, 이것은 주인을 기쁘게 해 주는 삶의 원천이라 할 수 있다. 그리고 포도나무에서 당연히 포도 열매가 열려야 하는 것은 두말할 필요가 없다. 그런데 포도나무에서 포도 열매가 열리지 않아 땔감으로 쓰일 수밖에 없다는 것은 이스라엘의 역사가 실패하고 반역한 것임을 뜻한다.

1~8절에서 이스라엘을 열매 맺지 못한 포도나무에 비유하고 있다. 이스라엘은 하나님께서 이집트에서 해방시켜 땅을 주시고 보호하시는 선택받은 민족이다. 하나님의 은혜를 입은 이스라엘은 많은 포도, 곧 여호와께서 원하시는 여호와만을 섬기는 행위와 이웃을 사랑하는 일을 해야 하지만, 그들은 이를 이행하지 않았다. 따라서 에스겔은 2~5절에서는 그림 언어로, 6~8절에서는 그 의미를 서술하고 있다. 2~5절에서 포도나무는 아무 열매가 없어서 포도밭에서 제거되어 아궁이로 들어갈 수밖에 없다. 그 이유는 자기 역할을 다하지 못했기 때문이다.

6~8절에서 "그러므로 주 여호와 내가 말하노라"고 시작하는 것은 그 결과를 말씀하시는 것이다. 곧 열매를 맺지 않은 포도나무를 아궁이로 보내는 것처럼, 열매를 맺지 않고 하나님과의 계약을 저버린 예루살렘에 대한 심판을 선언하시는 것이다. 곧 예루살렘과 그 주민에게 내릴 재앙을 뜻한다. 그러나 여호와께서 이스라엘에게 얼굴을 돌리실 때, 곧 자비를 내리실 때 그들은 자신의 잘못을 깨닫게 될 것이고 하나님께서 여호와이신 줄 알게 될 것이다. 이것은 에스겔서의 전형적인 인지 형식이다.

6~8절은 주전 587년에 유다의 멸망과 연관이 있는 것으로 보인다. 곧 유다의 반역 행위로 인한 예루살렘의 파괴가 전제되고 있다는 것이다. 유다의 하나님께 대한 반역 죄로 인해 결국 예루살렘은 파괴되고, 많은 주민들은 죽어 갔으며, 죽음에서 살아난 사람들은 포로가 되어 바빌론으로 끌려갔다. 이 모든 것들은 유다의 잘못 때문이며, 그것은 하나님과 맺은 계약을 지키지 않은 유다의 책임이다. 그때 유다 백성은 여호와께서 참 하나님이심을 인지하게 될 것이다. 요한복음 15장은 같은 이야기를 예수님과 연결해 서술하고

있다(참고 롬 11:11~24).

2) 설교를 위한 적용

포도나무는 열매로 그 가치를 평가 받는다. 농부는 봄부터 가을까지 포도 열매를 위해 시시때때로 거름과 필요한 것들을 공급한다. 오직 포도 열매를 얻기 위함이다. 한 해 동안 포도나무는 맛있는 열매로 농부의 노고에 보답하는 것이 당연하다. 농부는 기쁨으로 수확을 하고 이듬해의 열매를 위해 또 포도나무를 자식처럼 보살피게 된다. 이것이 일반적인 상식이다. 그러나 본문 15장은 이런 일반 상식을 뒤집는 일이 벌어졌음을 말하고 있다. 열매를 맺지 않은 포도나무는 무엇에 쓸 수 있을까? 관상용으로 쓴다면 예쁘기라도 해야 한다. 그러나 포도나무는 관상용으로 쓸 수 없다. 그렇다면 열매 없는 포도나무는 아궁이로 들어가 겨울 추위를 나게 하는 땔감으로 쓸 수밖에 없는 것이다.

이스라엘은 이집트에서 탈출한 이후 그들의 하나님은 다름 아닌 여호와 라고 고백했다. 그러나 이스라엘은 가나안에 정착한 이후 여호와가 아닌 바알을 자신들의 신으로 섬기거나 바알과 여호와를 동일시했다. 이것은 여호와와 맺은 계약 위반이다. 이스라엘은 시나이에서 모세에게 주신 여호와의 십계명 가운데 첫 번째인 '너는 내 앞에서 다른 신을 두어선 안 된다'라는 계명을 정면으로 위반한 것이다.

이 계약을 위반하면 따르는 체벌이 있다. 따라서 여호와께서 예언자를 통해 누누이 경고하셨지만 이스라엘은 듣지 않았다. 이에 여호와께서 이스라엘에게 심판을 내리시는 것이다. 곧 쓸모없게 된 포도나무를 아궁이의 땔감으로 쓰시겠다는 것이다.

오늘날 우리 삶에서 여호와와 맺은 약속을 잊어버리고 여호와 외에 다른 신을 두고 있지는 않은가? 그렇다면 우리는 처음 여호와와 맺은 약속을 위반한 것이다. 마치 이스라엘이 여호와와 체결했던 계약을 위반한 것처럼 말이다.

따라서 우리는 여호와와의 관계를 회복해야 한다. 여호와와 관계를 회복하는 일은 여호와께서 명하신 것들을 이행하는 것이다. 여호와께서 관계 회복이 되면 다시 '너는 나의 백성'이라 하실 것이다(참고 렘 31:33).

맺는 말

12~15장은 여러 주제로 나뉘어 있다. 큰 주제가 참 예언과 거짓 예언(12~14장)이라면, 다른 주제는 쓸모없는 포도나무의 비유(15장)이다.

이스라엘 백성이 여호와께 반역하는 바람에, 예언자들은 오래전부터 하나님의 심판을 예고했다. 하지만 직업 예언자들과 유다 백성은 오히려 비아냥거리면서 과거에도 심판 선언이 있었지만 그때까지 이뤄진 적은 없었다고 말한다. 이것은 하나님의 말씀에 대한 모독이라 할 수 있다.

또한 예언자란 하나님의 말씀을 맡은 자를 말한다. 그런데 직업 예언자들은 하나님의 말씀을 맡아서 그 말씀을 전하지 않고 자신의 희망 사항을 마치 하나님의 말씀인 양 전했다. 진정한 예언자란 자신을 보내신 분의 말씀을 대언하는 자이다.

포도나무는 가을에 맛있는 포도 열매를 맺어야 그 가치를 인정받고, 이듬해의 수확을 위해 다시 정성스럽게 가꿈을 받는다. 그러나 열매를 맺지 않은 포도나무는 아무 쓸모가 없어져 아궁이의 땔감으로 쓸 수밖에 없다. 이스라엘이 그렇다. 하나님과의 계약을 지키는 자만이 진정한 하나님의 백성인 것이다. 올바른 관계에 기초할 때 '여호와는 이스라엘의 하나님, 이스라엘은 여호와의 백성'이라는 계약이 다시 체결되는 것이다.

하나님의 백성인 우리도 같은 맥락에서 이해해야 한다. 우리가 하나님과 맺은 계약을 저버린다면 더 이상 하나님을 경외하는 자라고 할 수 없다. 진정 하나님을 경외하는 자라면 하나님의 메시지에 귀를 기울어야 한다. 만약 그렇지 않다면 이스라엘이 좋은 포도나무였고 잘 돌봐주었지만 아무 열매를 맺지 않아 아궁이의 땔감으로 달리 쓸 용도가 없게 된 것처럼, 여호와를 경외하지 않는 사람들은 이와 같은 신세가 될 수밖에 없다. 우리가 하나님과 올바른 관계를 가질 때 비로소 '여호와는 우리의 하나님, 우리는 여호와의 백성'이라는 계약이 성립된다.

06

음녀 예루살렘과
하나님의 영원한 언약

에스겔 16장 주해와 적용

본문의 개요

16장은 에스겔의 심판에 대한 말씀(1~24장)에 속한 구절로써 특히 하나님께서 선택하신 예루살렘이 죄악으로 인해 멸망할 수밖에 없다는 '예루살렘에 대한 심판'을 강하게 선언하고 있다. 하지만 에스겔은 하나님의 심판에 대한 의미는 멸망이 아닌 회개를 전제로 한 예루살렘의 회복임을 언약의 기억을 통해 강조하고 있다. 16장은 예루살렘을 여인으로 은유하며 그들의 타락과 우상 숭배를 음행에 비유한다. 16장을 세분하면 다음과 같다.

> 주운 아이 예루살렘이 왕후가 되다(1~14절)
>
> 왕후 예루살렘이 음녀가 되다(15~34절)
>
> 예루살렘에 내린 하나님의 심판(35~43절)
>
> 예루살렘과 그의 타락한 자매인 소돔과 사마리아(44~52절)
>
> 예루살렘이 장차 수치를 당하지만 회복될 것이다(53~58절)
>
> 그러나 영원한 언약을 세우리라(59~63절)

본문 주해

1. 주운 아이 예루살렘이 왕후가 되다(1~14절)

63절로 이뤄진 16장에서는 예루살렘을 여인으로 의인화해 말씀을 선포함으로써 예루살렘 백성들에게 새로운 깨달음을 주려 한다. 이것을 다른 예언자들도 종종 시도했다(사 5:1이하; 렘 47:6; 암 5:19). 이는 백성에게 더욱 관심을 집중시키며 그분의 선포 의도를 달성하기 위해 자주 사용한 방법이다. 하나님께서 에스겔에게 예루살렘의 과거 모습에 대해 다음과 같이 은유적 메시지를 선포하고 있다.

1) 부정한 태생인 예루살렘(1~5절)

에스겔은 예루살렘에 대해 부정한 태생임을 선언한다. 즉 예루살렘이 태어난 곳은 가나안이고 그의 아버지는 아모리 사람이고 어머니는 헷 사람이라고 한다(3절). 여기서 언급한 아모리, 헷은 가나안 일곱 족속 중에 포함된다. 이스라엘 백성은 그들이 음란하고 우상 숭배하는 것을 알고 있었다. 하나님께서 다윗 이전에 그들 족속 중에 속해 있던 예루살렘을 특별히 택하셔서 하나님의 거룩한 도성으로 만드신 역사를 상기시켜 주고 있다. 처음부터 불쌍히 여기는 자 없이 천하게 되어 들판에 버려진(5절) 예루살렘을 택하셔서 하나님의 성도(聖都)로 만드신 하나님의 이전 역사를 모두에게 주지시키고 있는 것이다.

2) 버려진 예루살렘이 왕후가 되다(6~14절)

에스겔은 사독 계열 제사장으로서 예루살렘과 밀접하게 관련된 사람이고 아나돗 출신 제사장 가문인 예레미야와 달리 다윗 언약에 대한 신봉자이며, 언약의 관점에서 하나님과 예루살렘의 관계를 외치고 있다. 즉 다윗 언약의 두 축은 하나님께서 다윗 왕조를 택하신 것과 하나님께서 자기 이름을 두려고 예루살렘을 택하신 것이다. 이런 사상으로 에스겔은 예루살렘에 대한 애정을 갖고 그 성읍이 망할 수밖에 없는 이유를 모두에게 설명하고 있다. 곧 하나님께서 이전에 여부스 사람에게 속해 있던 예루살렘을 택하신 것은 누구도 거들떠보지 않던 버려진 아이를 돌보고 양육하며 거두셔서 아름다운 여인으로 만드셨다. 마침내 그 화려함이나 명성이 이방에까지 알려진 왕후와 같이 존귀한 자가 된 것을 보여 주며 예루살렘이 한량없으신 하나님의 사랑으로 거룩한 도시가 되었음을 말하고 있다. 하지만 예루살렘의 심판을 외치고 있는 16장에서는 이런 예루살렘이 하나님의 은혜로부터 벗어나 왕후와 같던 위치를 계속 지키지 못하고 그 삶이 음녀로 급전환했음을 안타깝게 선언하고 있다.

■ 설교를 위한 적용

우리는 항상 기도할 때 하나님을 섬길 만한 자격이 없는 우리를 불러서 믿게 하여 주신 것을 하나님께 감사한다. 다시 말해, 우리는 하나님의 은혜로 그분의 자녀가 되어 특권을 누린다는 것이다. 그러나 하나님께서 자녀로 인정하시고 우리에게 하나님의 자녀답게 살기를 원하고 계신다는 것을 우리는 깨달아야 한다. 이제 하나님의 모든 은혜를 저버리고 음녀의 길을 간 예루살렘과 같이 우리도 세상을 벗하며 살지 않았는지 조용히 점검해 봐야 한다.

2. 왕후 예루살렘이 음녀가 되다(15~34절)

1) 은혜를 음행으로 갚는 예루살렘(15~22절)

15~22절에서 예루살렘은 하나님의 은혜를 받고 모든 사람이 부러워하는 아름다운 도시가 되었다. 하지만 하나님으로부터 받은 풍족한 은혜를 망각한 채 하나님의 선택받은 사람답지 않게 은혜를 음행으로 갚는 행위를 반복하고 있음을 보여 준다. 먼저 예루살렘은 하나님께서 주신 옷으로 산당을 꾸미고 그곳에서 음행한다(16절). 하나님께서 예루살렘을 택하신 것은 신명

기의 말씀과 같이 중앙 성소로써의 역할 감당이 가장 큰 이유라고 할 수 있다. 왕국 시대의 역사서에서도 예루살렘 성전 외에 지방 산당에서 드리는 예배 행위를 엄격히 금지하며 이를 행한 왕들을 통렬히 비판하고 있다. 그런데 예루살렘이 하나님께서 주신 옷으로 산당을 꾸미고 음행을 일삼으며 중앙 성소의 원칙에 전혀 상관없이 행동하는 것은 하나님의 은혜를 음행으로 갚는 모습이다.

또 예루살렘은 하나님께서 주신 풍요와 은혜에 감사하지 않고 오히려 그것으로 온갖 우상들을 만들어 그 앞에 제물을 바치면서(19절) 하나님을 멀리했다. 철저한 유일신 사상은 예언자 신앙의 근간이라 할 수 있는데, 에스겔은 예루살렘의 현실이 하나님께서 주신 것을 가지고 아무렇지도 않게 우상을 만들어 섬기는 혼합주의적 상황에 빠져 있음을 안타까워하면서 은혜를 음행으로 갚는 그들의 행태를 비판하고 있다.

예루살렘은 하나님께서 엄격하게 금하신 자녀들을 제물로 바치는 인신 제사 풍습을 이어가며(21절) 하나님께서 그들을 택하신 원래의 의도를 망각한 채 계속 패역의 길을 걷고 있다. 자녀들을 불 가운데로 지나가게 하는 인신 제사는 모압 종교 몰렉 등 주변 나라의 종교 풍습이었는데, 이를 예루살렘이 받아들이면서 자식들을 불살라 바치면 하나님께서 기뻐하신다는 착각에 빠져 있었다. 하지만 예루살렘이 하나님께서 주신 자녀들을 이방신에게 바치는 행위는 은혜를 음행으로 갚는 것이 된다.

2) 강대국을 의지하는 예루살렘의 음란한 행동(23~34절)

에스겔은 23~34절에서 강대국을 의지하는 예루살렘의 잘못을 구체적으로 질책한다. 역사의 위기 상황에서 하나님을 의지하기보다 이집트를 의지해 하나님을 분노케 했다(26절). 이스라엘의 마지막 왕인 호세아 시대에 아시리아가 쳐들어 왔을 때에도 호세아는 하나님을 의지하지 않고 이집트 왕을 의지했다가 결국 망하고 말았다(왕하 17:4). 히스기야 왕 시대(왕하 18:21)나 예루살렘의 마지막 멸망기(렘 37:5~7)에도, 침공하는 강대국에 대항하기 위해 하나님을 의지하기보다 이집트에 먼저 손을 내민 행위에 대해 하나님께서 음란 행위라며 예루살렘을 책망하고 있다.

또한 예루살렘이 이집트의 도움을 받은 대가로 많은 영토를 아시리아의 왕 산헤립에게 **빼앗긴** 역사에 대해서도 지적하고 있다(27절). 즉 산헤립은 히스기야의 46개 요새를 **빼앗은** 후에 그것들 중에서 일부를 블레셋 사람들에게 넘겨줌으로써 유다의 반역을 응징하려 했다. 이에 대해 에스겔은 예루살렘의 이집트를 섬기려는 음란 행위의 결과로 보고 있고, 이후 역사에서 당시의 행위로 인해 오랫동안 고난당하는 유다의 모습을 상기시키고 있다.

하나님께서 예루살렘에게 아시리아와 바빌론의 음행을 저질렀다고 말씀하신다. 예루살렘 성전에서는 히스기야 왕과 요시야 왕의 종교 개혁 때를 제외하면 아시리아의 일월성신 제단이 항상 굳건히 서 있었고 특별히 므낫세 왕의 친 아시리아 정책과 아시리아 우상 숭배는 유다를 멸망의 길로 이끌었다. 그리고 바빌론의 종교가 예루살렘에 침투해 있는 것을 알 수 있다.

하나님께서 역사에 나타난 예루살렘의 모든 행위에 대해 남편을 버리고 다른 남자의 품에 안긴 음란한 여인과 같다고 선언하신다. 그들은 돈을 받고 몸을 파는 음란한 여인들과 달리, 오히려 돈을 주고 음란한 행위를 하는 등 더욱 나쁜 행위를 일삼는다고 지적하신다. 이제 남은 것이라곤 하나님의 신실하신 사랑에 대해 배반한 예루살렘에 내려질 심판뿐이라는 것을 누구나 직감할 수 있다.

■ 설교를 위한 적용

하나님께서는 이스라엘과 유다의 잘못을 지적하실 때, 그들을 위해 역사 속에서 활동하신 하나님의 역사와 이스라엘의 패역을 비교하면서 잘못을 책망하고 그들이 속히 회개하고 돌아오기를 원하셨다. 우리도 하나님과의 관계에서 문제를 발견하게 된다면, 먼저 해야 할 일이 있다. 그것은 지난 삶을 되돌아보면서 하나님의 구원의 역사를 다시 한 번 체험하고 그것에 반하는 자신의 죄악 된 모습을 깨닫고 동시에 무릎을 꿇고 회개하는 것이다.

바쁘게 돌아가는 현대 사회에서 가장 큰 문제는 조용히 생각할 시간을 갖지 못한다는 것이다. 하루하루를 항상 조급하게 살다보면 현실에 얽매여 위기의 상황이 속히 지나가기만을 바랄 뿐이지, 하나님께서 자신을 위해 이뤄 놓으신 구원의 큰 사건을 보지 못하고 그냥 지나치는 경우가 허다하다. 바쁘다는 핑계로 자신을 합리화시키면서 예루살렘과 같이 음란한 길을 갈 때가 많이 있다. 조용히 자신의 역사를 돌아보면서 하나님의 구원의 역사를 깨닫는 것은 우리의 삶이 힘들어질수록 더욱 지켜야 하는 하나의 큰 교훈이다.

3. 예루살렘에 내린 하나님의 심판(35~43절)

35~43절에서 음녀가 된 예루살렘을 향해 하나님의 준엄하신 심판이 내려지고 있다. 그런데 이 심판에 음녀 예루살렘이 함께 즐기던 대상들이 하나님의 명을 받아 예루살렘을 멸망시키는 심판의 대리인으로 참여하고 있다. 예루살렘에 대한 심판 때, 그 옷을 찢고 공중 앞에서 벌거벗은 몸으로 부끄러움을 당하며 재판 받고 돌에 맞아 죽으며 모든 집들이 불타 버리는 무서운 벌을 받게 될 것이라고 말씀하신다(37~41절). 그러나 하나님께서 43절 말씀을 통해 반전의 메시지를 암시하신다. 다시 말해, 예루살렘의 잘못을 분명히 기억하라는 것이다. 그들의 잘못은 역겨운 우상을 섬기는 것과 음행이기 때문에 심판의 원인을 초래한 모든 잘못들에서 돌이킬 것을 호소하고 있다.

■ 설교를 위한 적용

우리가 예언자들의 메시지를 읽을 때 심판과 멸망으로 가득 차 있는 경우를 자주 보게 된다. 따라서 많은 예언자들의 메시지를 복음과 대조되는 나쁜 의미의 율법으로 이해하며 예언자들이 외치는 '망하다', '죽다'라는 선언은 반드시 실현되어야 하는 말씀으로 이해하기 쉽다. 그러나 이것은 예언서에 대한 오해이다. 예언자들이 이스라엘과 유다를 향해 심판의 메시지를 외친 참 뜻은 망하기 싫고 죽기 싫으면 하나님께 무릎 꿇고 회개하라는 것이다. 다시 말해, 심판과 멸망의 선언이 강할수록 하나님께로 속히 돌아오기를 바라시는 하나님의 사랑이 더욱 크게 나타나는 것이라고 할 수 있다. 본문에 서도 예루살렘을 향해 강하고 처절한 심판의 선언이 나타나는데, 이는 그만 큼 예루살렘으로 하여금 속히 돌아오도록 하며 기다리시는 하나님의 간절 한 사랑을 표현한 것이다.

4. 예루살렘과 그의 타락한 자매인 소돔과 사마리아(44~52절)

44~52절에서는 예루살렘의 악한 모습을 부각시키고 있다. 이를 위해 1~14절에서 예루살렘의 아버지는 아모리 사람이고 어머니는 헷 사람이라 고 했던 은유를 한 단계 발전시켜 그의 자매들도 사악한 행동을 하고 그중에 서 으뜸이 예루살렘이라면서 그 죄를 강력하게 지적하고 있다. 예루살렘과 자매로 등장하는 도시는 죄악으로 이미 멸망한 소돔과 사마리아이다.

예루살렘의 대다수 사람들은 자신의 잘못을 어느 정도 인정하지만 그렇 더라도 소돔과 사마리아보다 자신들이 온전하다고 생각했다. 이런 사고는 바빌론 포로기 때 대부분의 유다인들이 갖고 있던 것이다. 그들은 자신들 의 죄를 인정하지만 하나님의 형벌이 너무 과하다고 생각했다. 때에 따라서 "아비가 신 포도를 먹었으므로 아들의 이가 시다"(18:2)라며 모든 잘못을 조 상 탓으로 돌리는 경향이 강했다. 그러나 하나님께서 유다의 죄로 인해 멸망 당할 수밖에 없음을 보여 주시면서 타락한 도시의 대명사인 소돔의 죄도 예 루살렘의 죄보다 심하지 않았다고 말씀하신다(47절). 또 아시리아에 의해 멸 망한 도시인 사마리아의 죄도 예루살렘의 죄에 비하면 절반밖에 되지 않는 다고 밝히신다(51절). 예루살렘은 언니 격인 사마리아보다, 동생 격인 소돔보 다 더욱 역겨운 죄를 지었기 때문에 큰 수치를 당할 것이며 이미 멸망의 길 로 들어섰다고 선언하신다.

■ 설교를 위한 적용

앞서 언급했듯이 예언자의 메시지에 대한 속성을 잘 알지 못하는 사람들 은 그들의 멸망을 선언하는 심판의 메시지를 들을 때마다 강한 거부감을 나타내며 '역시 구약이라서 하나님의 사랑이 결여된 것이다'라고 생각하는 경우가 많이 있다. 하지만 예언자의 메시지는 궤도 수정이 언제나 가능하다. 그들이 심판의 메시지를 선포하는 이유는 하나님께서 이스라엘과 유다를 구원하실 준비가 되어 있으니 멸망하기를 원치 않는다면 속히 회개하라는 깊은 뜻을 그 메시지가 담고 있기 때문이다. 요나 선지자가 니느웨를 향한 메시지 선포를 거부하고 다시스로 갔던 이유도, 하나님께서 니느웨를 향해 메시지를 선포하라고 말씀하시는 것은 니느웨를 구원하시려는 뜻이 있음을 알았기 때문이다.

하나님께서 예루살렘의 죄가 소돔이나 사마리아보다 악하다고 말씀하시면서 반드시 그 성읍을 멸망시킬 것이라고 선언하신다. 이는 예루살렘이 멸망할 것이고 그를 통해 말씀이 성취된 것을 나타내려는 것이 아니라, 하나님께서 예루살렘의 멸망을 원치 않으시니 속히 회개하고 돌아오라는 선언인 것이다.

5. 예루살렘이 장차 수치를 당하지만 회복될 것이다(53~58절)

이스라엘과 유다에 대한 예언자의 심판 선언은 그 종착점에서 항상 회복을 약속하고 있다. 앞서 말했듯이, 하나님께서 이스라엘과 유다를 향해 심판을 선언하신 가장 큰 이유는 그들로 하여금 돌이켜 회개하기를 원하시기 때문이다. 그러나 하나님께서 잘못을 용서해 주시지만 지은 죄에 대한 대가는 반드시 치르게 하시는 것을 아울러 보여 준다.

이전 역사에서 하나님께서 이스라엘이 잘못했을 때 반드시 벌을 주시지만, 그들이 회개했을 때 은혜를 베푸시는 것을 성경 여러 곳에서 찾아볼 수 있다. 이런 '죄-징벌-회개-은혜'의 구조가 본문에도 적용된다. 하나님께서 예전에 하나님께 향한 패악으로 멸망한 소돔과 사마리아를 회복시키실 것을 말씀하면서 예루살렘도 회복시키실 것을 언급하신다(53절). 그러나 예루살렘은 아직 죄에 대한 대가를 치르지 않은 상태이기 때문에 사마리아나 소돔같이 멸망할 것을 말씀하신다(58절). 하지만 예루살렘의 멸망은 영원하지 않고, 회복을 전제로 한다.

예루살렘이 생각하기에 소돔이나 사마리아는 멸망당할 수밖에 없는 도시였다. 그리고 그들의 회복은 상상할 수도 없는 일이었다. 하나님께서 비록 예루살렘의 죄를 그들의 죄보다 심하다고 말씀하셨지만, 회복이 불가능했던 도시들을 회복하듯이 하나님께서 사랑하시는 예루살렘을 반드시 회복할 수 있음을 보여 준다.

예루살렘을 능욕할 "아람 딸들"(57절)에 대해, 많은 히브리어 사본과 시리아역인 '페쉬타'는 '에돔의 딸'로 번역하고 있다. 표준새번역도 '에돔의 딸'로 번역하고 있다. 이런 번역은 역사적 정황을 살펴볼 때 어느 정도 타당성이 있다. 바빌론 포로기에 유다 백성을 능욕한 이방 민족들이 바빌론에 협력해 유다를 협공했다. 유다의 멸망을 조롱한 에돔 사람들의 행위나, 당시 유다 백성이 가장 원한을 갖고 있던 나라가 에돔인 것을 고려한다면 일리 있는 주장이다. 또한 동시대 예언자인 오바댜의 메시지와 비교해 보더라도(옵 1:10~14) '아람'보다 '에돔'으로 보는 것이 더욱 타당하다.

■ 설교를 위한 적용

에스겔의 심판에 대한 메시지 속에 하나님의 참 뜻이 조금씩 나타나기 시작한다. 하나님의 목적은 예루살렘을 향해 잘못을 회개하고 돌아오게 하는 것이지, 그들을 회복하지 못하도록 파멸시키려는 것이 아니다. 그렇기 때문에 심판 선언의 끝에는 항상 그들이 돌아올 경우에 회복시켜 주신다는 약속을 전제하고 있다. 하나님께서 자신의 성전을 파괴시켜서라도 예루살렘으로 하여금 잘못을 깨닫고 돌아오게 하시려고 큰 사랑을 베푸신다. 따라서 예루살렘의 입장에서 회복의 전제를 깨닫지 못하고 멸망만 바라보며 모든 것이 끝났다고 절망한다면 하나님의 진정한 뜻을 깨닫지 못하는 것이다. 하나님께서 자녀들의 잘못을 무조건 사랑으로 감싸 주시는 것이 아니라, 경우에 따라서 혹독한 시련을 주며 자녀들의 잘못을 깨닫게 하신다. 그래서 하나님께서 시련을 주셔도 감사해야 하며 잘못된 자리에 있다면 속히 돌이켜야 한다. 혹독한 심판 선언 속에서 주시는 회복의 희망은 결코 예루살렘을 포기하시지 않는 하나님의 사랑을 표현한 것이다.

6. 그러나 영원한 언약을 세우리라(59~63절)

에스겔은 예루살렘을 향해 하나님의 사랑을 확인시켜 주는 예언으로 16장을 마무리한다. 하나님께서 예루살렘의 언약 파기로 인해 그분과의 관계가 깨어졌음을 상기시켜 주신다. 당시 예루살렘 사람들은 다윗 언약을 신봉하고 있었기 때문에 하나님께서 다윗 왕조와 예루살렘을 영원히 지키실 의무가 있다고 생각했다. 하지만 다윗 왕조가 무너지고 예루살렘이 파괴되자 에스겔 당시의 사람들은 다윗 언약에 대해 큰 의문을 가질 수밖에 없게 되었다. 에스겔은 이런 다윗 언약을 재해석해서 위기의 역사에 대응하고 있다.

다시 말해, 하나님께서 무조건적으로 예루살렘을 책임지신다고 보는 다윗 언약에 대해 에스겔은 조건적으로 재해석해서 예루살렘의 범죄로 인해 멸망할 수밖에 없다고 선언한다(59절). 그러나 하나님께서 그들의 잘못을 용서해 주시고 이전 언약을 기억하셔서 그들을 회복시키시며 다시 언약을 세우시는데 그것은 하나님과 예루살렘 사이에 맺은 영원하고 굳건한 언약이 될 것이라는 선언이다(60절). 하지만 여기서 분명히 기억해야 할 것은 무조건적 용서가 아닌, 회개를 전제로 하는 용서라는 점이다. 이 모든 일들이 실현되기 위해 무엇보다 예루살렘의 돌이킴이 전제되어야 한다(63절). 결론적으로 에스겔은 유다 백성들에게 잘못을 돌이키면 그들의 모든 죄를 용서받고 하나님과의 새롭고 영원한 언약을 맺게 된다고 제시하고 있다.

■ 설교를 위한 적용

하나님과 맺은 언약을 잊고 하나님을 향해 패역을 저지른 예루살렘은 그들의 잘못에 대한 대가를 치러야 한다. 그러나 하나님께서 그들의 모든 잘못을 용서해 주시고 영원한 언약으로 예루살렘의 회복을 약속하신다. 이렇듯 예루살렘을 사랑하시는 하나님께서 그들의 범죄와 우상 숭배 속에서도 그들을 향한 사랑을 거두지 않으시고 영원한 언약을 통해 끝까지 사랑하심을 나타내신다.

만일 우리의 삶에서 시련과 환란이 닥쳤을 때 자신의 잘못을 깨닫지 못하고 시련 자체만을 물러가게 해달라고 기도한다면 아마 잘못을 깨달을 때까지 시련은 그치지 않을 것이다. 예루살렘을 향한 에스겔의 예언에서 볼 수 있듯이, 자신의 잘못을 깨닫고 돌이키기 전에는 하나님의 심판이 계속될 것이다. 그러나 우리가 잘못을 뉘우치고 하나님께 돌아온다면 용서를 받고 영원한 언약의 백성이 된다.

맺는 말

격동의 역사인 유다 포로기 상황에서 말씀을 선포한 에스겔 예언자는 다윗 언약에 대한 맹신으로 자신들의 잘못을 깨닫지 못하는 예루살렘 백성을 향해 예루살렘을 타락한 여인의 모습으로 비유해 그들이 멸망할 수밖에 없는 것을 선포하고 있다.

그러나 예루살렘 심판에 대한 하나님의 목적은 예루살렘을 돌이키게 하심을 분명히 하신다. 예루살렘이 회개할 경우에 그들을 회복시키심은 물론이고 영원한 언약으로 그들의 미래를 예비해 놓으셨음을 약속하신다. 회개하고 돌아와 열방 위에 우뚝 서 있는 아름다운 하나님의 도시 예루살렘의 모습이 에스겔의 심판 메시지에서 대망하고 있는 희망의 미래일 것이다.

07

온 땅의 통치자이신 하나님

에스겔 17~18장 주해와 적용

17~18장은 온 땅을 통치하시는 하나님의 모습을 잘 드러내고 있다. 17장에서는 독수리와 두 나무 비유의 예언으로 이스라엘 민족의 역사에 나타난 행동을 묘사한다. 18장에서는 개인의 삶에 대한 심판 및 용서의 행동으로 각 사람의 행위대로 심판하시는 하나님을 묘사한다.

독수리와 두 나무 비유의 예언(겔 17장)

1. 본문의 개요

유다 왕국은 요시야 왕(주전 639~609년)이 므깃도 전투에서 죽으면서 급속한 쇠락의 길을 걷는다. 요시야 왕의 뒤를 이어 여호아하스, 여호아김, 여호야긴, 시드기야가 왕위를 이어가지만, 결국은 바빌론에 의해 유다의 역사는 종말을 고한다.[1]

17장은 이런 역사적 배경에서, 15절에서 암시하는 바와 같이 예루살렘이 함락되기 이전 애굽 왕 프삼메티쿠스 2세(주전 595~589년)의 통치 말기에 유다가 애굽에 도움을 요청하기 위한 외교 사절단을 보낸 시점에서 선포된 예언으로 보인다.[2]

17장은 내용과 단락을 구분하는 여러 가지 표지들이 나타난다. 우선 '말씀 사건 형식구'(Wortereignisformel)가 1절과 11절에 두 번 사용되어 비유 (1~10절)와 해석(11~21절)의 대칭을 강조한다. 또 두 번의 종결 형식구(여호와 인지 형식구)는 주요부(심판 말씀, 1~21절)와 종결부(구원 말씀, 22~24절)를 감싼다. 그리고 '사자 전언 형식구'(Botenformel)나 '맹세 형식'(16, 19절)을 통해 하위 단 락을 구분할 수 있다. 따라서 17장을 다음과 같이 구분할 수 있다.

> **독수리와 두 나무의 비유**(1~10절)
>> 도입부(1~2절)
>> 독수리와 두 나무(3~6절)
>> 포도나무의 배반과 그 결과(7~10절)
> **비유 해설**(11~21절)
>> 역사적 차원(11~18절)
>> 신학적 차원(19~21절)
> **역전된 독수리와 백향목의 비유**(22~24절)

2. 본문 주해

1) 독수리와 두 나무의 비유(1~10절)

1~2절은 도입부로써 17장 전체의 서두이기도 하다. 여호와께서 에스겔 에게 '수수께끼'(תידָח히다)와 '비유'(לשָׁמָ마샬)로 말하라고 명령하신다. 이런 반복 적 표현을 통해 17장을 관통하고 있는 예언의 '이중적 구조'가 드러난다.[3] 수 수께끼와 비유의 두 단어는 평행적으로 사용되었다. 두 가지 모두 기본적으 로 예언의 뜻을 밝히 잘 '드러내기' 위해 사용되었지만, 그 뜻이 모두에게 열 려 있는 것은 아니다(비유의 이중적 기능에 대해 마 13:10~17, 34~35을 참고하라).

3~6절에서는 독수리와 두 나무에 대한 본격적인 비유가 서술된다. 독수 리는 한편으로 하나님의 보호와 인도를 묘사할 때(참고 출 19:4; 신 32:11) 사용 되기도 하지만, 여기에 언급된 화려하고 몸집이 큰 독수리는 힘세고 재빠르

며 적대적인 정복자 바빌론에 대한 상징으로 사용되었다(참고 신 28:49; 합 1:8; 렘 4:13). 레바논의 백향목은 멋진 자태 때문에 제왕의 나무로 일컫는다. 이 것은 구약성경에서 숭고함과 장엄함을 상징하며(삿 9:15; 왕하 14:9), 솔로몬 궁들 중에 건축에 사용된 백향목 때문에 레바논 궁이라고 부르는 궁이 있었다(왕상 7:2). 따라서 다윗 왕조는 '백향목'으로 지칭되기도 한다(렘 22:6, 23).

독수리가 레바논에서 '높은 가지'를 꺾어 교역의 땅(가나안) 상인들의 도시에 둔 것은 느부갓네살 왕이 유다를 침공해 여호야긴을 바빌론으로 끌고 가서 그곳에 붙잡아 둔 사건을 가리킨다. 그뿐 아니라 독수리는 그 땅의 씨앗을 가져다가 물 많은 종자의 땅에 심었더니 포도나무가 자라서 독수리의 보호 아래 있게 된다. 이것은 여호야긴 대신에 시드기야를 왕으로 삼아 유다를 다스리게 한 사건을 말한다. 여기서 유다의 두 왕은 백향목과 포도나무라는 각기 다른 나무로 지칭되고 있는데, 이것은 시드기야가 여호야긴에서 스룹바벨로 이어지는 합법적인 왕조가 아니라 곁가지에 불과하다는 사실을 암시한다.

7~10절에서는 포도나무의 배반과 그 결과가 서술된다. 여기에 나타난 다른 독수리는 애굽 왕을 가리킨다. 물가에 심긴 포도나무는 독수리 아래 머물면서 많은 열매를 맺어야 했다. 즉 바빌론 왕의 영향 아래 있어야 했다. 그러나 포도나무는 독수리를 배반한다. 즉 느부갓네살과의 동맹을 파기하고 라이벌인 애굽의 바로와 동맹을 맺는다. 이것은 당시를 기준으로 100여 년 전 히스기야 시대 애굽과의 동맹을 추구했던 상황과 유사하며(사 30~31 장), 에스겔도 이사야와 마찬가지로 유다의 동맹 정책을 강력하게 비판한다. 따라서 포도나무가 당하게 되는 심판은 당연하다. 9~10절에 묘사된 심판은 이중적인 방식으로 진행된다. 한편으로 독수리가 포도나무의 뿌리를 뽑아 마르게 하며, 다른 한편으로 동풍이 그 나무를 마르게 한다. 심판의 이중적인 구조는 비유에 대한 해설에서도 지상의 심판(11~18절)과 천상의 심판(19~21절)의 이중적 구조로 설명된다.

2) 비유 해설(11~21절)

비유가 의미하는 바는 역사적·지상적 차원과 신학적·천상적 차원의 두 가지로 설명된다. 먼저 이 비유는 지상적 차원(11~18절)에서 풀이되는데, 유다 왕의 행동이 애굽과 바빌론 왕들의 관계 속에서 설명된다. 그 설명 중에 특히 15상절의 수사적 질문인 '형통하겠느냐'는 9절의 질문('번성하겠느냐')을 반복하면서(히브리어로는 동일한 어근의 동사가 사용됨) 심판의 불가피성을 강조하고 있다. 16~18절에서는 비유에서 묘사된 뿌리 뽑힘의 내용이 바빌론 유수에 머물러 있지 않고 시드기야가 붙잡혀 죽은 것까지 확대되어 나타난다(겔 5장; 12장; 15장의 내용과 상응). 18절에는 15하절의 물음에 대한 답변이 있다. 즉 유다의 멸망은 하나님과의 언약과 맹세를 파기했기 때문에 피할 수 없다는 것이다.

19~21절에서 비유에 대한 설명이 하나님의 차원으로 옮겨간다. 시드기야가 바빌론 왕과의 조약을 깨뜨린 것은 '내 맹세'와 '내 언약'을 업신여기고 배반한 것이다(19절). 왜냐하면 바빌론 왕과 맺은 조약은 이스라엘 하나님의 이름을 걸고 한 맹세에 의해 보증되기 때문이다. 그래서 하나님께서 유다의 맹세와 언약을 정의롭게 하신다. 이렇게 유다가 포로로 붙잡혀 바빌론으로 끌려가 거기서 심판을 받는 것이 하나님에게 소급된다.

3) 역전된 독수리와 백향목의 비유(22~24절)

여기서 새롭게 이룰 하나님의 구원을 서술한다. 이것은 서두에 나온 비유(3~4절)를 정반대로 뒤집는 내용이다. 여호와는 첫 번째 독수리와 달리 백향목의 꼭대기에서 '연한 가지'를 꺾어 높은 산에 심어 큰 나무로 되게 하실 것이다. 이로써 여호와께서 역사의 주관자이고 실제 통치자이심을 드러내실 것이다. 여기서 언급된 '높은 산'(20:40; 40:2. 참고 사 2:2; 시 48:1~3; 슥 14:10)은 세계의 산에 대한 고대 동방의 표상을 예루살렘에 적용시키고 있는 것이다. 또한 '연한 가지'(יֹנֶקֶת요네케트 사 53:2 '연한 순')는 '호테르'(חֹטֶר 사 11:1), '네체르'(נֵצֶר 사 11:1), '체마흐'(צֶמַח 사 4:2; 렘 23:5; 슥 3:8; 6:12) 등과 함께 메시아적 인물을 상징한다.

이스라엘의 높은 산에 심긴 나무는 아름다운 백향목이 되어 생명을 선사하는 열매로 가득하며(참고 호 14:8), 각종 새들이 깃드는 생명과 보호의 산실이 될 것이다(이것은 예수님의 겨자씨의 비유에서 차용된다. 마 13:32). 여호와의 구원 활동은 여호와께서 들판의 나무들을 높이기도 하시고 낮추기도 하시며 번성하게도 하시고 마르게도 하시는 분이심을 알게 한다(24절). 다시 말해, 이런 회복을 통해 세계의 민족들과 통치자들이 여호와 하나님을 인간과 역사의 운명을 결정하는 진정한 통치자로서 인정하게 된다(참고 신 32:39; 삼상 2:6~8).

3. 설교를 위한 적용

첫째, 신앙인은 역사적 사건 속에서 하나님의 행동을 인식할 수 있어야 한다. 바빌론은 자국의 이익을 위해 유다를 침공하고 왕과 고관들을 포로로 잡아 갔다. 하지만 그것은 유다의 불성실에 대한 하나님의 심판이었다. 독수리도 언젠가 심판받아야 하는 하나님의 도구일 뿐이다. 사람은 자신의 생각을 가지고 행동하는 것처럼 보이지만, 그것을 이뤄 가시는 분은 하나님이시다(참고 잠 16:9). 이런 사실은 본문에서 지상적·역사적 차원과 천상적·신학적 차원이 일치해 나타나는 이중적 구조에서 잘 드러난다. 따라서 우리는 세계와 개인의 역사에서 드러나는 하나님의 뜻과 행동을 똑바로 깨달아 잘 알 수 있어야 한다.

둘째, 인간관계에서 하는 행동이 곧 하나님께 대한 행동임을 명심해야 한다. 본문에서 시드기야가 바빌론 왕과 맺은 언약 및 맹세는 곧 하나님께 대한 언약 및 맹세라는 사실을 강조한다. 바빌론에 대한 언약 파기는 하나님께 대한 배반으로 간주되어 심판을 초래한 것이다. 우리의 모든 삶은 '하나님 앞에서의 삶'(Coram Deo)이기 때문에 인간에 대한 신실과 배반이 하나님께 대한 행동으로 된다. 여기서 "내 형제 중 지극히 작은 자 하나에게 한 것이 곧 내게 한 것이다"(마 25:40)라고 하신 예수님의 말씀이나 모든 것을 "주께 하듯하라"(엡 6:7; 골 3:23)는 바울의 권면이 동일한 울림으로 메아리친다.

셋째, 하나님께서 온 세상의 통치자로서 회복과 새출발의 역사를 이루신다. 17장에서 종결부(22~24절)가 없다면, 하나님을 파괴적인 정복자와 동일시할 수 있을 것이다. 그러나 그분의 역사는 심판과 멸망으로 끝나지 않고 건설적으로 회복되게 하신다. 그분께서 심판하시고 파괴하실 수 있을 뿐 아니라 구원하시고 세우심으로써 온 세상의 통치자로서 진정한 능력을 보여 주신다. 본문에서 예언된 새로운 역사에 대한 가장 분명한 사건은 예수 그리스도를 통해 성취된다. 하나님께서 이스라엘의 높은 산 위에 연한 가지를 심어 크고 아름다운 백향목으로 만드셔서 번성하여 열매를 맺게 하셔서 사람들에게 생명의 기운을 선사하시고 각종 새들로 하여금 쉼을 얻게 하신 것처럼, 예수 그리스도께서 만민에게 생명과 구원이 되신 것이다(마 11:28~30).

각 사람의 행위대로 심판하시는 하나님(겔 18장)

1. 본문의 개요

18장의 배경에는 에스겔 예언의 청중이던 이스라엘 포로민들이 갖고 있던 역사와 자신들의 상황에 대한 인식이 자리하고 있다. 그 인식은 "아비가 신 포도를 먹었으므로 아들의 이가 시다"[4]라는 속담으로 대변된다. 당시 사람들은 열왕기에서 보여 주듯이, 므낫세와 아몬이 저지른 범죄에 대한 징벌로써 유다가 멸망당하고 자신들은 포로가 되어 바빌론으로 끌려왔다고 생각했다(왕하 21:11이하; 23:26; 24:3~4. 참고 렘 15:4). 그래서 주전 587년에 예루살렘이 멸망했을 때 "우리 열조는 범죄하고 없어졌고 우리는 그 죄악을 담당하였나이다"(애 5:7)라고 탄식하게 된다.

그러나 이런 상황 인식은 포로민들의 변화와 회개에 큰 장애물로 작용했다. 자신들의 상황에 대한 책임을 조상들에게 전가시키게 했고 당시 자신들의 모습을 제대로 성찰하지 못하도록 하는 원인이 되었기 때문이다. 에스겔은 유다에 남아 있는 사람들이 아닌 바빌론에 끌려온 포로민들에게 희망과 회복을 기대했다(11:16, 18). 그런 희망과 회복은 오직 하나님께로 다시 돌아갈 때만 가능하다(참고 레 26:41; 신 3:29; 왕상 8:47~48; 렘 29:12~13). 그러나 앞서 소개한 속담이 지속되는 한 그런 회개와 새출발을 기대하기란 어렵다. 따라서 에스겔은 그런 속담이 더 이상 유효하지 않으며 각 개인의 행위대로 심판하시는 하나님의 참 모습을 강조하며 삶을 위한 회개와 결단을 촉구한다.

> **개인에게 적용되는 하나님의 공의로운 심판**(1~20절)
>> 속담의 무용성과 개인 책임론(1~4절)
>> 예증: 각 개인의 행위대로 살고 죽는다(5~18절)
>> 결론: 의인의 공의도 악인의 악의도 각각 자신에게 돌아간다(19~20절)
>
> **회개하는 자에게 주어지는 하나님의 용서**(21~32절)
>> 열린 미래: 회개에 상응하는 결과를 얻음(21~24절)
>> 원칙 확인: 나의 길은 공평하다-각 개인의 행위에 따른 심판(25~29절)
>> 결론: 회개하고 살라(30~32절)

2. 본문 주해

1) 개인에게 적용되는 하나님의 공의로운 심판(1~20절)

1~4절은 당시 널리 알려져 있던 속담이 더 이상 유효하지 않다면서 개인의 행동에 따라 심판하시는 하나님의 성품을 강조한다(참고 겔 12:22). 하나님 앞에서 아버지나 아들이나 똑같이 의미와 가치가 있으며 각자가 책임을 져야 한다. 따라서 하나님의 심판은 아버지와 아들을 막론하고 범죄의 당사자가 그 결과를 담당하도록 집행한다(4절).

5~18절에서 앞서 주장과 원칙에 대한 예증이 서술된다. "아비가 신 포도를 먹었으므로 아들의 이가 시다"라는 속담으로 대변되는 유전 죄에 대한 이스라엘 백성의 주장을 에스겔은 오직 범죄하는 영혼이 죽는다는 사실을 다

음과 같이 3대에 걸쳐 나타나는 예를 들어 설명하고 있다. (1) 의로운 사람이 법과 의를 따라 산 경우(5~9절)에 그는 반드시 산다. (2) 의로운 아버지의 아들이 악한 일을 행하면서 산 경우(10~13절)에 그는 아버지의 의와 상관없이 반드시 죽는다. (3) 악한 아버지의 아들이 의롭게 산 경우(14~20절)에 그는 아버지의 악과 상관없이 반드시 산다.

여기서 문제의 속담에 대한 부정이 직접적으로 적용되는 것은 (2)와 (3)의 경우이다. (1)은 속담을 부정하기 위한 대원칙이 되는 경우를 설명한다. 하나님과 관계의 단절을 의미하는 죽음은 악을 택한 자들이 맞이하게 되는 운명이다. 한 세대에서 다음 세대로 대물림되는 의나 악은 없다. 아버지의 의로움과 상관없이 자신이 결정하고 행동한 일에 대한 결과를 맞이하게 된다. 따라서 개인은 자신의 행동을 결정하고 그 행동에 대해 책임을 지는 도덕적 주체임을 잊어선 안 된다.[5]

그때 삶과 죽음을 결정짓는 의와 악에 대한 판단 기준은 율례와 규례를 따라 행하느냐, 행치 않느냐 하는 것이다. 여기에 예시된 여러 계명들은 시편들(시 15, 24편)에서 공중 예배 참석을 위한 제의-윤리적 자격 요건으로 명시하고 있는 규정들이나 욥기 31장에서 자신의 결백을 주장하는 욥의 '결백 맹세'의 내용과 유사하다.[6] 그러나 결론적으로 그것은 오경의 율법에 대한 예시적 설명이라 할 수 있다. 따라서 의인과 악인의 의와 악에 대한 판단 기준은 하나님의 말씀을 따르는 삶을 사느냐에 관한 것임을 알 수 있다.

19~20절은 전반부의 결론을 말한다. 의인의 공의도 악인의 악의도 각각 자신에게 돌아간다. 이것은 2~3절의 내용에 대한 반복과 강조이다. 2절에서 속담을 인용해 주제에 대한 주의를 환기시킨다면, 여기서는 백성의 직접적인 질문을 인용한다. "어찌 아들이 아버지의 죄를 담당하지 않겠느냐?" 이런 백성의 질문에 그렇지 않음을 분명히 밝힌다. 그러면서 아버지에서 아들로 이어지는 방향뿐 아니라 아들에서 아버지로 이어지는 방향도 죄의 결과가 세대를 넘어서 영향을 주지 않음을 못 박고 있다(참고 신 24:16).

2) 회개하는 자에게 주어지는 하나님의 용서(21~32절)

본문은 회개하는 자에게 주어지는 하나님의 용서가 강조된다. 21~24절에서 악인이 죄를 돌이킨 경우나 의인이 의를 떠난 경우의 예를 들면서, 만약 그런 경우가 발생한다면 변화된 상황에 상응하는 결과를 얻게 된다는 것을 말한다. 여기서 주장하는 내용의 핵심은 '돌이킴'(תשובה테슈바)을 통한 변화의 가능성이다. 아버지나 아들의 행동이 다른 사람에게 전가되지 않듯이, 과거의 행동이 하나님께 대한 현재의 관계에 영향을 주지 않는다.

그런데 운명 전환의 가능성 중에서도 여기서 강조되고 있는 경우는 악인이 돌이켜 의인의 삶을 사는 것이다. 이것은 "내가 어찌 악인이 죽는 것을 조금이라도 기뻐하겠는가? 그가 그의 길에서 돌이켜 사는 것을 기뻐하지 않겠느냐?"라는 수사 의문문에서 강조된다(참고 딤전 2:4). 만약 악을 버리고 율례를 지키며 공의를 행한다면 그에게는 과거에 범죄한 것은 하나도 기억되지 않고 오직 그가 행한 공의로 살게 될 것이다. 그러므로 사람들 앞에 놓여 있는 것은 닫힌 미래가 아니라 열린 미래이다.

에스겔의 선포 의도는 동일한 내용이 반복되는 33:10~20에서 더욱 분명하게 드러난다. 아버지의 죄가 대물림되지 않는다는 에스겔의 선포에 대한 포로민들의 탄식은 그들의 상황이 조상들의 죄가 아니라 자신들의 죄악 때문이라면 더 이상 희망의 여지가 없다는 것이다(33:10). 그것은 죄인에 대한 마땅한 형벌이기 때문이다. 그러나 에스겔은 이런 질문을 갖고 절망하는 자들에게 회개를 촉구하고 다시 사는 길을 제시한다. 하나님의 본심은 바로 여기에 있다.

25~29절에서 이스라엘 백성은 하나님의 길이 공평치 않다고 불평한다. 그러나 하나님께서 이스라엘 백성의 불평에 대해 반박하면서 자신의 심판이 의롭게 집행됨을 다시금 예를 들어 설명하신다. 즉 의인이 타락해 죽는 것도 자기 행동의 결과요(26절), 악인이 회개해 구원을 얻는 것도 자기 행동의 결과라는 것이다(27~28절). 그러므로 잘못된 것은 하나님의 길이 아니라 오히려 이스라엘 백성이 가고 있는 길임을 지적하신다.

30~32절은 최종 결론으로써 '회개하고 살라'는 촉구의 말씀이다. 개역한 글에는 번역되어 있지 않지만, 히브리어 원문은 30절을 '그러므로'(라켄)라는 말로 시작한다. 이것을 통해 지금부터 18장의 최종 결론이 진술되고 있음이 드러난다. 그런 결론은 하나님께서 기뻐하시는 것은 사람들의 죽음이 아니라 다시 사는 일이며, 심지어 마땅히 죽어야 할 사람도 죄악에서 돌이켜 살아나기를 바라시는 하나님의 마음에서 잘 드러난다(하나님의 이런 마음이 23절에서는 수사 의문문 형태로 진술되었지만, 32절에서는 선포와 경고의 형태로 진술되어 결론부에서 더욱 강조됨을 알 수 있다).

그러므로 에스겔의 선포를 들은 이스라엘 백성은 돌이켜 사는 길을 택해야 한다. 그것은 모든 악을 버리고 '마음과 영'을 새롭게 하는 일이다(31절). 그러면 과거의 삶이 걸림돌이 되지 않고 새로운 삶을 허락하시는 하나님의 용서와 구원을 경험할 것이다. 이렇게 각 개인의 행위대로 심판하시는 하나님의 공의는 돌이키는 자에게 허락하시는 용서에서 절정을 이룬다.

3. 설교를 위한 적용

첫째, 개인의 운명은 개인의 행동에 달려 있다. 이것은 가족이나 주위 환경이 미칠 수 있는 간접적인 영향을 부정하는 것이 아니다. 다시 말해 부모의 행동이 자녀의 성장과 발전에 심대한 영향을 주며 가정환경도 개인 인격과 삶을 결정하는 중요한 요소가 된다는 사실을 부정하지 않는다. 그러나 이것은 부모의 죄가 유전된다는 사고와 다르다.[7] 하나님께서 18장을 통해 분명히 말씀하신다. 부모나 자식의 죄가 전가되지 않고 각 개인이 행한 행동의 결과로 삶과 죽음이 결정된다.

둘째, 악을 버리고 그 악에서 돌이켜야 산다. 본문에서는 각 개인의 운명이 바뀌는 두 가지 경우를 말씀하고 있다. 곧 의에서 떠나 죄를 지어 죽는 경우와 악에서 떠나 의를 행하며 사는 경우다. 그러나 여기에서 강조되는 것은 후자의 경우이다. 흔히 회개한다는 말로 번역되는 히브리어 동사 '슈브'(슈브)는 가던 길에서 방향 전환해 새로운 길을 걸어가면서 의롭게 사는 모습을 가리킨다. 이것은 사고의 전환이 아니라 삶과 행위를 동반한 실제 변화를 일컫는 말이다. 하나님께서 악에서 떠나 '마음과 영'을 새롭게 하여 의의 삶을 살면 생명을 주시고 용서와 구원을 베푸신다. 각 개인에게 적용되는 하나님의 심판과 용서는 부모와의 관계뿐 아니라 과거 삶의 관계와도 묶여 있지 않음을 말씀하신다.

또한 이것은 언약적 배경에서도 설명할 수 있다. 악을 버리고 돌이킨다는 것은 언약을 회복하는 일이며 하나님과 백성의 관계를 회복하는 일이다. 하나님께서 죽을 자의 죽음도 기뻐하시지 않고 그들까지도 돌이켜 다시 사는 것을 기뻐하신다. 하나님께서 진정 어느 누구도 멸망 받지 않고 모두 회개하여 구원에 이르기를 바라신다(벧후 3:9).

08

확정된 심판의 선포와
회복에 대한 약속

에스겔 19~20장 주해와 적용

    19~20장은 주변 본문의 흐름으로 살펴볼 때 그 의미와 메시지가 더욱 분명해진다. 에스겔서 전체를 주로 3중 구조로 구분하는데, 19~20장은 유다의 패역과 배교로 인해 임박한 심판의 메시지를 전하고 있는 첫 번째 단락(1~24장)에 위치한다.[1]

    1~24장은 보다 세부적으로 네 개의 단락으로 구분할 수 있다. 첫째 단락(1~7장)은 하나님께 대한 불순종으로 인한 유다의 총체적인 멸망과 '끝'(the end)을 선포하고 있으며, 둘째 단락(8~13장)은 임박한 멸망과 끝을 확언해 준다. 셋째 단락(14~19장)에서는 에스겔이 포로 공동체가 그의 신탁에 동의하고 반응할 것을 촉구하는 정교한 수사학적 논쟁을 볼 수 있다. 19장은 예루살렘 다윗 왕조의 멸망에 대한 애가로 백성들을 초대하면서 세 번째 단락을 마무리한다.

    18장이 개인적 차원에서 악인을 심판하시는 하나님의 공의를 다루고 있다면 19장은 왕조적 차원에서, 20장은 국가적 차원에서 동일한 주제를 다루고 있다. 따라서 20장은 앞의 장들과 주제적 연관성이 있기도 하지만, 넷째 단락(20~24장)을 열어 주는 역할도 한다. 넷째 단락은 예루살렘의 임박한 멸망을 선포하는 1~19장의 신탁을 정리하면서 전체적으로 유다에 대한 심판의 신탁 단락(1~24장)을 마무리한다. 또 전체적으로 유다에 대한 심판의 신탁 단락(1~24장)을 마무리하기도 한다. 특히 20장은 유다에 임할 심판의 정당성과 하나님의 개입에 대한 근거를 제시하는 면에서 심판의 신탁 단락에서 중요한 역할을 할 뿐 아니라 회복의 신탁 단락(33~48장)에서 회복의 주제를 다루면서 포로라는 실망스러운 상황에 처해 있는 유다 백성에게 하나님의 주권적 개입에 근거한 회복의 소망을 갖게 한다.

주변 본문들의 흐름에 대한 이해뿐 아니라 역사적 정황에 대한 이해가 19장과 20장의 메시지를 이해하는 데 도움이 된다. 19장에서는 남유다 말기의 왕들(여호아하스, 여호야긴, 시드기야)을 중심으로 애가가 전개되고, 20장에서는 출애굽 당시 이스라엘의 역사로부터 포로기와 나아가 포로기 이후 회복의 시대까지 다루고 있다.

에스겔 19장

1. 본문의 개요

19장은 애가라는 문학 형식으로 이스라엘 지도자들의 실패와 멸망에 대한 장송곡(葬送曲)을 부르고 있다. 장송곡은 본래 죽은 자의 업적을 기리고 그 죽음을 안타까워하며 슬퍼하는 노래인데, 19장의 애가는 아직 죽음(멸망)을 맞이하지 않은 이스라엘 방백들의 과오를 지적하며 그들의 죽음을 미리 확정하고 있다. 즉 심판에 대한 선포와 함께 반드시 찾아올 죽음의 메시지를 전한다.

이 애가는 '암사자'와 '포도나무'라는 두 가지 이미지를 사용해 이스라엘 방백들의 실패와 멸망을 노래한다. 두 가지 이미지는 모두 다윗 왕조와 관련되어 있는데, 창세기 49:9에서 유다를 '사자 새끼'로 묘사하면서 왕권('홀', '치리자의 지팡이')에 대한 예언을 전하는 것을 볼 때 그 연관성을 알 수 있다. 하지만 유사한 이미지에도 불구하고 19장의 메시지는 정반대이다. 창세기 49:9에서는 통치자의 홀이 유다의 후손에게 있을 것이라는 긍정적인 메시지를 선포하는 반면, 19장에서는 통치자의 홀이 될 만한 가지가 없을 것이라는 부정적인 메시지를 선포하고 있다. 에스겔은 애가를 문학 형태의 전형적인 기대와 달리 사용하고 있을 뿐 아니라, 긍정적인 희망을 그려볼 수 있는 이미지를 부정적인 것으로 사용해 독자들로 하여금 메시지의 의미를 명확히 그려 볼 수 있도록 돕고 있다.

도입(1절)

　사자로 비유된 다윗 왕조(2~9절)

　　첫 번째 새끼 사자의 선택과 성장(2~3절)

　　새끼 사자의 사로잡힘(4절)

　　두 번째 새끼 사자의 선택, 성장 및 파괴적 결과(5~7절)

　　두 번째 새끼 사자의 사로잡힘과 파멸(8~9절)

　포도나무 가지로 비유된 다윗 왕조(10~14상절)

　　무성한 포도나무(10절)

　　견강한 가지의 성장(11절)

　　견강한 가지의 멸망(12~13절)

　　포도나무의 멸망(14상절)

　결언(14하절)

2. 본문 주해

1) 사자로 비유된 다윗 왕조(2~9절)

젊은 사자들 중에 자신의 새끼들을 키우고 있는 '어미 암사자'가 누구를 의미하는가에 대해 두 가지 의견이 있다. 하나는 왕들의 어머니라고 보는 견해이고, 다른 하나는 유다 민족으로 보는 견해이다. 10절의 '네 피의 어미'와 함께 고려할 때 2절의 '암사자'는 유다 민족을 의미한다고 보는 것이 가능하다. 유다가 사자 새끼들 중에 하나를 택해 '젊은 사자' 즉 왕으로 세운다. 3~9절은 그 왕의 활동과 운명을 은유적으로 묘사하고 있다.

유다 말기의 역사적 정황을 고려한다면 본문의 의미가 더욱 분명해진다. 첫 번째 사자(3절)는 석 달이라는 짧은 기간을 통치하고 바로 느고(Pharaoh Neco)에 의해 애굽으로 끌려간 여호아하스를 의미한다(주전 609년). 3절에서 식물을 움키고 사람을 삼키는 행위에 대한 묘사는 창세기 49:9이나 신명기 33:20의 표현을 고려할 때 왕으로서의 통치를 긍정적으로 그리는 것으로 볼 수도 있고, 나훔 2:12~13에서와 같이 파괴적인 행위를 나타내는 부정적인 의미일 수도 있다. 하지만 19장에서는 후자의 의미가 더욱 강하게 드러나는 것으로 보인다(참고 호 5:14).

두 번째 사자에 대해 두 가지 해석이 있다. 즉 주전 597년에 바빌론으로 끌려간 여호야긴으로 보는 견해와, 주전 586년에 역시 바빌론으로 잡혀간 시드기야로 보는 견해이다. 그러나 이미지가 지시하는 바에 대한 어떤 해석을 따르든지 간에 논점에는 변화가 없다. 즉 압제와 교만으로 인한 왕의 실패는 곧 그 땅과 그에 속한 모든 것들의 황폐함을 가져오게 된다는 점이다(7절). 9절의 표현은 유다 왕의 완전한 결말을 강조한다. 하나님께서 다윗에게 준 영원한 보좌에 대한 약속(삼하 7장)과 섭리에 따라 궁극적으로 다윗 왕조가 유지되지만, 19장의 현실은 다윗 왕조의 완전한 단절(14절)을 경험하게 되는 것을 슬퍼하고 있다.

2) 포도나무 가지로 비유된 다윗 왕조(10~14상절)

19장의 애가에서 사용하고 있는 두 번째 이미지는 포도나무이다. 여기서 이미지의 변화가 있지만 동일한 메시지가 전달되고 있다. 10절에서 '어미'는 유다를 뜻하며 유다는 물이 풍성한 포도원에 심긴 포도나무로 비유되고 있다. 이 포도나무는 열매를 많이 맺게 되고 건강한 한 가지가 나와 '권세 잡은 자의 홀'이 될 만한 가지로 성장한다(11절). 하지만 건강한 가지는 뽑혀서 땅에 던짐을 당하고 실과는 동풍(바빌론의 침략)에 마르게 되며 그 풍성함은 파괴되고 만다(12~13절). 결국 광야에 심기게 되며 앞 단락의 사자 이미지가 보여주듯이 14절은 다윗 왕조의 완전한 단절을 그리고 있다.

17장과의 연관성에서 볼 때 건강한 가지들을 모두 태우는 불이 나오게 되는 가지는 유다의 마지막 왕인 시드기야로 볼 수 있다. 시드기야는 다윗 왕조 멸망의 원인이 된다(참고 12, 17장). 17장에서 하나님의 전적인 개입을 통해 희망의 메시지가 전달되지만(17:22~24), 19장의 애가는 다윗 왕조의 절망적인 결말을 전하고 있다. 이런 실패와 결말은 하나님의 계획의 실패를 의미하는 것은 결코 아니다. 왜냐하면 심판 이후 하나님의 회복에 대한 섭리가 에스겔서의 다른 본문들에서 선포되고 있기 때문이다. 하지만 19장은 '현재적 실패'를 강조하고 있고, 간접적으로 회개를 촉구하고 있다. 19장에서 회개의 메시지를 전하는 것은 아니지만 본문의 흐름으로 볼 때 에스겔은 독자들로 하여금 하나님의 심판의 당위성에 동의케 하여 회개로 인도한다.

3. 설교를 위한 적용

19장에서 얻을 수 있는 적용은 다음과 같다.

첫째, 지도자의 실패는 곧 공동체의 실패로 이어진다. 이는 신앙 공동체에서 지도자의 중요성을 말하는 것이다. 사사기, 사무엘상·하, 열왕기상·하에서 지적하듯이, 하나님 앞에서 지도자들과 왕들의 패역은 이스라엘 공동체의 패역으로 발전되고 결국 공동체의 멸망을 가져왔다. 그러므로 지도자가 바로 서지 못할 때 그 공동체도 넘어지게 되며 멸망의 길을 걷게 된다. 호세아 선지자도 지도자의 실패가 백성의 실패로 연결됨을 지적하고 있다(참고 호 5:1~7).

반대로, 공동체의 회복에서도 지도자의 역할은 중요하다(참고 여호수아서, 에스라-느헤미야서). 특히 에스겔서에서 회복의 신탁이 본격적으로 전달되는 단락(33~48장)인 34장은 지도자에 관한 신탁으로 시작되고 있음에 주목할 필요가 있다. 성경뿐 아니라 교회의 역사가 지도자의 중요성을 여실히 증명하고 있다. 따라서 신앙 공동체의 영적 삶을 책임지는 목회자 또는 사역자로서 어떤 삶을 살고 있는가를 질문하고 돌아보는 일은 매우 중요하다. 이것은 좁게는 가정에서 부모의 역할에도 적용할 수 있다.

둘째, 막연한 낙관적인 태도에 대한 도전이다.[2] 유다 말기에 백성의 삶이 패역했음에도 불구하고 그들은 예루살렘과 시온에 거하고 있고, 다윗 왕조가 현존하고 있다는 사실만으로 멸망을 전혀 생각지 않고 막연히 낙관적인 결과만을 기대하면서 살았다. 하지만 하나님께서 이런 기대를 완전히 거부하시고 낙관적 태도의 근거가 되는 예루살렘과 시온 및 다윗 왕조를 거부하셨다. 하나님께서는 이런 태도에 대해 오히려 심판을 선포하고 완전한 죽음을 선언하신다.

하나님께서 영원한 왕국을 약속하셨지만 그에 따른 명령도 내리셨다. 그 명령을 수행하지 못하는 세대는 영원한 왕국이 아닌 파괴된 왕국을 경험하게 된다. 이 세대에 하나님의 영원한 나라(영적이든 물질적이든 간에)를 경험한다는 것은 현실에서 하나님의 말씀에 따라 사는 사람들에게 해당하는 축복이다. 그렇지 않을 경우, 영원한 왕국에 대한 약속은 미래적인 것이 되고 현실은 완전히 멸망할 수 있다(참고 19:9, 14). 14절에서 "이것이 애가라 후에도 애가가 되리라"고 말씀하시는 것처럼, 축복의 메시지가 아니라 죽음의 메시지를 받게 된다.

에스겔 20장

1. 본문의 개요

15~19장에서 비유적으로 서술하던 본문들이 20장에서는 사실적이고 실제적인 묘사로 전환해 독자들의 관심을 사로잡는다. 장로들의 방문과 더불어 본문을 시작하고 있다는 점에서 8장과 14장의 유사점이 나타난다. 8장에서 에스겔은 예루살렘을 떠나는 하나님의 영광에 대한 신탁을 장로들의 방문과 더불어 시작하고(8~11장), 14장에서는 장로들의 방문을 계기로 우상 숭배에 대한 하나님의 심판을 선언하면서 심판의 당위성을 뒷받침한다. 또한 20장은 이스라엘에 대한 실패의 역사를 다룬다는 점에서 16장 및 23장과 연

관성을 갖는다. 16장과 23장은 비유를 사용하고 있지만, 20장은 사실적 묘사를 통해 이스라엘의 실패의 역사를 서술한다. 따라서 20장을 16장 및 23장과 더불어 살펴보는 것도 유익하다.

앞서 언급한 바와 같이 19장이 이스라엘 지도자들의 실패를 다루는 반면에 20장은 국가적 차원에서 실패를 언급한다. 20장에서 에스겔은 이스라엘의 역사를 패역(rebellion)과 배교(apostasy)로 인한 실패의 역사로 일관되게 묘사한다. 그들의 패역은 하나님의 율법을 따르지 않는 반항과 불순종으로 나타나며 배교는 지속적인 우상 숭배를 뜻한다. 20장이 과거 실패의 역사를 다루는 것에 많은 분량을 할애하고 있지만, 실제로 메시지의 무게는 포로 시대와 다가올 회복에 두고 있다. 그 내용을 구체적으로 다음과 같이 살펴볼 수 있다.

이스라엘의 실패의 역사와 회복(1~44절)

역사에 나타난 이스라엘의 실패(1~26절)

장로들의 방문과 하나님의 답변(1~4절)

이스라엘 조상들의 실패(5~26절)

이집트 세대(5~10절)

광야 1세대(11~17절)

광야 2세대(18~26절)

반복되는 이스라엘의 실패와 하나님의 주권적 회복(27~44절)

약속의 땅에서 실패(27~29절)

포로지에서 실패(30~32절)

하나님의 주권적 회복(33~44절)

제2출애굽(33~38절)

거룩한 산에서 예배(39~44절)

남방에 대한 심판의 신탁(45~49절)

2. 본문 주해: 이스라엘의 실패의 역사와 회복(1~44절)

1) 역사에 나타난 이스라엘의 실패(1~26절)

20장은 이스라엘의 역사를 서술하면서, 그 역사를 아브라함의 부르심(창 12장)이 아닌 애굽 시대(출 1장)에서 시작하고 있다. 왜냐하면 창세기 12~50 장의 이스라엘 역사는 족장들과 그들의 가족사에 집중되어 있고, 출애굽 기는 이스라엘 국가가 본격적으로 태동하는 역사를 다루고 있으며, 또한 보다 구체적으로 그 국가가 형성되는 과정을 그리고 있기 때문이다. 따라 서 20장은 한 국가로써 이스라엘에 초점을 두고 있는 것으로 보인다. 또한 20:1~44에서 장소의 변화를 나타내는 단어들이 반복해 나타나고 있기에 이런 특징에 주목해 본문의 흐름을 살펴보는 것이 중요하다.

(1) 장로들의 방문과 하나님의 답변(1~4절)

1절은 본문의 역사적 정황을 제시한다. 즉 1장에서 에스겔에게 환상이 주 어진 후 2년이 지났을 때의 포로기 정황이다(주전 590/591년). 이스라엘의 장 로들이 찾아와 어떤 질문을 했는지에 대해 본문은 명확히 밝히고 있지 않다. 하지만 분명한 것은 그들의 질문이 무엇이든지 간에 하나님께서 그들에게 묻기를 용납지 않으신 것이다(3절). 오히려 하나님께서 그들로 하여금 '그 열 조의 가증한 행위들'을 대면케 하셔서 그들을 국문하신다(4절). 이하 본문에 서 에스겔은 열조의 가증한 행위가 어떤 것들인지에 대해 보다 상세하게 서 술한다.

(2) 이스라엘 조상들의 실패(5~26절)

앞서 구조 분석에서 볼 수 있듯이, 이 단락은 장소의 변화에 따라 세 개의 소단락으로 세분화할 수 있다. 이 단락은 출애굽 당시 이집트에 있던 세대에 서 광야 2세대까지의 역사를 순환적 틀 속에서 일관되게 제시하고 있다. 여 호와의 자기 계시(5~6, 11, 18~19절) → 헌신에 대한 일관된 도전(7, 12, 19~20

절) → 이스라엘의 배반(8상, 13상, 21상절) → 주님의 진노의 위협(8하, 13하, 21하절) → 거룩하신 이름을 위해 지연된 심판과 제한된 심판(9~10, 14, 17, 22~23절). 이런 전개를 통해 에스겔은 하나님의 용서하시는 은혜에도 불구하고 이스라엘의 실패가 반복적으로 지속되고 있음을 지적한다.

① 이집트 세대(5~10절)

하나님께서 애굽에 있는 이스라엘 백성에게 그분께서 친히 그들을 선택하셨고 그분께서 '여호와 하나님'이신 것을 계시하시며 그들에게 하나님의 백성으로서의 정체성을 알려 주신다(5절). 또한 약속의 땅으로 인도하실 것을 맹세하시고 더불어 가증한 형상과 애굽의 우상을 제거해 구별된 백성으로서 정체성을 지키는 헌신을 요구하신다(6~7절). 하지만 그들은 배반하여 오히려 하나님의 진노를 유발한다(8절). 그들의 패역에도 불구하고 하나님께서 그분의 거룩하신 이름을 위해, 더 이상 그들로 하여금 애굽의 우상에 빠지지 않게 하기 위해 그들을 친히 애굽에서 이끌어 내고 광야로 인도하신다(9~10절).

② 광야 1세대(11~17절)

하나님께서 이스라엘을 광야로 인도하시고 다시 '그들을 거룩하게 하는 여호와'로 계시하시며, 그들로 하여금 하나님의 백성으로서 정체성을 지키고 생명을 얻게 하는 율법과 규례를 주신다(11~12절). 즉 광야 1세대에게 요구하신 하나님의 헌신은 모세 율법의 준수와 순종이다. 특히 안식일 준수의 규범이 강조되는 것은 안식일 준수가 언약적 종주에 대한 순종의 표징이고, 이스라엘 백성을 이방인과 구분하는 징표이기 때문이다. 그러나 이스라엘은 여전히 하나님께 패역하고 불순종과 우상 숭배를 행한다(13절). 따라서 그들은 광야에서 약속의 땅으로 인도되지 못하고 제한된 심판을 받게 된다(14~16절). 하나님께서 다시 그분의 거룩하신 이름을 위해 완전히 멸하시지 않는데, 이것은 열방 앞에서 그분의 거룩하신 이름을 지키시기 위함이다(14,

17절).

③ 광야 2세대(18~26절)

18절에서 에스겔의 역사 서술은 출애굽을 한 세대의 자손들에 관한 역사로 전환된다. 이전 세대에게 자신을 계시하시고, 율법을 지켜 하나님의 백성으로서 정체성을 지킬 것을 요구하신 것과 같이 동일한 헌신을 명하신다 (19~20절). 하지만 이 세대도 그들의 부모 세대와 마찬가지로 패역의 길을 걸으며 결과적으로 하나님의 진노를 유발한다(21절). 개역한글에서 '패역'으로 번역한 히브리어 동사 '마라'(מָרָה)를 반복적으로 사용하여 그들의 반역이 고질적이고 지속적인 것임을 강조한다(참고 8, 13, 24절).

그러나 하나님께서 다시 그분의 거룩하신 이름을 위해 열국 앞에서 광야 2세대를 완전히 멸하시지 않는다(22~23절). 24절에서 이스라엘 백성의 패역에 대한 본질을 언급하신 후, 25절에서 하나님께서 선치 못한 율례와 능히 생명을 줄 수 없는 규례를 주셨다고 말씀하신다. 이것은 모세의 율법이 온전히 지킬 수 없는 율법이기에 죽을 수밖에 없다는 부정적 견해를 표현한 것이 아니라, 앞서 언급한 생명을 주는 율법과 대조를 이루는 것으로써 패역한 이스라엘의 죽음을 의미한다.[3] 나아가 26절의 장자를 화제로 드리는 행위는 하나님의 유월절 은혜를 완전히 거부하는 전적 반역을 의미한다.

2) 반복되는 이스라엘의 실패와 하나님의 주권적 회복(27~44절)

이스라엘의 실패의 역사는 광야에서 끝나지 않고 약속의 땅에서도 여전히 지속되며 포로라는 심판 이후에도 변함없이 반복된다. 그러나 이스라엘의 실패의 역사에도 불구하고 하나님의 거룩하신 이름을 위해 결국 그분의 주권적 회복을 선포하신다.

(1) 약속의 땅에서 실패(27~29절)

이 단락에서 에스겔은 여호수아서에서 보여 주는 바와 같이, 이스라엘 백성이 하나님의 은혜와 전적인 섭리를 경험했음에도 불구하고 가나안에 정착한 후에 가나안의 종교 형태를 수용해 조상들의 패역과 배교를 반복하고 있음을 지적하고 있다. 이 단락은 이미 26절에서 이스라엘의 멸망을 선포했기에 앞의 본문에 나타나는 순환적 서술의 틀을 따르지 않는다. 27절('그런즉')은 앞의 내용을 정리해 이스라엘의 패역의 결과가 하나님을 '욕'되게 한 것으로 정리한다. 그런 후에 약속의 땅에 있던 이스라엘 백성들의 실패를 과거 조상들의 실패와 연결시키며 두 번째 단락(27~44절)을 열어 주는 전환절의 역할을 한다. 첫 번째 단락(1~26절)을 시작하는 3~4절과 27~29절이 어휘적, 구문론적, 구조적 평행을 이루고 있는 점이 이런 역할을 뒷받침해 준다. 또한 앞의 서술과 달리 에스겔은 수사적 질문을 통해 독자들로 하여금 본문에 보다 적극적으로 참여하도록 돕는다(참고 30절).

(2) 포로지에서의 실패(30~32절)

이 단락은 예루살렘의 파괴와 유다 및 다윗 왕조의 멸망이라는 하나님의 심판을 경험하고도 포로지에 있는 에스겔 당시 세대가 여전히 과거 이스라엘의 패역과 배교를 반복하고 있음을 보여 준다. 그들의 열망은 열방과 같이 되려는 것이다. 이는 이스라엘이 하나님의 백성으로서 정체성을 포기하는 것이며 하나님과의 언약적 관계를 파기하는 것이다. 따라서 하나님께서 이스라엘 장로들이 어떤 질문을 가지고 하나님께 나아왔든지 간에 그들의 질문에 응답하시지 않을 것을 다시 한 번 확언하신다. 이것은 곧 하나님의 백성으로서 정체성을 잃은 이스라엘 백성이 하나님과 단절됨을 의미한다. 또한 '오늘날까지'(31절)라는 표현은 과거 이스라엘의 패역과 배교가 포로기 당시에도 지속되고 있었음을 분명히 보여 준다. 그리고 "이방인 곧 열국 족속 같이 되어서"(32절)라는 고백은 그들의 그릇된 열망을 간략하지만 핵심적으로 잘 드러낸다.

그러나 하나님께서 이방 민족들 중에서 구별하셔서 택하신 백성들이 자신들의 정체성을 상실하고 있는 근본적인 문제점을 지적하시면서 그들의 열망이 결코 성취될 수 없음을 선언하신다(32절). 결국 하나님께서 이스라엘의 지속적인 실패에도 불구하고 그분의 구속의 계획을 중단하시지 않으며 주권적으로 개입하신다. 그분의 개입은 아브라함과의 언약을 성취하실 것이며 이스라엘을 예배 공동체로 회복시키실 것이다. 이것을 20:33~44에서 선포하신다.

(3) 하나님의 주권적 회복(33~44절)

하나님의 주권적 회복은 아브라함에게 약속의 땅을 주시리라는 약속의 성취이며 하나님의 거룩한 산에서 예배 공동체가 회복됨을 의미한다. 하나님의 거룩한 속성은 그분의 개입이 곧바로 회복으로 전개되는 것을 허락지 않으신다.

① 제2출애굽(33~38절)

이스라엘의 실패의 역사와 여전히 반복되고 있는 그들의 잘못된 열망이 서술된 후 33절에서 하나님의 통치가 선포된다. 하나님께서 "능한 손과 편 팔"(33절)로 그분의 백성을 통치하리라고 맹세하신다. "능한 손과 편 팔"은 하나님께서 그분의 백성을 애굽에서 이끌어 내신 능력의 손과 그들을 구원하신 팔을 상기시킨다(참고 출 32:11; 신 4:34; 5:15; 6:21; 7:19; 9:26). 그러나 19장의 사자와 포도나무 가지의 비유가 다윗 왕조에 대한 긍정적인 소망을 연상케 하는 것들이지만 부정적인 결과를 그리는 것과 동일한 방법으로, 에스겔서에서는 '능한 손과 편 팔'이 하나님의 구원하시는 통치가 아니라 하나님께서 '진노를 쏟아 부을 것'이라는 표현과 함께 심판적 통치를 상징하게 된다(34~36절).

하나님께서 과거에 이스라엘을 애굽에서 인도해 내신 것처럼 그들을 흩어진 열방에서도 이끌어 내시지만, 그들은 일단 약속의 땅이 아닌 광야에 머물게 될 것이다(38절).[4] 하나님의 이런 심판은 완전한 멸망을 위한 것이 아니라 그들 중에 패역한 자들과 하나님께 범죄 한 자들을 모두 제거해 버리고 정결케 하시는 것이다(38절. 참고 호 2:1~23). 이를 통해 하나님께서 자신을 알리며 언약 관계를 회복할 것임을 선포하신다(37, 38절). 이것은 궁극적으로 하나님께서 그분의 백성을 그분의 거룩한 산으로 인도하여 신앙 공동체와 그들의 예배를 회복시키기 위한 것이다(참고 40~44절).

② 거룩한 산에서의 예배(39~44절)

하나님께서 이스라엘의 혼합 신앙을 거부하시면서 그분의 거룩한 이름을 더 이상 더럽히지 말 것을 명하신다(39절). 나아가 하나님께서 우상 숭배의 가증한 일들이 행해지던 그분의 거룩한 산(이스라엘의 높은 산)에서 거룩한 예배가 회복될 것을 전하신다(40~41절).[5] 결국 이스라엘의 멸망으로 실추된 하나님의 거룩하신 이름을 다시 회복하실 것이며(41절), 그분께서 언약을 지키시는 여호와 하나님이심을 알게 하실 것이다(42절).

이런 하나님의 주권적 개입을 통한 신앙 공동체의 회복과 언약 관계의 회복에 대해 백성들은 첫째로, 자신들의 잘못된 행동을 단순히 기억하는 정도가 아니라 자신들의 책임을 인정하게 된다(43절).[6] 둘째로, 그들은 잘못으로 인해 자신들을 미워하는 반응을 보인다(43절). "스스로(또는 자신을) 미워하리라"는 표현은 과거 이스라엘이 보여 준 교만과 달리 그들의 패역과 배교를 인정하고 자신들을 혐오스럽게(불쾌하게) 여기는 태도를 뜻한다(참고 6:9; 20:43; 36:31). 셋째로, 이스라엘은 하나님을 여호와로 인정하게 된다(44절). 하나님께서 이스라엘의 악하고 타락한 행위를 그대로 갚지 않으시고 회복을 이루신다. 따라서 이스라엘은 자신들의 무가치함을 알게 되고 하나님의 전적인 은혜를 바라보며 결과적으로 언약에 신실하신 하나님을 인정하게 된다.

3. 설교를 위한 적용

20장을 통해 얻을 수 있는 적용은 다음과 같다.

첫째, 우리의 실패는 하나님의 실패를 의미하지 않는다. 우리의 패역은 과연 언제까지 지속될 것이며 어디까지 갈 것인가? 우리는 거듭되는 실패로 인해 좌절에 빠질 수 있다. 하지만 결국은 언약에 신실하신 하나님께서 사랑으로 언약을 이루실 것임을 소망할 필요가 있다. 우리가 범하는 패역을 해결하는 것은 결국 하나님의 주권적 개입을 통해서만 가능하다. 그런데 하나님의 개입은 우리 자신에게 근거하는 게 아니라 그분의 거룩하신 이름 즉 그분의 거룩하신 본성에 근거하고 있다. 따라서 우리의 실패는 결코 하나님의 실패를 의미하지 않는다. '내 이름을 위하여'라는 표현이 이스라엘의 패역 역사 속에 계속적으로 언급되면서 하나님의 주권적 개입이 선포되고 있음에 주목할 필요가 있다(9, 14, 22, 44절).

둘째, 우리의 실패에도 불구하고 지속적인 관계를 원하시는 하나님께서 우리도 타인과의 관계에서 지속적이길 원하신다. 흔히 우리는 '필요'에 따라 관계를 맺기도 하고 끊기도 한다. 우리의 필요를 중심으로만 관계를 고려한다면 '불구하고'의 관계는 불가능하다. 우리는 쉽게 '필요'의 관계에만 붙들리게 된다. 하지만 하나님께서는 그분의 필요를 위해 관계를 지속적으로 유지하시는 게 아니라 그분의 사랑과 구원이 요구되는 우리의 필요를 보시고 우리의 실패에도 '불구하고' 그분의 관계의 끈을 놓지 않고 계신다.

셋째, 하나님께서는 다른 신들과 함께 공유되시지 않는다. 이스라엘 백성은 끊임없이 하나님과 다른 신들을 공유하길 원했다. 호세아서에서 지적하고 있는 것처럼 이스라엘 백성들은 하나님께서 그들의 유일하신 신랑인 것을 인정하지 않고 그분을 여러 바알들 중에 한 바알로 섬기길 원했다. 그러나 하나님께서는 이런 혼합 종교를 결코 용납하시지 않는다(호 2:1~13, 16). 지금 하나님과 더불어 또 다른 종교, 물질과 명예, 권력을 숭배하면서도 별 어려움이 없이 살아간다는 것은, 아니 더 풍요롭다고 만족하며 살아간다는 것은 하나님의 허용과 축복을 의미하지 않고 단지 하나님의 철저한 심판이 지연되고 있음을 의미할 뿐이다. 나아가 하나님께서 다른 신들과 공유될 수 없다는 진리는 종교 다원주의를 거부한다. 유일하신 하나님께서 우리의 방법이 아닌 그분의 방법으로 그분을 섬길 것을 요구하신다. 하나님께서 이스라엘 백성들에게 약속의 땅을 주신 것처럼 우리를 위해 최상의 것들을 예비하고 베푸신다. 하지만 우리의 잘못된 선택이 우리로 하여금 '광야'에 머물게 하고 있음을 주목해야 한다.

넷째, 유일하신 하나님께서는 우리가 우리의 거하는 곳에서 구별되길 원하신다. 20장에서 서술하고 있는 이스라엘 백성의 근본적인 문제는 하나님의 백성으로서 정체성을 상실한 것에 있다. 그들은 자신들의 정체성을 포기했다. 그러나 하나님께서 우리가 어느 장소에 있든지 그분의 백성으로서의 특징을 드러내길 원하신다. 우리가 애굽에 있든지, 광야에 있든지, 가나안 땅에 있든지, 바빌론에 있든지 그분의 율법을 준수하고(패역하지 않고) 하나님만을 섬기는 것으로(배교하지 않음으로써) 그분의 백성으로서의 정체성을 나타내는 헌신을 요구하신다.

다섯째, 과거 실패의 역사로부터 단절 촉구이다. 하나님께서는 우리가 실패의 역사에 머물러 있길 원치 않으신다. 우리가 여전히 그곳에 머물고자 할 때 하나님께서 심판과 징계로 개입하셔서 우리를 생명의 길로 인도하실 것이다. 하나님의 심판을 경험하지 않고 하나님의 약속을 누리는 것이 진정한 축복이다.

4. 본문 주해: 남방을 태우는 불(45~49절)

45~49절은 주제 및 서술적 차이로 인해 앞의 단락(1~44절)과 구분된다. 앞의 단락은 이스라엘의 실패의 역사를 실제적으로 다루고 있는 반면, 45~49절은 심판의 도구인 칼에 대한 주제를 회화적으로 다루면서 뒤따르는 본문들과 더욱 밀접한 관계를 나타내므로 앞의 단락과 분리해 다뤄야 한다. 45~49절에서 21장까지를 심판의 도구로 쓰이는 '칼'의 모티브로 함께 묶어 하나의 큰 단락으로 구분할 수 있는데, 45~49절은 이 단락을 열어 주는 역할을 한다. 히브리어 성경인 BHS는 개역한글과 달리, 45~49절을 21장에 포함시켜 하나의 장(21:1~37)으로 구분한다(이런 의미에서 45~49절에 대한 주해는 다음 장인 '9장'의 주해 참고-편집자주).

맺는 말

우리의 계속되는 실패에도 불구하고 하나님께서 때로 심판으로, 때로 구원으로 우리를 향하신 그분의 계획과 구속을 이루신다. 이렇게 하나님께서 우리의 삶에 관여하시는 것은 궁극적으로 하나님을 우리에게 알리시기 위함이다. 따라서 이에 대한 우리의 올바른 반응은 언약을 주고 그것을 이루는 분이 여호와 하나님이신 줄 아는 것이다. 이것은 에스겔서를 통해 하나님께서 이스라엘의 실패에 개입하시는 여러 중요한 이유들 중에 하나이며 우리의 삶에 개입하시는 이유이기도 하다.

하지만 이것은 하나님의 백성으로서 정체성을 지켜야 하는 우리의 책임을 무시하고 막연한 낙관주의에 빠지는 것을 경계한다. 하나님께서는 우리에게 그분의 말씀에 따라 철저히 구별된 삶을 살아가는 헌신을 요구하신다. 그러면 우리의 한계와 죄의 본성으로 인해 할 수 없는 것을 하나님께서 전적으로 이루실 것이다(참고 신 30:6; 사 58~59장). 여기에 건전한 신학적 낙관주의가 있다.

우리는 계속해 반복적으로 '이방인'이 되길 원하지만, 하나님께서는 여전히 우리를 '그분의 백성'이라고 부르시며 친히 우리의 삶에 개입하셔서 우리를 그분의 백성으로 만드신다. 하나님께서 그분의 거룩하신 이름을 위해 온전한 예배를 드리는 신앙 공동체를 회복하실 것이다. 이것이 하나님의 전적인 은혜이며 따라서 우리는 겸허하게 하나님께로 나아갈 수밖에 없게 된다.

09

칼의 노래

에스겔 21~22장 주해와 적용

본문의 개요

우리가 에스겔서를 알기 위해서는 두 가지 관점에서 주목해야 한다. 첫째
는 에스겔의 언어 사용에서 중요한 단어인 '야다'(ידע, 알다, 인식하다. 에스겔에서
는 항상 미래 동사로 사용됨)[1]와 반복되는 구절(ידעת כי אני יהוה 야다 키 아니 야훼 내가 여호
와인 줄 알 것이다)의 사용이다. 에스겔서에서 이 단어는 '하나님을 어떻게 해야
알 수 있는가'(또는 알아야 한다)를 제시하는 에스겔 예언의 중심 사상이다. 에
스겔은 이 구절을 통해 앞으로 하나님께서 어떻게 이스라엘을 대하고 이끄
시는지를 제시하는 에스겔 신학의 중심을 나타낸다. 둘째는 에스겔 예언의
흐름에 대해 하나의 역사적 사건을 주목할 때 쉽게 이해할 수 있다.[2]

주전 587년에 예루살렘 멸망의 재난이 에스겔의 사역에 중심 역할을 하
고 있다. 즉 예루살렘 포위와 관련된 연대기[3]와 도성의 멸망 소식을 알리는
연대 표기[4]이다. 첫 번째 연대기에서 하나님께서 점차적으로 자신의 도성으
로부터 떠나시며 하나님께서 떠나신 예루살렘의 파국을 예언하고 있다면,[5]
두 번째 연대기에서는 하나님의 임재가 성소로 돌아오는 점진적인 장면을
보여 준다.[6] 곧 에스겔의 신학에서 제시하는 하나님의 부재와 회복(回復)이라
는 패턴이 나타난다. 에스겔은 전반부(1~24장)에서 온 백성이 정복당해 포로
로 끌려가게 된 재난의 모습과 원인을 말하고 있는 반면에, 후반부(34~48장)

는 포로 생활이 끝나고 다시 돌아와 자유를 누리면서 세상의 중심 역할을 감당할 것을 예언하고 있다.

이런 패턴 아래서 우리가 살피려는 21장과 22장의 내용은 그 전반부에 속하며, 유다와 예루살렘의 전적인 패망의 시각에서 에스겔서의 내용을 이해할 수 있다.

파멸의 노래(20:45~21:32)

불타는 숲의 비유-"여호와의 말씀이 또 내게 임하여 가라사대"7(20:45~48)

예언자가 당하는 의심-비유와 해석의 접합 부분(20:49)

복수의 칼에 대한 해석-"여호와의 말씀이 또…"(21:1~5)

예언자 스스로 고난에 동참(21:6~7)

칼의 노래의 확장(21:8~32)

춤추는 칼-"여호와의 말씀이 또…"(21:8~17)

 - 패망의 시작

갈림길에 서 있는 바빌론 왕-"여호와의 말씀이…"(21:18~24)

 - 패망의 방향

신성 모독 자에 대한 저주-"나 주 여호와가 말하노라…"(21:25~27)

 - 패망의 결말

암몬을 향한 칼의 저주(21:28~32)

거룩하지 못한 도성의 멸망(22장)

최후의 판결에 대한 근거 제시-"여호와의 말씀이 또…"(1~16절)

용광로 안에 이스라엘-"여호와의 말씀이…"(17~22절)

정결치 못한 땅-부패한 지도자들-"여호와의 말씀이…"(23~31절)

전체적으로 볼 때, 20:45~22:31은 20:44이전 및 23:1이후와 분명하게 차이가 난다. 그 이유는 첫 번째로 중요한 단락이 나눠지는 그곳에 전형적으로 들어가는 표현인 "여호와의 말씀이 또 내게 임하여 가라사대"라는 말씀이 20:45부터 22장 마지막 절까지 중요한 단락을 이루고 있기 때문이다. 두 번째로 에스겔이 처음부터 비유로 전하는 하나님의 말씀을 감추고 있고, 그 후에 점진적으로 그 비유가 해석되고 확대되기 때문이다. 그리고 22장에서 20:49에 대한 근거가 제시되고 있다. '왜 알지 못하는 비유를 하는가'에 대한 대답으로써 하나님께 거역하는 범죄를 전반에 세우는 게 아니라, 인륜에 관계되는 범죄의 나열로 패망의 근거를 제시하며 그러한 범죄를 하나님께서 싫어하시는 것이라고 지적하고 있다.

본문 주해

1. 불타는 숲과 칼의 노래(20:45~21:7)

20:45~21:7에서 독자들은 히브리 성경의 구분에 따라 "여호와의 말씀이 또 내게 임하여 가라사대"(20:45; 21:1, 8, 18; 22:1, 17, 23)라는 표제를 통해 에스겔의 전형적인 양식 구조를 만나게 된다. 처음 두 개의 단락은 마치 '둘로 접은 서판'[8]과 같이 한 쌍을 이뤄 비유(20:45~48)와 해석(21:1~5)을 제시한다. 남방과 남방 삼림은 예루살렘과 성소들 그리고 이스라엘 땅에 대응하고, 불은 칼에 대응하며, 푸른 나무와 마른 나무는 의인과 악인에 대비된다.

첫 번째 말씀(20:45~48)에서 가장 중요한 용어는 '남방' 즉 방향을 표시하는 말이다. 여기서 세 개의 서로 다른 히브리어를 사용하고 있다. '남방의 삼림'은 유다 남부의 사막 지역이 아니라, 아마 '레바논의 삼림의 집'[9]에서 가져온 왕궁을 가리키는 은유적 표현일 것이다. 이것은 21:2을 볼 때, 더욱 확실하게 예루살렘을 가리킨다. 본문은 불을 일으키는 분이 누구인가를 제시하고 있다. 삼림에 불이 일어나 서서히 전체를 태우며, 심지어 푸른 나무와 마른 나무 모두를 태운다.[10] 이것은 의인과 악인 모두에게 해당되는가? 이 문제는 역사적 사건에서 이해해야 한다. 남유다의 멸망과 추방은 악인에게만 해당되는 게 아니라, 의인과 악인 모두에게 해당된다. 의인의 멸망이 하나님의 정의와 대치되는 것이 아니라, 인간 자신의 선택(참고 18:10~30)이[11] 바로 자신의 멸망과 관계됨을 의미한다. 악인이 된 것은 자신의 선택이며, 그런 악인이 구원을 얻는다는 것은 불가능함을 의미한다.

두 번째 비유(20:45~48)와 해석(21:1~5)을 구분하는 중요한 구절인 20:49 은 아모스 때부터 거짓 예언자가 아닌 진실한 예언자에게 부딪치는 문제이 다.[12] 그러나 에스겔의 예언은 선험자나 예언자들보다 더 비유적이고 불가 사의한 언어로 선포하기에 더욱 심한 반대에 부딪혔을 것이다. 역시 이 구 절은 본문에 또 다른 쌍을 가지고 있다. 21:6~7에서 청중이 조롱하면서 예 언자에게 묻는 질문에 대해 하나님께서 다음과 같이 전하라고 말씀하신다. "재앙이 다가온다는 소문 때문이니"(21:7 개역개정). 예언자 스스로 민족의 고 난 때문에 괴로워하고 있음을 뜻한다.

세 번째 말씀은 불이 칼로 대치되어 그 칼이 모든 사람들을 멸망시킨다고 앞의 비유를 해석하고 있다. 이 구절에서 특히 에스겔 신학을 이해할 수 있 는 아주 중요한 구절이 나타난다.

"너희들은(또는 너는) 내가 하나님인 것을 알게 될 것이다."[13]

특히 에스겔 신학에서 가장 중요한 단어인 '야다'(알다, 느끼다, 인지하다)는 단순히 지식적으로 아는 것이 아니라 능력과 관계된다. 곧 하나님을 아는 능 력을 의미한다. 오래 전부터 예언자들이 계속 이스라엘에게 경고한 내용이 바로 이것이다.

"소는 그 임자를 알고(야다) 나귀는 주인의 구유를 알건마는(야다) 이스라엘은 알지 못하고(야다) 나의 백성은 깨닫지 못하는도다 하셨도다"(사 1:3).

불의 비유와 칼의 해석으로 이어지는 그 재난이 어디에서 왔으며 얼마 나 엄청난 것인가를 눈으로 보지만 그것을 일으키신 분이 누구이신지를 알지 못한다. 하나님께서 이런 재난을 도구로 사용하시는 그 이유를 알지 못한다. 그것은 자신의 눈앞에 가려진 죄 때문에 자신이 어떤 처지에 놓여 있는지를 판단할 수 있는 능력이 결여되어 있기 때문이다.

2. 칼의 노래의 확장(21:8~32)

앞서 나온 '칼'이라는 주제어와 '또 여호와의 말씀이 내게 임하여 이르시되'라는 양식을 통해 연속적으로 네 개의 단락이 연결된다. 즉 춤추는 칼(21:8~17), 바빌론 왕의 칼(21:18~25), 왕관을 벗기는 칼(21:26~27), 암몬에게 향하는 칼(21:28~32)이다. 여기서 '칼'은 대리인의 역할을 감당한다. 그러나 이런 이미지는 그 칼을 움직이는 배후의 전능자를 암시한다. 흔히 성전(聖戰)은 고대 근동 사회에서 흔히 사용된 것 같지만, 이스라엘 역사에서 성전이 갖는 의미는 이와 다르다. 고대의 다른 근동 사회에서 그들 나라의 주신(主神)이 전쟁을 수행하는 것 같지만, 실상은 왕이 전권을 행사했다. 그러나 성경은 하나님에 대해 스스로 역사 안으로 들어오셔서 직접 역사를 이끌어 가시는 분으로 묘사한다. 고대 이스라엘은 이러한 역사적 실제성뿐 아니라 믿음에서도 확실성을 갖고 있었다. 거기서 칼이 갖는 이미지는 여호와 자신이나 대리인을 통해 심판의 도구로써 칼이 빈번하게 등장한다.

> "여호수아가 칼날로 아말렉과 그 백성을 쳐서 파하니라 여호와께서 모세에게 이르시되 이것을 책에 기록하여 기념하게 하고… 내가 아말렉을 도말하여 천하에서 기억함이 없게 하리라"(출 17:13~14. 참고 출 15:3; 17:8~16; 삿 11:24 등).

그러나 고대 이스라엘의 기대와 달리 아모스 때부터 벌써 여호와께서 이스라엘을 위해 싸우시는 성전의 이미지는 바뀌어 있다.[14]

> "화 있을진저 여호와의 날을 사모하는 자여 너희가 어찌하여 여호와의 날을

사모하느뇨 그날은 어두움이요 빛이 아니랴"(암 5:18).

 이스라엘을 위해 싸우시는 하나님께서 이제 이스라엘을 파멸시키시기 위해 싸우신다. 이런 예언자들의 선포에도 불구하고 예루살렘 점령 전에 유다는 전적으로 '시온 신학'에 의해 주도된다. 하나님께서 위대하고 전능하신 분이기에 우리만을 위한 하나님이라는 잘못된 신앙에 대해 에스겔은 자신의 선험자들에게서 받은 전승을 이어간다. 아모스에게 여호와의 날이 어둠이었듯이, 에스겔에게서는 그 이미지가 '칼', 곧 파멸을 준비하는 칼로 나타난다. 마치 사형 집행인이 앞에 놓인 죄수의 목을 치기 위해 칼을 갖고 춤을 추는 형상을 그리고 있다.
 두 번째 단락(21:18~25)에서는 마치 하나의 무언극을 행하는 것처럼 바빌론 왕이 암몬의 수도인 랍바(지금 요르단의 암만)의 길과 예루살렘의 길이라는 선택에서 고민하고 있음을 제시하고 있다. 이런 표현법은 고대 근동에서 행해진 아주 전형적이고 중요한 의식(儀式)이다. 그것은 잘 알려진 대로 세 가지 방식이 있다. 첫째는 전통(箭筒)에 글을 새긴 화살을 뽑는 방법, 둘째는 흔히 드라빔으로 알려져 있는 제비뽑기 방법, 셋째는 간점(肝占, hepatology)으로 짐승의 간의 형상을 살펴서 '신의 뜻'을 아는 방법(21:21~22)이다.[15] 여기서 느부갓네살 즉 바빌론의 왕은 분명히 하나님의 대리자인 여호와의 칼로 제시된다. 그렇다면 왜 에스겔은 이스라엘에서 금지된 점술(참고 신 18:9~14)을 빌려 예언의 이미지로 사용했을까? 중요한 것은 '신의 뜻'이 어디에 있는가 하는 문제다. 에스겔은 이 파멸의 방향이 느부갓네살 왕에게 달려 있는 것이 아니라 사실은 여호와의 결정을 강조하기 위해 고대 근동의 이미지를 빌려오지 않았을까? 에스겔에게 확고한 것은 바빌론 왕의 결정 뒤에 숨어 있는 여호와의 뜻을 알며, 그것을 이스라엘 백성에게 알려야 한다는 점이다.
 세 번째 단락(21:26~27)은 앞서 제시한 물음에 대한 근거를 제시하고 있다. 특히 이 단락에서 우리는 24~27절에 주목해야 한다. 역사적으로 볼 때 이 시기에 느부갓네살은 시드기야와 관련되며, 그가 시드기야를 처형함으로써 유다의 완전한 멸망(587년)이 이뤄진다.[16] 이런 상황은 벌써 17장에서 여호와의 이름으로 맹세한 서약을 깨뜨렸다는 죄목으로 시드기야를 지목하고 있기 때문에, 이 단락에서의 묘사는 두 번째 단락에서 바빌론 왕이 여호와의 뜻에 따라 예루살렘으로 진행하며 결국 다윗 왕조의 멸망과 국가의 멸망이 일어났음을 제시하고 있다.

다음으로 27절 마지막 부분에 주목해 볼 필요가 있다. "마땅히 얻을 자가 이르면 그에게 주리라"는 구절을 어떻게 해석해야 하는가? 이미 오랫동안 메시아적 예언으로 이해되는 '실로 예언'으로 나타나는 창세기 49:10에서 이 구절을 이해하려고 할 때, '얻을 자'에 대한 이해는 당장 닥치는 가까운 현재와 미래가 아닌 조건이 충족된 미래로 향하게 된다. 형벌로 죗값을 모두 치른 후에, 또는 그보다 먼 미래에 이스라엘이라는 국한된 지역은 물론이고 전 세계에 적용되는 완전한 평화를 보장하는 책임을 질 수 있는 자가 나왔을 때 이스라엘의 회복이 이뤄진다는 것을 의미한다. 따라서 구약의 메시아적 예언은 항상 제한적이다. 모든 일은 메시아 스스로 조절하는 것이 아니라, 언제나 하나님의 결정이 우선한다.

마지막 단락인 암몬에게 향하는 칼(21:28~32)은 예루살렘 멸망 후에 일어난 것을 제시하는 예언이다. 물론 예루살렘에 대한 느부갓네살의 침공에서 직접적인 원인은 이집트와 암몬과 두로 그리고 유다의 연합 반란이다(렘 40:13~41:18). 예루살렘 정복 후에 바빌론이 유다 총독으로 임명한 그달랴의 암살을 암몬 왕이 배후에서 조종했다. 암몬은 나중에 나바테야인들의 전신인 아랍의 게달 족의 팽창에 따라 합병되고 역사적 무대에서 사라진다. 하나님의 예언은 반드시 성취된다는 사실을 확실하게 제시하고 있다.

3. 피의 도시(22장)

22장은 세 편의 예언적 담론들이 결합되어 도성과 그 거민들의 타락상을 적나라하게 규탄하고 있다. 세 편의 표제는 21장에서와 같이 "여호와의 말씀이 또 내게 임하여 가라사대"(1, 17, 23절)로 나뉜다. 16, 22절도 "나를 여호와인줄 알리라"는 말씀으로 첫째와 둘째 단락을 끝내고 있다. 셋째 단락은 전체를 요약하면서 가장 중대한 범죄를 저지른 사람들과 그에 대해 책임을 질 사람들을 말씀하고 있다.

첫 번째 예언의 담화(22:1~16)는 '최후의 판결에 대한 근거 제시'로써 적나라하게 기술하고 있다. 적어도 주전 8세기에서 예루살렘 멸망까지 예언자의 죄의 고발이 성공한 적이 없을지라도 첫째 단락은 예언의 매우 중요한 기능 중에 하나이다. 핵심은 도성 거민들이 자신들의 행실을 인지할 능력이 없다는 것이다. 이런 내용은 벌써 첫 번째와 두 번째 담화를 마감하는 구절에서도 나타난다. '너희들은(또는 너는) 내가 하나님인 것을 알게 될 것이다.'

예언서에 자주 등장하는 법정 양식으로 제기하는 고소의 내용은 우상 숭배, 관리의 부패, 부모 학대, 나그네와 고아와 과부의 착취, 안식일을 범함, 우상 숭배 음식을 먹음, 근친상간 등이다. 이런 일들이 일어나는 근거는 어디에 있을까? 이는 바울의 고백과 같이 하나님께서 정하신 상식을 비상식으로 만들었기 때문이 아닐까? 썩지 않는 하나님의 영광을 썩을 것과 바꿔 썩을 것을 영원하다고 믿고 있기 때문이다(롬 1:18~32). 그렇게 되는 원인은 명백하다. 하나님께서 여호와이시라는 것, 세상을 창조하고 다스리시며 그분만이 홀로 세상의 주라는 것을 잊어버린 경우이다. 여기서 우리는 그들의 죄악상을 깊게 관찰해야 한다. 그들의 죄악은 일회적으로 이뤄진 게 아니라 지속적인 착취와 점차적으로 습관화된 것임을 제시한다. 이런 종류의 죄악들은 서서히 이뤄지기 때문에 자신들도 나중에 그것이 악함을 알게 되지만 스스로 정화할 수 없고 죄에서 해방할 수 있는 능력마저 상실하게 된다. 소위 도덕 불감증에 걸린 것이다. 이런 죄를 짓는 사람들의 특징은 한마디로 세상에 무서운 것이 없음 아닐까? 잠언은 이런 상황을 해결할 수 있는 가장 좋은 길을 제시하는데, 즉 습관화된 죄악에 빠지지 않는 길은 항상 두렵고 존경할 수 있는 그분을 기억하는 것이다.

"여호와를 경외하는 것이 지식의 근본이어늘 미련한 자는 지혜와 훈계를 멸

시하느니라"(잠 1:7).

두 번째 예언자의 담화(22:17~22)에서 에스겔은 용광로 속에 금속을 녹이는 것에 관한 예언에서 자주 사용하는 비유를 든다. 금속을 찌끼 또는 '슬래그'로 분리하는 과정은 이사야서(1:22; 48:10)에서와 마찬가지로 정화(淨化)와 정련(精鍊)에 대한 적절한 비유 역할을 한다. 그러나 여기서 용광로는 순수한 것을 얻기 위함이 아니라, 아무것도 남는 것이 없음을 의미한다. 금속의 값어치가 점점 떨어지는 순서로 열거한 것은 아마 여러 사회 계층을 제시하는 것 같다. 그런 계층들이 모두 부패했기 때문에 결국 하나님의 심판이 예외 없이 모두에게 적용됨을 제시하는 것이다.

마지막 단락은 20:45부터 시작하는 한 주제를 마감하며, 예루살렘이 멸망할 수밖에 없는 결정적 근거를 제시한다. 그에 대한 첫째 근거는 선지자들이고, 둘째 근거는 제사장이며, 셋째 근거는 고위 관리들을 말씀하고 있다. 그들은 각기 자신들에게 부여된 임무를 망각하고 부정과 부패를 일삼으며 고소하고 있다. 이런 부정은 인간과 인간 사이만을 파괴하는 게 아니라, 자연까지도 정결함을 얻지 못하게 한다고 말씀한다. 이런 표현은 아마 고대 사상으로써 도덕적 무질서가 자연을 더럽히고 성(聖)과 속(俗)의 구별이 무너져 이것이 결국 부메랑이 되어 다시 인간의 파멸을 가져온다는 것을 의미한다.

설교를 위한 적용

에스겔서의 본문은 어쩌면 설교를 하기에 망설여지기도 한다. 안 그래도 힘든 이 시대에 그토록 희망이 없는 설교를 해야 하는가? 목회자의 고민은 여기에 있지 않을까? 파멸, 죄와 세상의 심판, 불로써 파멸을 행하시는 하나님 등 무시무시한 소리를 해야 하는가? 바로 그것이 고대 예언자들의 고민이 아니었을까? 그러나 만일 예언자들이 그런 설교로 '왕따'를 당하면서까지 예언하지 않았다면 과연 어떻게 되었을까?

우리가 에스겔서를 설교하기 위해 반드시 알아야 하는 것은 '너희는(너는) 내가 하나님인 줄 알 것이다(미래)'라는 말씀이다. 에스겔에 있어서 '어떻게 하나님을 인식하고 알 수 있을까?'라는 것이 최대 관심사였고, 그의 모든 예언은 이런 질문에 따라 이뤄진다. 그래서 설교자들이 21~22장을 올바로 설교하려면 '어떻게 하면 스스로 하나님을 알 수 있을까?'라는 질문을 우선 던져야 한다. 하나님을 인식하는 문제는 지식, 과학, 이성으로 되는 게 아니라 우리의 깊은 심령이 먼저 느끼는 작업에서 시작해야 한다.

두 번째로, 설교자들이 21~22장을 올바로 설교하려면 그 당시를 통해 현대의 가족, 사회를 망라하는 시대적 문제를 볼 수 있도록 노력해야 한다. 21장에서 지적하는 패망의 원인은 무엇일까? 그것에 대해 22장에서 대답하고 있다. 모든 범죄가 하나님께 대항하는 죄가 아니라, 오히려 우리가 쉽게 접하는 죄들이 하나님께 대항한다. 에스겔이 경고하는 범죄는 단순한 것이 아니라 습관화된 것이다. 즉 서서히 이뤄져 나중에 죄인지도 모르게 되는 죄악을 의미한다. 누구나 밤중에 건널목의 신호등을 무시한 채 건너 본 적이 있을 것이다. 그것은 벌써 우리의 마음속에 '이 정도는 괜찮아'라는 의식이 자리 잡고 있기 때문이다. 조그마한 원칙을 무시하는 사회, 가정은 더 큰 원칙마저 무시할 수 있지 않을까? 나라의 관리들이 처음부터 뇌물을 받았을까? 부모를 학대하는 것은 먼저 부모를 무시하는 생각이 행동으로 진행된 상태이다. 조그마한 원칙을 무시하는 것이 발전해 결국 도덕적 불감증으로 이어진다. 이런 진행이 행동으로 나타나면 그때 거기에는 하나님마저 없게 된다. 그러나 하나님이 없는 곳에 인간성도 없다는 것을 알아야 한다.

세 번째로, 설교자들은 강력한 제어 작용을 위해 21장과 22장 말씀을 설교해야 한다. 사회가 도덕적 불감증에 걸려 있을 때 더욱 그래야 한다. 즉 아들이 보험금을 타기 위해 어머니를 죽여도, 돈을 위해 서슴없이 아이를 유괴해 죽여도, 장애인만을 골라서 성폭행해도 자신의 일이 아니기 때문에 분노하지 않는 사회를 하나님께서 싫어하시고 심판하신다는 내용의 설교를 통해 우리 사회를 제어하는 작용을 해야 한다. 우리 사회는 지금 이대로 간다면 망하게 된다. 설교자는 하나님께서 가만히 계시지 않는다는 사실을 분명히 전해야 한다.

네 번째로, 본문에서 중요한 비유 중에 하나인 '푸른 나무'(의인)와 '마른 나무'(악인) 모두가 그날에 환난을 당한다는 것이다. 예수 그리스도를 믿고 안믿고는 극단적으로 '나는 천국, 너는 지옥'이라는 등식으로 나타나지 않는다. 우리에게 다가오는 환난은 누구나 피할 수 없다. 그러나 우리는 환난이 왔을 때 어떻게 대처해야 하는지를 잘 알아야 한다. 그에 대한 좋은 소재가 바로 두 나무의 비유다. 즉 설교자는 성도들이 자신이 당하는 환난 속에서 그리스도인다울 수 있는가를 가르쳐야 한다.

맺는 말

21~22장의 예언은 그것을 주제로 해서 설교하기는 힘들다. 에스겔서는 싫은 소리, 양심을 찌르는 소리를 듣기 싫어하는 시대에 정말로 사람들의 정곡을 찌르는 소리를 하고 있기 때문이다. 그러나 우리 시대는 에스겔이 말하고 있듯이 이 순간이 지나면 예루살렘이 죄악 때문에 멸망한다는 것과 마찬가지 아닐까? 차라리 지금 아픈 것이 좋지 않을까? 나중에 더 비참해지는 것을 피할 수 있다면 지금 아픈 것이 더 좋을 수 있다. 왜냐하면 에스겔에 따르면(이스라엘 모든 예언자들에 따르면) 하나님께서 정의로우신 분이기 때문이다.

하나님의 분노는 종교적 범죄로 인해서가 아니라, 인간 사이에 일어나는 패륜과 인간관계의 파괴로 인해 우선적으로 일어난다. 인간이 지켜야 할 것들에 대해 인간이 그 역할을 다하지 못했을 때, 하나님께서 분노하신다. 그리고 이런 일들을 그냥 넘어가시지 않고 반드시 그 책임을 물으신다. 특히 섬뜩한 비유, 바빌론 왕이 두 길에서 하나님의 뜻을 묻고 있는 상황을 생각해 보라. 그것이 그 당시에만 해당되는 비유일까? 이 시대에도 적용되는 비유가 아닐까? 전하는 자에게 주어지는 특권은 미친 듯이 달려가는 마차를 제어할 수 있는 능력이 아닐까? 이런 점에서 21장과 22장은 이 시대를 살아가는 우리에게 꼭 필요한 말씀이다. 무의식적으로 습관화되어 있는 심각한 죄악을 지적하고, 자신이 노예가 된 그곳에서 벗어나게 하는 것은, 비단 에스겔 시대뿐 아니라 오늘날에도 절대적으로 필요한 목회자들의 임무이다.

10

두 자매와 녹슨 가마

에스겔 23~24장 주해와 적용

본문의 개요

제사장이던 에스겔은 자신의 민족과 성전이 이방인에게 패망하는 것을 경험했다. 그 사건을 기점으로 에스겔은 예언자로 부르심을 받고 하나님의 말씀을 선포한다. 그의 사고 밑바닥에는 항상 제사장다운 거룩함과 정결함에 대한 엄격한 기준이 전제되어 있다.

주전 587년 유다의 수도 예루살렘이 멸망했을 때 에스겔은 이미 바빌론에서 포로 생활을 하고 있었다. 그가 전한 신탁의 전반부(1~24장)는 예루살렘이 멸망하기 전을 배경으로 하나님께서 유다를 심판하신다는 말씀으로 이뤄져 있고, 후반부(25~48장)는 예루살렘이 심판받을 때 주변 나라들도 심판을 받게 된다는 것과 예루살렘의 회복에 관한 희망과 약속의 말씀으로 이뤄져 있다.

23~24장의 내용은 22장에서 시작한 예루살렘의 죄와 그에 대한 심판 신탁을 더욱 구체적으로 발전시키고 확증한다.

이런 맥락에서 23장은 16장처럼 유다와 예루살렘에 임박한 멸망을 두 자매 '오홀라'와 '오홀리바'의 음행에 대한 공개적인 처벌에 관한 이야기로 선포한다.

그리고 24장은 녹슨 가마 비유(24:1~14)를 통해 다시 한 번 하나님의 심판 신탁을 선포한 후에 마지막으로 예루살렘이 곧 함락될 것임을 에스겔의 아내의 죽음 소식과 함께 전하면서 그때 에스겔의 입이 열릴 것이라는 말씀을 듣는다(24:15~27).

> 음란한 두 자매에 대한 소개(23:1~4)
> 오홀라의 음란과 판결(23:5~10)
> 더욱 심각한 오홀리바의 음란과 판결(23:11~35)
> 음란한 두 자매의 결말(23:36~49)
> 녹슨 가마의 비유(24:1~14)
> 에스겔의 아내의 죽음(24:15~27)

23:1~4에서 하나님께서 에스겔에게 한 어머니에게서 낳은 두 딸 오홀라와 오홀리바의 이야기를 시작하신다.

두 자매는 통일 이스라엘에서 분열된 북이스라엘과 남유다의 수도인 사마리아와 예루살렘을 상징한다. 다시 말해, 두 자매에 관한 이야기는 두 나라의 정치 여정을 나타낸다.

그들은 어릴 적에 애굽에서 이미 행음한 경력을 갖고 있지만, 장성해 여호와와 결혼한 후 자녀들을 낳았으면서도 여호와께 정조를 지키지 않는다. 언니인 오홀라는 앗수르의 준수한 청년과 행음한다. 그래서 여호와께서 그녀를 연애하는 자의 손에 넘겨 대중 앞에서 발가벗긴 채 수치를 당하게 하고 자녀들을 빼앗기며 칼로 죽임을 당하도록 하신다(23:5~10).

동생인 오홀리바는 오홀라의 처참한 죽음을 목격하고도 교훈을 받지 못한다. 그녀는 언니보다 더욱 음란해 어릴 적 애굽에서의 음행을 기억하고 앗수르 사람뿐 아니라 바빌론 사람과도 연애한다(23:11~21). 결국 여호와께서 몸의 일부를 절단해 대중 앞에서 옷 벗김, 약탈, 자녀들을 빼앗겨 불태움을 당하는 등 여러 가지 처벌로 위협하신다(23:22~35).

이어서 여호와께서 음란한 두 여인의 죄상을 나열하신 후(23:36~45), 그에 합당한 판결을 내리시기 위해 한 무리의 군대를 불러와 그들을 약탈하고 그들의 자녀들을 불에 태워 죽이게 하신다. 두 자매의 죽음은 다른 모든 여인들에게 정신을 바짝 차리고 음행을 본받지 말라는 엄중한 경고가 된다. 이 비유는 '내가 주 여호와인 줄을 너희가 알리라'는 에스겔서 특유의 인정 공식으로 끝나게 된다. 여호와께서 행동하시는 궁극적인 목표는 이스라엘 백성으로 하여금 그들의 하나님께서 갖고 계신 권능과 주권을 인정하게 만드는 데 있다.

또 24장은 하나님의 말씀이 선포된 시기에 관한 역사적 정보로 시작한다(24:1~2). 당시는 바빌론 왕이 예루살렘을 포위해 공격을 개시하던 때다.

하나님께서 에스겔에게 고기와 뼈를 삶는 가마의 비유를 백성에게 전하라고 말씀하신다(24:3~5). 이 비유는 가마의 녹을 제거하는 것으로 발전하는데, 여기서 녹이란 피를 흘린 예루살렘의 폭력과 정결치 못한 행동을 상징하며 그중에 한 가지가 바로 음란이다.

하나님께서 녹을 제거하기 위해 불을 보내셔서 반드시 깨끗케 하실 것이다(24:6~14).

24:15~27은 에스겔의 아내가 죽은 소식(24:15~24)과 에스겔의 입이 열리는 표징을 다룬다(24:25~27). 에스겔서의 전반부를 종결짓는 이 단락은 예루살렘의 함락을 예고한다.

음란한 두 자매의 이야기(23장)

고기와 뼈를 삶는 가마(24:1~5)

녹을 제거하시는 하나님(24:6~14)

에스겔의 아내의 죽음(24:15~24)

말문이 열린 예언자(24:25~27)

음란한 두 자매의 이야기(겔 23장)

1. 본문의 이해

1) 음란한 두 자매에 대한 소개(1~4절)

본문은 여호와께서 '인자'에게 임하셔서 이야기를 들려주는 형식으로 진행된다. 여기서 '인자'란 다른 예언서들에서 찾아볼 수 없는 에스겔서 특유의 어법으로써 에스겔 자신을 일컫는 말이다. 이 표현은 성전에서 거룩한 직무의 존귀함을 상징하면서도 곧 파괴될 성전처럼 짧은 인생을 살고 죽음을 맞이해야 하는 인간의 숙명을 상징한다. 에스겔은 자신을 예루살렘 성전과 동일시하는 경향이 있는데, 여기서 '인자'는 하나님의 심판에 의해 파괴될 성전에서 감당하는 제사장 직무의 취약성을 대변한다.

두 자매 오홀라와 오홀리바에 관한 이야기는 16:26~29을 보다 확대해서 전개한다. 여기서 묘사된 예루살렘의 음행 대상은 애굽, 앗수르, 갈대아(16:26~29)이며 그곳에 내려졌던 심판과 흡사한 심판이 선언된다(16:35~43). 하여튼 23장은 16장의 주제를 보다 확대해서 전개하고 있다.

두 자매는 '한 어머니의 딸'(2절)이다. 언니인 오홀라는 사마리아를, 동생인 오홀리바는 예루살렘을 상징한다(4절). 그럴 때, 어머니는 북왕국과 남왕국으로 분열되기 전 다윗의 통일 왕국이나 출애굽의 경험을 공통된 기억으로 갖고 가나안 땅에서 살아온 이스라엘의 열두 지파를 가리킨다. 다시 말해, 두 자매는 원래 같은 민족인데 분열해 다른 두 개의 정치 시스템에서 존속하는 모습을 표현한 것이다.

본문에서 지배적으로 사용하고 있는 '행음'이란 여호와 하나님의 계명과 율법의 참 뜻을 저버리고 통치 집단이 자행하는 외세 의존적 정치를 가리킨다. 이와 함께 필수적으로 동반되는 것은 외국 종교에 대한 숭배 행위를 지시하는 포괄적인 비유이다. 이런 맥락에서 '애굽에서 행음'이란 남북 왕국이 가진 공통된 정치 경험을 말한다. 이를테면 통일 왕국 시절에 솔로몬은 바로의 딸과 정략적 결혼을 한 적이 있고(왕상 3:1), 북왕국의 여로보암도 애굽의 보이지 않는 후원을 받아(왕상 11:40; 12:2) 왕국 분열의 역사를 주도하고 북왕국의 왕으로 즉위했다(왕상 12장). 본문은 가나안 땅에 건립한 이스라엘의 두 나라가 초기부터 외세 의존적 역사관을 간직하고 있음을 의미한다.

오홀라와 오홀리바라는 이름은 일반적으로 '성소'를 뜻하는 히브리어 '오헬'(אהל)의 말놀이이다. 특히 '오홀리바'란 '그 안에 성소가 있다'는 뜻으로써 예루살렘 도성에 하나님의 성전이 있다는 자부심을 표현하는 것으로 이해할 수 있다. 4절의 "그들이 내게 속하여 자녀를 낳았나니"라는 표현은 두 나라가 여호와 하나님과 언약을 맺은 백성이라는 뜻이다. 그리고 정치가 안정적이어서 백성들도 늘고 삶의 질도 일정 수준 이상으로 향상했다는 것을 의미한다.

2) 오홀라와 오홀리바의 음행(5~21절)

여기서 두 자매의 음행을 본격적으로 서술한다. 오홀라는 앗수르를 연애했다(5절). 그 이유는 애굽에서 하던 습관이 되살아났기 때문이다(8절). 그래서 신랑이신 여호와 하나님께서 아예 그들을 연애하던 앗수르에게 넘겨 버리신다(9절). 그 결과, 앗수르가 북왕국 이스라엘을 멸망시킨 것을 마치 행음한 여인이 붙잡혀 대중들 앞에서 공개적인 처벌을 받는 것으로 비유하고 있다(10절). 그 처벌은 하체를 드러내고, 자녀들을 빼앗겨 칼로 죽임을 당하며 많은 여인들의 이야깃거리가 되도록 하는 것이다. 이는 행음한 여인에게 극단적인 수치심과 모욕을 주어 다시는 행음하지 못하도록 하려는 것이다. 또 자녀들을 빼앗아 죽이는 것은 그 여인에게 살아갈 희망을 남겨 두지 않고 완전히 꺾어 버리는 일이라 할 수 있다.

역사적으로 북왕국 이스라엘은 주전 734년에 시작된 아람과의 반앗수르 동맹에 가입하지만, 앗수르의 티글라트 필레세르(디글랏 빌레셀) 3세에 의한 정벌을 견디지 못했다. 그 후 친앗수르 정책과 반앗수르 정책 노선의 잦은 변경으로 인해 앗수르의 사르곤 2세와 살만에셀 3세의 공격을 받아 마침내 주전 722년에 멸망하고 말았다. 제국은 패전한 북이스라엘의 정치 지도자들을 모두 포로로 잡아갔다.

오홀라의 음행은 북왕국의 지도층이 거주하던 수도 사마리아의 정치 여정을 상징한다. 마찬가지로 오홀리바의 음행도 남유다의 예루살렘 지도자들이 벌이는 소행을 비유한다.

본문은 오홀라보다 오홀리바의 음행이 더욱 심각했다고 평가한다(11절). 남유다의 아하스 왕은 앞서 언급한 734년의 시리아-에브라임 위기 때 앗수르의 티글라트 필레세르 3세에게 원군을 요청한 적이 있다(왕하 16:7~9). 오홀리바(예루살렘)의 음행이 더욱 심각했던 이유는 갈대아 바빌론과도 음행을 마다하지 않았기 때문이다(14~17절). 이번에는 바빌론 사람들이 오홀리바와 음행한 후 그녀를 싫어하는 마음을 갖게 된다(17~18절). 이것은 다윗의 아들 암논이 배다른 여동생 다말을 흠모해 겁탈한 후에 싫어하는 마음을 가졌던 것을 연상시킨다(삼하 13:15).

이상의 비유는 두 왕국이 모두 앗수르와 바빌론이라는 외세에 의존해 이스라엘의 장래를 일구려는 태도를 빗댄 것이다. 한 가지 공통점은 앗수르와 바빌론을 흠모하는 대상들을 "자색 옷을 입은 방백과 감독이요 준수한 소년, 말 타는 자들"(6절), "화려한 의복을 입은 방백과 감독이요 말 타는 자들과 준수한 소년"(12절)으로 묘사하고 있다는 것이다. 이는 두 나라의 정치 지도자들이 나라 안에서 벌어지고 있는 악조건을 고려하지 않고 외국의 강한 군사력을 동원해 자신들의 권력 정치를 연장하려는 모습을 형상화한 것이다.

음행의 묘사에서 등장하는 포르노 수준의 애무는 앗수르와 바빌론 제국, 이 두 나라에게 협상 조건으로 주고받은 갖가지 조건들을 놓고 권력 향유의 단꿈을 꾸는 남북 정치 지도자들의 모습을 연상시킨다. 그들이 권력과 지위에 대한 연장의 꿈에 젖어 즐거워하는 동안 하나님께서는 언약 백성에게 걸었던 기대가 모두 어그러져 실망하고 급기야 분노하여 극단적인 결정을 내리시게 된다. 그러나 두 여인으로 비유되는 두 왕국의 정치 지도자들, 특히 북왕국의 멸망에서 아무런 교훈도 얻지 못하는 남유다의 정치 지도자들은 여호와 하나님의 의중에 대해 전혀 관심을 기울이지 않는 모습을 보여 준다.

3) 음행의 판결(22~35절)

오홀리바의 음행에 대한 여호와 하나님의 판결은 바빌론의 침공이다(23~24절). 하나님께서 그들의 법대로 유다를 처리하게 방치하실 것이다. 바빌론은 백성의 코와 귀를 절단하고 칼로 죽이며 백성을 포로로 사로잡아 가고 남은 자들을 화형시킨다(25절). 정치 지도자들에게서 옷과 장식품을 빼앗아 신분을 박탈한다(26절).

그들이 무자비하게 심판을 받아야 하는 이유는 이방 권세에 의존하고 우상을 숭배하면서 여호와 신앙의 대의명분을 더럽혔기 때문이다(30절).

'그의 잔'은 유다가 먼저 심판을 받은 사마리아와 같은 운명을 맞이하게 될 것이라는 뜻이다(32~34절). 특히 잔의 "깨어진 조각을 씹으며 네 유방을 꼬집을 것"이라는 표현은 그들이 패망한 후에야 비로소 과거에 올바로 살지 못한 것을 후회한다는 뜻이다.

4) 음행 판결의 부연 설명(36~49절)

앞서 끝난 이야기의 주인공인 오홀라가 오홀리바와 다시 등장하는 이유는 이 단락이 지금까지 두 왕국의 역사를 각각 다룬 것과 달리 이스라엘 민족의 역사 전체를 한꺼번에 해설하는 입장을 취하기 때문이다. 여기서 행음의 구체적 근거가 제시되고 있다.

우상을 위해 자식들을 화제로 불태우고 성소를 더럽히며 안식일을 범한다. 먼 나라에 사절을 보내 초대하고 함께 종교 예식을 교환하는 외교적 행위를 통해 여호와 하나님의 뜻을 배반한다(37~42절).

'자식을 화제로 태운다'는 표현은 유다의 아하스 왕이 보여 준 극단적인 종교 행위를 염두에 둔 것이다(왕하 16:3). 또한 '성소를 더럽히다'(38절)라는 말이 나온다. 요시야 왕의 개혁 기사에서 볼 수 있듯이, 그동안 유다 지도자들은 외교 관계가 수립될 때마다 예루살렘 성전 안에 상대국의 종교 상징물들을 비치했다. 그래서 요시야가 제거한 목록을 보면 "바알과 아세라와 하늘의 일월성신을 위하여 만든 모든 기명"(왕하 23:4)이라고 표현하고 있다.

또 '안식일을 더럽혔다'는 말은 노동에서의 해방과 안식 그리고 정신과 육체의 치유를 위해 제정된 안식일의 기본 정신을 망각하고 그날에 백성들에게 은연중에 노동을 강요하거나 그날에 진행한 일체의 정치·경제적 행태들을 통틀어 표현한 것이다.

간통한 여인들이 받게 되는 대가가 있다. 즉 '무리를 불러서 그들이 이 간통한 여자들에게 공포와 약탈을 당하게 하고 돌로 치고 칼로 죽이고 자녀를 죽이고 집을 불사르게 하는 일이다'(47절). 이 구절은 이방 민족을 불러와 전쟁을 통해 나라를 멸망시키는 것을 묘사한다. 한 번도 예상치 못한 일, 예상하더라도 그렇게 심할 줄은 미처 몰랐던 일에 대한 묘사로써, 이 여인들은 신체적 고통과 함께 죽음을 각오해야 하고 미래의 꿈인 자녀들도 잃게 되며 현재적 삶의 근거지인 집(과 가족)의 불태움을 당하는 등 다시 생존할 수 없게 된다.

2. 설교를 위한 적용

1) 이스라엘의 정치적 패망

23장(그리고 24장)을 설교하기 전에 먼저 고려할 것이 있다. 본문의 내용은 정치적 현실을 두 여인의 음행에 비유하여 전달하고 있다. 유다의 정치 지도자들이 살던 예루살렘, 종교 중심지인 성전이 있는 도성을 여인의 행위에 빗대어 말하고 있다. 그리고 그 결과는 정치적 패망이다.

설교자는 예루살렘이라는 유다 왕국의 수도가 정치적으로 패망에 이르는 원인과 결과를 말하는 비유에 대해 설교할 때 지금 우리 민족의 현실에 비춰 볼 것인지, 교회라는 집단의 현실에 비춰 볼 것인지, 아니면 개인의 영적 현실에 비춰 볼 것인지를 분명히 설정하고 묵상할 필요가 있다.

물론 집단의 현실 이야기는 개인에게 적용 가능한 부분이 있을 것이다.

하지만 정치적 패망을 개인의 현실에 적용하기에는 무리가 있으므로 본문의 정신이 훼손되지 않을 정도로 의미를 이끌어 내는 지혜가 필요하다.

2) 언약 백성

언약 백성이 손쉽게 잊고 저지르기 쉬운 잘못이 무엇인지를 생각하게 한다. 언약 백성의 정치 지도자와 종교 지도자들은 서로 한통속이 되어 하나님께서 언약 백성에게 바라시는 참 뜻을 왜곡시켰다. 하나님을 항상 자기편이라고 여기는 사람들이 저지르기 쉬운 잘못 중에 하나가 바로 이런 것이다. 너무 친밀하면 무례해지기 쉬운 경향이 있다는 것이다. 그러나 하나님께서는 사람이 아니시다. 친근하게 대한다고 해서 하나님의 거룩한 뜻을 포기하거나 잊어버리는 분이 아니시다.

하나님께서는 언약 백성에게 기대하시는 바가 분명히 있다. 그것은 언약 백성 개개인의 고유한 삶의 보존과 질적 향상이다. 즉 하나님께서는 언약 백성에게 질서와 평화 그리고 생명이 넘치는 사회를 간직하고 구축하기를 바라셨다.

그러나 현실은 정반대로 흘러갔다. 언약 백성은 지도자들의 불신앙과 어리석은 판단 때문에 억압과 불안, 착취와 폭력이 가득한 사회가 되고 말았다. 원래 이런 사회를 혐오해 세운 나라가 유다였는데…. 이것이 이뤄지지 않는 한 어떤 화려한 제의나 거창한 예배라도 아무런 쓸모가 없게 된다. 정치 시스템이나 종교 제도도 중요하지 않다.

그래서 하나님께서 이런 것들을 제거하고 멸망시키신다. 신앙 공동체가 잊지 말아야 할 성경적 가르침의 핵심은 하나님께서 바라시는 바가 백성들의 소중한 삶의 유지와 향상이라는 것이다.

3) 음행

'음행'이란 사랑과 믿음으로 책임 있는 약속을 고백한 당사자가 아닌 다른 상대방에게 마음과 몸을 나눠 주는 일체의 성애 행위를 말한다. 그것을 결혼 관계에선 간통이라 하고, 결혼 관계를 포함해 남녀 관계에선 음란하다고 한다.

이런 맥락에서 볼 때, 고대 문화에서 사랑에 배신당하고 믿음을 저버리며 약속을 깨는 당사자(특히 여인)에게 가해지는 공개적인 형벌은 상식적으로 합당한 처벌이었다. 하지만 신랑 측에서 본다면, 그런 형벌은 결코 합리적인 것이 아니고 극단적인 상실감에서 오는 감정의 폭발인 것이다. 오홀라와 오홀리바의 이야기를 통해 감춰진 채로 표현되지 않는 것은 두 여인과 결혼 관계에 있는 신랑이신 여호와 하나님의 상실감이다. 신랑은 신부가 처벌을 받는 동안 방관자로 서 있다. 그리고 신랑의 행위를 당연하고 합당하게 여겼다. 지나치다 싶을 정도의 징계조차 신랑의 입장을 옹호한다.

에스겔서에서 음행의 언어는 이스라엘과 유다의 정치 및 종교가 대다수 백성의 삶을 외면하고 질곡에 빠뜨리며 오직 권력자들의 정치 생명만을 연장시키려고 취해지는 온갖 외교 정책들을 은유한다.

백성의 삶을 외면한 지도자들의 정치 결정은 하나님의 마음에 언제나 음행으로 간주된다. 고대 사회에서 지도자들의 실패는 곧 백성 모두의 불행으로 이어진다. 또 지도자들의 성공은 곧 백성 모두의 행복으로 귀결된다.

이 시대의 성경적 신앙의 지도자는 누군가? 그것은 목회자와 교회의 직분만을 말하지 않는다. 모든 기독교 신앙인들은 이 세상에서 하나님을 선포하고 보여 줄 신앙적 리더들이다. 신앙인 각자가 성경적 신앙의 책무를 충실히 이행하고 있는지를 자문해 봐야 한다.

현대 신앙인들은 순간마다 결단하면서 산다. 그러나 과연 그 결단은 성경적 신앙에 기초해 남의 유익을 추구하는 결정인가, 아니면 남을 희생시켜서라도 자신의 유익을 추구하는 결정인지를 자문해야 한다. 그에 대한 답이 후자라면 하나님께서 음란하다는 판결을 내리고 곧 징계하실 것임에 대해 우리는 경각심을 가져야 한다.

가마와 녹(겔 24:1~14)

1. 본문 이해

1) 고기와 뼈를 삶는 가마(1~5절)

1~5절은 서론(1~3상)과 시문으로 구성된 심판 신탁(3하~14절)으로 구분할 수 있다. "제 구 년 시월 십 일"(1절). 오랫동안 예고한 대로 바빌론 왕이 예루살렘을 포위하고 공격을 개시한 날로 서론을 시작한다(참고 왕하 25:1; 렘 52:4). 그때는 주전 588년 1월이다. 에스겔은 이 사건을 끓는 가마에 비유한다. 하나님께서 '이 반역하는 족속'에게 비유를 전하라고 명령하신다(3절). 따라서 에스겔의 말을 듣는 청중은 포로로 잡혀 온 동료들뿐이다. 하지만 에스겔서의 청중은 포로민이든 유다에 남아 있는 거류민들이든 이스라엘 사람들을 총망라한다. 이 비유의 표현법은 주전 8세기에 남유다의 시골에서 활동한 예언자 미가가 예루살렘 내부 형편을 묘사한 신탁에서 빌려온 것으로 보인다.

> "너희가 선을 미워하고 악을 좋아하여 내 백성의 가죽을 벗기고 그 뼈에서 살을 뜯어 그들의 살을 먹으며 그 가죽을 벗기며 그 뼈를 꺾어 다지기를 냄비와 솥 가운데 담을 고기처럼 하는도다"(미 3:2~3).

과거에 선지자 미가는 백성들을 착취하는 지도자들을 보고 삶는 '냄비와 솥'에 비유했다. 포로 생활을 하고 있는 에스겔은 달라진 사정을 표현하고 있을 뿐이다. 그는 예루살렘을 가마에, 그 안에 거주하는 지도자와 백성을 양고기에 비유한다. 이는 예루살렘의 형편을 양고기의 처지로, 침략자의 처지를 양고기를 잘 요리해 잔치를 벌이려고 침을 삼키는 식객으로 빗댄 것이다. 그만큼 예루살렘의 입장은 바람 앞의 등불과 같다. 일단 하나님의 심판이 시작되면 거기서 빠져나올 사람은 아무도 없고 빠져나올 방법도 없다.

2) 녹을 제거하시는 하나님(6~14절)

여기서 앞 단락의 가마 비유는 녹슨 가마의 이미지로 발전한다. 그 증거는 두 개의 결론적인 심판 신탁이 첨부된 것을 통해 알 수 있다(6, 9절 "그러므로 나 주 여호와가 말하노라"). 예루살렘을 상징하는 녹슨 가마는 피를 흘린 성읍이라고 고발당한다(9절; 22:2).

이어 "녹슨 가마 곧 그 속의 녹을 없이 하지 아니한 가마"(6절)라는 표현이 첨부된다. "화 있을진저 제비 뽑을 것도 없이 그 덩이를 일일이 꺼낼지어다"(6절)라는 구절은 양고기와 뼈를 삶는 장면을 연상시키면서 앞 단락(4~5절)의 죄상에 대한 처벌 행위를 암시한다. 여기서 하나님께서는 요리사의 모습이다. 이 표현은 바빌론 군대가 닥치는 대로 주민들을 살상하는 장면을 언급한다.

피 흘림에 대한 심판은 피 흘림으로 처벌을 받는다(7~8절). 피 흘린 도성인 예루살렘의 이미지도 선지자 미가에서 유래한 것으로 보인다(미 3:10 "시온을 피로, 예루살렘을 죄악으로 건축하는도다"). 이 피는 예루살렘 도성 안에서 지도자들에 의해 힘없는 백성들을 대상으로 자행되는 불법적 폭력과 그로 인해 억울하게 피해를 입은 백성의 소중한 삶을 상징한다. 인과응보의 하나님, 정의의 하나님을 엿볼 수 있는 대목이다. 하나님의 정의로운 판결이 적용되지 않는 치외 법권 지대는 존재하지 않는다. 거룩한 성전이 위치한 예루살렘이라도 예외일 수 없다.

두 번째 결론적 심판 신탁(9절)의 내용은 예루살렘의 정화에 관한 은유이다. 흥미로운 것은 가마에 붙은 녹을 제거하려고 여러 차례 수고를 마다하시지 않는 하나님의 모습이다. 우선 나무를 가마 밑에 많이 쌓아 둔다. 이는 화력을 강화하는 장면이다. 뜨겁게 달아오른 가마 안에서 고기를 녹이고 국물을 줄이며 뼈를 태운 후에 가마를 비운다(10절). 그다음에 숯불 위에서 가마의 녹을 소멸시킨다(11절). 그래도 여전히 남아 있는 녹이 있다(12절). 그런 녹에는 음란도 포함된다(13절). 여호와 하나님께서 열성을 다해 녹을 제거하지만 여전히 깨끗지 않은 가마를 보시고 하나님의 분노는 고조된다(13절). 결국 가마가 깨끗해져야만 하나님의 분노는 잠잠하게 된다.

첫 번째 가마 비유의 주체는 예루살렘을 포위 공격하는 바빌론이지만, 두 개의 결론적 심판 신탁에서는 여호와 하나님께서 주어가 되셔서 예루살렘 성의 정화를 위해 애쓰시는 모습을 묘사한다. 이런 문장 구성은 바빌론의 공격을 더러워진 도성에 대한 여호와 하나님의 정결 작업으로 이해하게 만든다.

2. 설교를 위한 적용

1) 가마 비유

가마 비유는 더러움에 찌든 신앙 공동체의 정화를 위해 땀을 흘리며 열심히 일하시는 하나님의 모습을 연상시킨다. 예수 그리스도께서 오신 목적은 의인을 부르기 위함이 아니라 죄인을 구하시기 위함이다.

2) 녹슨 가마

가마에 눌러 붙은 녹이란 그동안 예루살렘 도성 안에서 관행처럼 굳어져 있는 불법적인 행동들을 가리킨다. 아무리 불을 가해도 사라지지 않는 녹은 이미 신앙인들의 삶 속에 일부가 되어 버린 관행적 타성을 상징한다고 볼 수 있다.

우리의 신앙 공동체 안에서 저질러지고 있는 불법적 행동, 다른 고귀한 생명을 희생시키는 욕구나 계획이나 행동은 없는지 살펴봐야 한다. 녹이 굳어지기 전에 미리 깨끗이 씻고 닦는 삶이 필요하다. 신앙인 개개인은 교회 안의 녹이 되고 있지 않은지 스스로 살펴봐야 하고, 교회는 사회의 녹을 제거하는 불길이 되길 기도해야 한다.

녹을 제거하는 목적은 뜨겁게 타오르는 성령님의 불로 인해 정결한 가마가 되기 위함이다. 쓰임 받기 위해 정결함이 필요하다. 이는 개인적 차원이나 집단적 차원에서 모두 마찬가지다. 그렇지 않다면 하나님께서 직접 정결케 하시려는 열심이 개인이나 교회에 미칠 것이다.

에스겔의 아내의 죽음과 열린 말문(겔 24:15~27)

1. 본문 이해

1) 에스겔의 아내가 죽다(15~24절)

하나님께서 "인자야 내가 네 눈에 기뻐하는 것을 한 번 쳐서 **빼앗으리니**"(16상절)라고 말씀하고 아무런 애도의 표시를 하지 말라고 하신다(16하~17절). 이 신탁은 아침에 백성에게 전달되는데 저녁이 되어 아내가 죽자, 에스겔은 말씀대로 행동에 옮긴다(18절). 백성은 에스겔의 행동이 뜻하는 바가 무엇인지를 묻는다(19절). 다시 말해 에스겔은 실제 경험을 근거로 하나님께서 의도하시는 바를 상징적으로 표현한다(25절). 이에 대한 답변은 다음과 같다. 예루살렘 성소가 "너희 세력의 영광이요 너희 눈의 기쁨이요 너희 마음에 아낌이 되거니와"(21절), 하지만 하나님께서 멸망시키겠다는 것이다.

이어지는 구절(22~24절)은 바빌론의 포로들이 예루살렘의 멸망 소식을 듣고 마치 아내가 죽은 에스겔이 탄식하지만 슬퍼하지 않은 것처럼 서로 쳐다보면서 탄식만 하고 애통하지 않는 상황을 예고한다. 이런 모습은 그동안 멸망을 여러 차례 예고했지만 삶의 자세를 바꾸지 않았음을 시인하고 동시에 고집스럽게 살았던 과거를 유감스럽게 보는 것을 뜻한다.

15~24절에서 에스겔의 아내는 이스라엘이 자랑하고 소중하게 여기는 예루살렘을 상징한다. 그의 아내의 죽음은 예루살렘의 멸망에 대한 예고이다. 에스겔의 가정생활마저 말씀을 전하는 수단으로 사용된다. 에스겔 개인의 삶에서 보면 비극적인 경험조차 하나님의 말씀을 전하는 방편이 됨을 알 수 있다.

2) 열린 말문(25~27절)

앞서 말한 슬픈 경험을 하는 그날에 한동안 막혀 있던 에스겔의 말문이 열리게 될 것이라는 말씀을 듣는다(27절). 그동안 선지자 에스겔이 전한 신탁들은 사람들로부터 신뢰를 받지 못했다. 따라서 열린 말문은 지금부터 에스겔이 하는 모든 말은 이미 성취됨으로 인해 하나님의 말씀임이 입증된다는 뜻이다. 그동안 상징적 행위로만 전하던 하나님의 신탁을 이후로는 분명히 소리가 나는 언어요 권세 있는 언어로 선포하고 신뢰받을 수 있게 될 것임을 시사한다.

에스겔서가 서두에서 보여 주고 있는 역설적인 상황은 처음에 그가 하나님의 파수꾼으로 부르심을 받을 때 재앙이 다가오면 소리를 내어 그것을 알려야 하는 경고자임에도 불구하고 소리를 지르지 못하게끔 혀가 입천장에 붙어 말문이 막힌 처지에 이르게 되었다는 것이다(3:26). 그래서 4~24장에 이르는 동안 적어도 열두 가지의 상징적인 행동들을 통해 하나님의 재앙이 예루살렘에 임하실 것임을 표현해 왔다.

그런데 이제 아내의 죽음을 목격하고 너무 슬픈 나머지 말문이 터지게 된 것이다. 이런 모습 자체가 의미하는 바는 그동안 묵묵히 표현해 오던 상징적 행동들이 지시하는 의미대로 확실히 성취된다는 것이다. 그리고 그 성취를 통해 에스겔은 도성과 성전이 있는 예루살렘의 멸망에 관한 그간의 선포들이 거짓이 아니라 진실이었음을 입증한다. 그래서 그는 드디어 입을 열어 공개적으로 심판과 회복에 관한 신탁들을 선포하게 된다.

2. 설교를 위한 적용

1) 아내의 죽음

예언자의 삶에서 고난, 슬픔, 행복, 즐거움 등은 모두가 하나님의 말씀을 전하는 도구가 된다. 에스겔이 쓰임을 받아서 그렇겠지만, 우리는 그의 경험을 신앙적 교훈으로 적극적으로 받아들여 적용할 필요가 있다. 신앙인은 삶의 모든 측면에서 하나님의 살아 있는 메시지가 되게끔 살 필요가 있다. 신앙인은 "그리스도의 편지"(고후 3:3)라는 진술을 항상 기억할 필요가 있다. 이것은 우리의 삶 전체를 하나님의 진리에 비춰 이해하고 그 의미를 파악하는 자세가 요청됨을 가르쳐 준다.

2) 말문이 열린 선지자

성취가 없는 예언은 거짓이다. 성취가 있는 예언은 진정 인정받게 된다. 입으로 소리를 내어 전하는 청각적 선포와 몸으로 보여 주는 시각적 선포는 불가분의 관계에 있다. 이 단락은 입만 살았고 삶의 열매가 없는 신앙인에게 훌륭한 모델이 된다.

11

열방에 대한
심판 신탁이 주는 의미

에스겔 25~28장 주해와 적용

본문의 개요

25~28장의 구조는 다음과 같다.

이웃 네 나라를 향한 심판(25장)
    암몬을 향한 심판(1~7절)
    모압을 향한 심판(8~11절)
    에돔을 향한 심판(12~14절)
    블레셋을 향한 심판(15~17절)
두로에 대한 심판(26:1~28:19)
    두로를 향한 심판(26장)
    두로의 멸망에 대한 애가(27장)
    두로의 교만과 파멸의 모델(28:1~19)
시돈을 향한 심판(28:20~23)
이스라엘에 대한 소망의 약속(28:24~26)

25~28장은 대부분의 예언서에 포함되어 있는 '열방에 대한 심판 신탁'
(oracles against the nations)의 전반부에 해당한다. 에스겔서에서 열방에 대한

심판 신탁은 지리적으로 동서남북에 있는 나라들을 모두 다룬다. 먼저 이스라엘의 동편에 있는 암몬, 모압, 에돔을 다룬다. 다음에 서쪽의 블레셋을 다루고, 북쪽의 해안 도시 두로와 시돈을 다루며, 마지막으로 남쪽의 강국 애굽을 다룬다.

열방에 대한 이런 심판 신탁이 25~28장에 위치한 이유는 무엇이며 심판 신탁이 지니는 의미는 무엇일까?

첫째로, 여호와의 백성인 이스라엘이 심판을 받고 멸망하지만 이는 그들의 신인 여호와께서 약하시기 때문이 아니라, 여호와께 대한 그들의 죄로 인해 여호와께서 친히 그들을 심판하시기 때문이라는 것이다. 실제로 이스라엘을 멸망시킨 나라들은 단지 여호와의 심판의 도구일 뿐이었다. 이스라엘 주변의 열방은 이 상황을 잘못 해석하고 이스라엘의 멸망에 대해 조롱하고 저주까지 했다.

이제 여호와 하나님께서 그들을 심판하겠다고 말씀하신다. 열방에 대한 하나님의 심판의 말씀은 모든 나라들에 대한 여호와의 주권과 권세를 드러낸다. 즉 여호와의 백성인 이스라엘은 자신들의 죄로 인해 하나님께 심판 받는 것이고(여호와께서 열방의 신보다 약해서가 아니라), 따라서 이스라엘의 멸망을 조롱했던 열방도 여호와의 심판을 면할 수 없게 된다. 모든 민족들에 대한 하나님의 주권은 '그들(너희)이 나를 여호와인 줄 알리라'는 말씀이 에스겔서 전체에 걸쳐 60회 이상 나오는 승인 공식에서도 잘 나타난다.[1]

둘째로, 아브라함의 자손들을 조롱하고 저주한 주변의 민족들은 심판과 저주를 받을 수밖에 없는데, 이것은 아브라함과의 언약에도 관계가 있다. 아브라함과 그의 자손들을 축복하고 그 본을 받는 자들은 축복을 받을 것이지만, 그들을 저주하거나 그들의 본을 따르지 않는 자들은 축복을 받지 못하고 저주를 받을 것이다(창 12:2~3; 22:18).[2]

셋째로, 열방에 대한 심판은 간접적으로 이스라엘에게 소망을 주는 효과도 있다. 열방에 대한 심판의 신탁 직전에 있는 23:25~27과 신탁 사이에 끼어 있는 28:24~26에 암시되어 있다.[3]

이것은 열방에 대한 신탁은 하나님께서 여전히 역사의 주인이신 능력의 주님이시며, 그분께서 당신의 백성을 짓누른 불의한 백성을 심판하고 당신의 때에 언약 백성을 회복시킬 분이시라는 메시지를 패망으로 인해 낙심한 언약의 백성에게 간접적으로 전달하는 기능을 한다고 보는 것이다.[4]

이웃 네 나라를 향한 심판(겔 25장)

1. 본문 주해

1) 암몬을 향한 심판(1~7절)

암몬은 사사 입다(삿 10:6~11:33) 이후 이스라엘과 자주 적대 관계에 있었다. 사울은 암몬 족속과 싸워 길르앗 야베스를 구했고(삼상 11:1~11), 다윗은 암몬을 정벌했다(대상 19:1~20:3). 암몬은 분열 왕국 시대에 때로 독립을 얻기도 하고, 여호사밧의 통치 때 모압 및 에돔과 연합해 유다를 공격했다(대하 20:1~30). 북왕국 이스라엘이 멸망할 때 암몬은 영토적으로 이득을 얻었고(렘 49:1), 여호야김의 통치 때 느부갓네살 연합군의 일부가 되어 유다를 공격했다(왕하 24:1~2). 주전 593년에 암몬은 바빌론에 반역하는 동맹에 가입하지만 성공하지 못했고, 주전 588년에는 바빌론에 대항하기 위해 유다 및 두로와 연합했다. 느부갓네살 왕이 암몬이 아닌 유다를 공격하기로 결정했을 때(21:18~27), 암몬은 당시 동맹국이던 유다를 돕기보다 유다의 멸망으로 인한 영토적 이익을 바랐다.[5]

암몬 족속의 죄 목록(3, 6절)과 심판에 대한 내용(4~5, 7절)은 두 번씩 나오는데, 각각은 "그러므로"(4절)와 "그런즉"(7절)으로 연결된다. 암몬 족속은 유다가 멸망하고 성전이 파괴되며(3절 "내 성소를 더럽힐 때에") 유다 민족이 포로로 잡혀갈 때 너무나 기뻐하면서 유다 민족을 조롱하고 멸시하며 저주까지 했다. 그 죄로 인해 하나님께서 암몬에게 '동방 사람'에 의해 노략과 멸망을 당하게 하겠다고 말씀하셨다. 여기서 '동방 사람'이란 동쪽에 사는 유목 민족(아마도 아랍 민족)을 말한다.[6] 그들은 광활한 지역에서 약탈을 일삼았다. 하나님께서 그들로 하여금 바빌론의 손아귀에서 운 좋게 벗어난 암몬 족속을 정복하게 할 것이며, 암몬의 자부심인 수도 랍바를 짐승들이 쉬는 처소로 삼을 것이라고 말씀하신다.[7] 그때 암몬 족속은 여호와 하나님을 역사의 주인으로 인정하게 될 것이다(5, 7절 "너희가 나를 여호와인줄 알리라").

2) 모압을 향한 심판(8~11절)

모압과 이스라엘의 적대감은 모압 왕 발락이 이스라엘에 대항하려 했을 때부터 시작되었다(민 22~24장). 사사 시대 이스라엘은 모압 왕 에글론의 폭압을 겪었다(삿 3:12~30). 룻 시대 이후 두 나라는 관계가 좋아졌지만, 사울 시대에 다시 악화된다. 모압은 다윗에 의해 정벌되었지만(삼하 8:2), 그 후 여호사밧의 통치 기간 중에 반역하며 암몬 및 에돔과 연합해 유다를 침공하기도 했다(왕하 3:4~27; 대하 20:1~23). 아마 모압은 주전 593년에 다른 나라들과 연합해 바빌론에 반역한 것으로 보이지만(참고 렘 27:17) 그 증거는 확실치 않다.[8]

모압의 죄는 하나님의 백성인 이스라엘을 경멸한 것이다. 즉 이스라엘이 능력의 하나님과 맺은 독특한 관계를 부정한 것이다(8절). 특히 유다가 바빌론에 의해 멸망할 때, 모압은 유다에게 하나님의 선민이라는 교만 때문에 벌을 받았다고 조롱한 듯하다.

'세일'은 에돔 땅의 다른 이름이다. 모압과 같이 에돔도 하나님의 백성을 조롱하는 죄를 지었다. 벧여시못, 바알므온, 기랴다임은 모압의 주요 세 성읍이다. 모압이 받을 형벌은 암몬의 형벌과 같다. 즉 동방 사람에게 정복당해 다시는 기억되지 않는 것이다.

테일러는 이렇게 말한다. "신탁 후 얼마 되지 않아서 모압과 암몬이 나바티안 부족민들에게 멸망당하고 국가로써 독립적인 존속을 하지 못하게 되었다는 점은 주목할 만한 가치가 있다."[9] 결국 모압은 형벌을 받고 이스라엘의 신 여호와를 인정하지 않을 수 없게 될 것이다(11절).

3) 에돔을 향한 심판(12~14절)

에돔과 이스라엘의 오랜 원한 관계는 그들의 쌍둥이 조상(에서와 야곱)까지 거슬러 올라간다. 또 이스라엘이 출애굽 후 가나안 땅으로 들어가려고 할 때 에돔은 자신의 영토로 지나지 못하게 했다(민 20:14~21). 사울은 에돔과 싸웠고(삼상 14:47), 다윗은 에돔을 복속시켰다(삼하 8:13~14). 그러나 에돔은 솔로몬 통치 후기에 대적하고(왕상 11:14~18) 봉신 국가로 남았지만, 여호람 시대(주전 845년)에 독립을 되찾았다. 그 후 에돔과 이스라엘은 서로 영토를 뺏고 빼앗기길 반복했다.

예루살렘이 바빌론에 의해 멸망당할 때, 에돔은 유다의 멸망을 돕고(시 137:7; 오바댜서) 이득을 취했던 것 같다. "네가 옛날부터 한을 품고 이스라엘 족속의 환난 때 곧 죄악의 끝 때에 칼의 권능에 그들을 붙였도다"(35:5). 유다의 환난 중에 에돔 족속은 정복 군대의 편에 있었던 것 같다(옵 1:11). 그리고 유다를 조롱하고(옵 1:12), 재물을 약탈하며(옵 1:13), 어려움에 처한 이스라엘을 오히려 대적에게 붙였다(옵 1:14). 다시 말해 그들은 유다의 멸망을 복수의 기회로 삼았던 것이다(12절).[10]

그러므로 에돔은 황폐하게 될 것이며 이스라엘의 손에 의해(개역한글은 "이스라엘의 손을 빙자하여"라고 어색하게 번역하고 있음) 되갚음을 당할 것이다(13~14절). "비록 에돔이 현대 아랍인의 조상인 나바티아인들에 의해 황폐하게 되었지만, 에돔의 잔류자들은 유다 마카비우스에게 종속되었다가 나중에 요한 힐카누스에 의해 강제적인 할례로 유대 종족으로 합병되었다."[11] 그래서 에돔 사람들은 나라 잃은 민족으로서 고유성도 잃게 되었다(참고 암 9:11~12).

따라서 에돔은 여호와께서 형벌을 내려 원수 갚으신 줄 알게(경험하게) 될 것이다(14절). 그리고 이스라엘도 하나님께서 역사의 주인이신 줄 알게 될 것이다. "너희는 목도하고 이르기를 여호와께서는 이스라엘 지경 밖에서 크시다 하리라"(말 1:5).

4) 블레셋을 향한 심판(15~17절)

앞서 세 민족과 달리, 블레셋은 이스라엘과 아무런 혈연관계가 없다. 그들은 '바다로부터 온 민족'으로 생각된다.[12] 이스라엘이 약속의 땅을 정복할 때부터 블레셋은 이스라엘의 적이었다(삿 3:1~4). 그 후 블레셋은 이스라엘과 적대 관계를 형성해 왔고 서로 전쟁을 계속했다. 다윗이 마침내 블레셋을 복속시켰고 솔로몬의 통치 기간에도 이런 상태가 계속되었다.

하지만 다윗 왕국이 분열되고 나서 유다와 블레셋의 전쟁은 다시 시작되었고 서로 침략과 약탈을 일삼았다. 이런 상태는 바빌론의 느부갓네살 왕이 두 나라를 지배하도록 만드는 계기가 되었다.

블레셋의 죄는 '옛날부터 미워하여 멸시하는 마음으로 원수를 갚아 진멸코자' 한 것인데, 그에 대한 구체적인 내용은 알려지지 않았다. 그 죄로 인해 하나님께서 블레셋을 멸망시킬 것이다. 즉 '그렛 사람'과 해변의 남은 자들을 진멸하실 것이다. 그렛 사람은 구약 시대에 '갑돌인'으로 알려진 '그레데 사람'으로 이해된다(참고 신 2:23; 렘 47:4; 암 9:7; 창 10:14). 하나님께서 '그렛 사람'(כְּרֵתִים크레티임)을 '끊으실'(הִכְרַתִּי히크라티) 것이다. 그때 그들은 이스라엘의 하나님 여호와를 인정하게 될 것이다(17절). 마카비 시대 이후 블레셋은 한 민족으로서 완전히 자취를 감췄고 그들의 성읍 이름만 남아 있다.

2. 설교를 위한 적용

첫째로, 이웃의 불행에 대한 우리의 태도이다. 이스라엘에 불행이 닥쳤을 때 이웃 나라들이 보인 태도들에 대해 우리는 쉽게 비난할 수 있다. 그러나 막상 우리는 어떠한가? 우리의 이웃이 고통을 당하고 있을 때 우리의 태도는 어떠한가?[13]

혹시 우리는 공동체 내·외부에서 적대자들이 어려움을 당하고 있을 때 기뻐하거나(실제로 혹은 내적으로) 조롱하거나 멸시하지는 않는가? 여호와께서는 공의와 인자의 하나님이시다(미 6:8). 우리는 어떤 상황에서든지 하나님께서 보시기에 공의롭고 자비로운 행동을 해야 한다(마 5:43~48).[14]

둘째로, 복의 근원이 되는 하나님 백성의 특권에 관한 것이다. 아브라함의 자손(육적, 영적으로)인 하나님의 백성은 복의 근원이 되는 특권과 축복을 갖는다. 만약 누군가 하나님의 백성을 적대한다면 그는 하나님의 심판과 저주를 받을 것이다(창 12:3; 마 25:40). 이 원리는 열방에 대한 심판의 이유가 그들이 이스라엘이나 유다에 대해 잘못 행한 것임을 생각한다면 더욱 자명해진다. 따라서 세상 사람들은 이 원리를 유념해야 한다. 하나님의 백성도 서로에게 더욱 선대하고 축복하며 덕을 세워야 한다.

셋째로, 역사 전체에 걸쳐 나타나는 하나님의 주권에 관한 것이다. 지금 이스라엘 주변의 열방이 지은 죄들 중에서 가장 큰 죄는 하나님 백성들의 불행을 하나님과 연관을 짓는다는 점이다(8절). 다시 말해, 그들의 불행을 막지 못하는 여호와 하나님은 역사의 주인도 아니고 이스라엘의 능력 있는 구원자도 아니라고 조롱하는 것이다. 따라서 열방은 심판을 받고 그 심판자가 하나님이심을 인정하게 된다. 이것은 불신자들에게 경고가 된다. 즉 하나님께서 역사의 주인이심을 인정하지 않으면 심판을 통해서라도 결국 인정하게 될 것이다. 하나님의 백성은 일시적으로 상황이 부정적으로 보이고 실패와 파멸로 보일지라도 결국 하나님께서 역사를 주관하고 다스리심을 믿음으로 받아들여야 한다. 이는 우리에게 격려와 소망이 된다.

두로에 대한 심판(겔 26:1~28:19)

1. 본문 주해

1) 두로를 향한 심판(26장)

두로에 대한 심판 신탁은 25장의 네 나라에 대한 신탁의 기조를 이어간다. 낙심한 언약 백성과 하나님은 독특한 인격적 관계인데, 여기에 교만한 마음과 탐욕을 품고 오만하게 끼어든 두로는 심판을 받게 된다. 그리고 하나님의 깊은 섭리, 즉 언약 백성에 대한(이방 바빌론을 통한) 심판 계획과 궁극적 위로를 강한 세력인 두로도 막지 못할 것이고 오히려 심판마저 면치 못하게 된다.

1절의 "제 십일 년"은 여호야김이 사로잡힌 지 11년째 되는 주전 587~586년을 말한다. 이때는 예루살렘이 함락된 해이기도 하다(왕하 25:2~7). 2절에 두로의 심판에 대한 이유가 소개되고 그 심판의 내용은 3절부터("그러므로") 21절까지 계속된다. 두로의 멸망에 대한 애가와 두로의 통치자에 대한 심판의 메시지까지 합하면 두로에 대한 심판의 말씀은 무려 세 장에 걸쳐 전개된다. 이것은 다른 구약 책들에 나오는 두로에 대한 심판 신탁들(사 23:1~8; 슥 9:3~4; 암 1:9~10)보다 훨씬 더 길다. 2절은 심판의 이유, 3~6절은 심판의 전반적 내용, 7~14절은 성읍을 함락시키고 살육과 노략이 이뤄지는 자세한 묘사, 15~18절은 주위 족속들("바다의 모든 왕")의 애가, 19~21절은 패망해 음부로 들어가는 자에 대한 비유이다.

두로의 죄는 예루살렘의 몰락을 기뻐하며 무역을 통한 이익을 늘리려는 교만한 자랑이었다. "만민의 문이 깨어져서 내게로 돌아왔도다 그가 황무하였으니 내가 충만함을 얻으리라"(2절). 두로는 해상 무역의 거점이었고 예루살렘은 육상 무역의 중심지였는데, 예루살렘이 멸망하면 자신의 무역으로 인한 이익이 늘어나리라는 계산에 기초한 자랑이었다.

"그러므로"(3절) 두로는 열국의 침략을 받아 "말간 반석"(4절. '두로'의 히브리어 צֹר초르는 일차적으로 '반석'이라는 뜻이다)처럼 쓸어버림을 당하게 된다. 하나님께서 '초르'를 '셀라'(말간 반석)가 되게 하실 것이고 바다 가운데서 '그물 치는 곳/그물 말리는 곳'이 될 것이다(4~5, 14절).

이 심판은 바빌론의 느부갓네살 왕을 통해 이뤄질 것이다. 그 과정에서 내지의 거민들이 무참히 살육당하고(8절), 성읍을 공격하기 위한 다양한 장비들이 동원되어 성을 함락시키며(8~9절), 결국 성읍 안의 주민들과 군인들이 살육을 당한다(11절).

바다의 왕들(지중해 연안의 도시 국가들과 기타 두로와의 해상 무역으로 이익을 본 족속들)의 애가(15~18절)의 내용은 27장에 자세히 나온다. 음부에 내려가는 죽은 자처럼 두로는 산 자의 땅에서 영광을 얻지 못한다(19~21절). 두로는 패망해 다시 있지 못할 것이다(21절; 27:36; 28:19).

2) 두로의 멸망에 대한 애가(27장)

27장의 애가는 두로의 예전 영광을 그리는 시적 본문(1~11절), 두로의 무수한 교역국을 열거하는 산문(12~25절), 두로의 파선과 파멸을 말하는 시적 본문(26~36절)으로 구성되어 있다. 27장은 '엎드러짐'(26:15)과 '무너짐'(26:18)이라는 이미지를 통해 26장, '바다 중심에 앉음'(28:2)이라는 이미지를 통해 28장과 밀접하게 연결되어 있다. 27장에서 애가의 효과 즉 '교만과 그에 수반되는 파멸'이라는 간접적 메시지는 전후 문맥의 내용에 의해 더욱 강조된다. 이런 메시지와 비슷한 이미지가 요한계시록 18장에서 반복되고 있다. 거기서 무너지는 교만한 존재가 아이러니하게도 '바빌론'(여기서 교만한 두로를 무너뜨리는)임을 주목하라.

두로의 큰 죄는 "나는 온전히 아름답다"(3절)라는 교만과 자신의 부와 영광으로 인한 자만이었다. 두로의 부와 풍요는 시적 본문인 5~7절에서 웅장하고 아름다운 배로 비유된다. 여러 민족들이 두로라는 배의 승무원들과 기술자들과 호위병이 되었다(역시 시적 본문인 8~11절). 산문으로 되어 있는 12~25절은 두로와 교역한 나라들과 민족들 그리고 교역품들의 목록이다.[15] 26~36절은 다시 시적 본문이다. 26~28절은 두로라는 거대하고 영광스런 배의 침몰을 그리고 있고, 29~31절은 관련된 모든 민족들의 애곡에 대해 묘사한다. 두로라는 배의 파선은 동풍에 의한 것인데, 동풍이란 배의 파선을 가능케 하는 물리적 강한 바람을 말한다. 하지만 동쪽의 세력 즉 바빌론을 암시하기도 한다. 두로는 자신이 가장 자신 있어 하는 바다에서 파멸한다. 두로가 견고한 성안에서 멸망을 경험하며, 가장 믿었던 부와 세력에도 불구하고 파멸을 겪는 것을 빗대어 한 말이다.

32하~36절은 두로에 대한 애가인데, 27장 전체가 넓은 의미에서 애가이므로 32절 이후는 '애가 속의 진짜 애가'라고 볼 수 있다. 하나님의 심판이 너무 확실해(두로라는 배의 침몰) 이제 장례 애가가 필요하게 되었다. 이 부분은 앞서 나온 내용들을 요약하는 짧은 애가다. '섬의 거민들이 놀라는' 이유는 갑작스런 파멸 때문이고, '열왕이 심히 두려워하는' 이유는 자신들에게도 닥치게 될 침공과 멸망에 대한 공포 때문이다. 개역한글에서 열국의 상고가 '두로를 비웃는다'(36절)라고 번역하고 있지만, 이것은 혀를 차는 놀라움을 표현한 것으로 '두로로 인해 놀라다'라고 번역해야 옳다. 애가의 마지막은 "네가 영원히 다시 있지 못하리라"는 것이다(36절; 26:21; 28:19).

3) 두로의 교만과 파멸의 모델(28:1~19)

2상~10중절은 두로 왕에 대한 심판의 예언이고, 12하~19절은 애가이다. 전자는 교만에 대한 책망과 심판을 말하며 후자는 그것을 시적 비유로 빗대어 표현한다. 1~19절은 이사야 14:12~17과 병행을 이룬다.

2절에 나타난 것처럼, 두로의 가장 큰 죄는 자신을 하나님의 위치로까지 끌어올리려는 교만이었다. 인간의 모든 성공과 번영은 하나님께서 주시는 것인데 두로는 그것에 따른 도덕적 책임을 망각하고 교만과 강포에 빠졌다(2, 15~16절). 그래서 두로는 파멸할 운명을 안게 되었다. 이런 것의 또 다른 예는 신약에 나오는 헤롯이다(행 12:20~23).

3절의 다니엘은 다니엘서의 주인공이라기보다 족장 시대에서 유래한 어떤 현인이라고 봄이 좋을 것 같다.[16] 두로 왕은 자신이 어느 누구보다 지혜로워서 재물과 영예를 얻었다고 생각하고 그로 인해 자신을 신격화하는 데까지 교만해졌다. "그런즉"(7절) 바빌론의 느부갓네살(7절 "외인 곧 열국의 강포한 자") 왕이 두로의 왕을 쳐서 파멸시킬 것이다. 그때 두로의 통치자는 더 이상 자신을 '하나님'이라고 말하지 못하게 된다(9절). 두로 사람들은 일반적으로 할례를 행했기 때문에, 두로 왕이 '할례 받지 않은 자의 죽음'처럼 죽는다는 것은 치욕적인 죽음을 가리킨다(10절).[17]

12~19절은 '애가'라기보다 신적 심판의 예언같이 들린다. 왜냐하면 애

가의 주요 특징인 탄식이 거의 없기 때문이다. 또한 이 부분은 3대 2의 비율로 운율이 반복되는데 운율이 너무 불규칙적이어서 산문으로 봐야 할지, 운문으로 봐야 할지 모호하다. 12~19절의 해석에 대해서는 여러 가지 견해가 있지만 대표적인 두 가지는 사탄에 대한 묘사로 보는 것과 두로 왕에 대한 비유적 묘사로 보는 것이다. 그런데 여기서는 후자가 더 설득력이 있다.

27장에서 두로가 웅대하고 화려한 배로 은유되듯이, 28장에서 두로 왕은 에덴동산에 있던 천사(그룹)로 은유된다. 즉 그의 영광은 마치 그가 에덴동산에 있었던 것과 같았다는 말이다(직유로 본다면).[18] 36:35에서 회복된 이스라엘 성읍이 '에덴동산같이 되었다'라는 비유와 일맥상통하는 용법이다. "에스겔서에서 자주 그렇듯이, 예언의 언어에 적합하도록 에덴동산의 은유가 자유자재로 혼합되고 변경되며 각색된다."[19]

맥그리거는 12~19절에서 애가의 내용을 이렇게 요약한다. "너는 한때 지혜와 아름다움의 표본이어서(12절), 낙원에 거하면서 화려한 보석으로 꾸며졌고(13~14절), 흠 없는 행동을 선보였다(15절). 하지만 너의 폭넓은 상거래 활동은 다른 나라에 대한 탄압으로 이어지고 말았다. 너의 화려함이 너를 우쭐하게 만들었고 너의 생각을 더럽혔다. 너의 여러 가지 불성실한 거래 행위가 너의 성소를 더럽히고 말았다. 그러므로 너는 낙원으로부터 추방되어 비천해졌다(16~18절). 구경꾼들이 너로 인해 깜짝 놀란다(19절)."[20]

13절의 완전한 '인'이란 '사람'을 말하지 않고 '도장'을 말하며, 두로 왕의 영예와 권세와 품위를 상징한다. 또한 13절의 아홉 개의 보석들은 대제사장의 옷에 붙이는 열두 보석(70인역에는 열두 개의 보석 이름이 나옴)을 암시하는 것 같지만, 이방 신들도 보석으로 뒤덮인 옷을 입고 있는 경우가 있었다. 여기서 강조하는 것은 단지 두로 왕으로 대변되는 두로의 부귀와 영화에 있다고 보면 된다.

15~16상절은 두로와 두로 왕의 교만과 타락을 말한다. 16하~18절은 두로 왕에 대한 하나님의 심판과 두로의 파멸을 시적으로 묘사한다. 두로의 죄는 그들의 성소까지 더럽힌 것으로 하나님께서 두로가 불에 타 재로 되게 하

신다(18절). 그로 인해 만민이 놀라고 두려워할 것이며 두로는 경계거리가 될 것이다(19상). 두로는 '영원히 다시 있지 못할 것'이다(19하절; 26:21; 27:36).

이 본문이 단순히 두로 왕의 교만과 그에 따른 파멸을 말하고 있지만, 본문에 나타난 두로 왕의 모습과 특징은 하나님을 대적하는 교만한 존재를 일반적으로 상징한다고 볼 수 있다. 이런 교만한 모습과 그에 따른 불행한 운명은 사탄을 비롯해 하나님을 대적하는 사람들의 모습이라고 할 수 있다.

2. 설교를 위한 적용

첫째로, 유혹의 중심에 번영과 부의 약속이 있다.[21] 두로가 영예와 인기와 세력을 구축한 것은 근본적으로 물질적인(경제적인) 힘에 기초하고 있다(27:3~25). 오늘날에도 사람들은 돈이 있으면 인기와 영광과 힘이 따라온다고 생각한다. 가장 강력한 유혹은 물질에 대한 욕심이다. 이 유혹을 받으면 사람은 타락하기 쉽다. 곧 불의와 정욕과 근심에 빠지게 된다(딤전 6:9~10; 겔 26:2). 이런 유혹의 속내에는 거짓, 결국 환멸로 이끄는 거짓된 환상이 있다. 하나님께서는 탐욕을 벌하신다(26:3~14, 19~21). 왜냐하면 탐욕은 우상 숭배이기 때문이다(골 3:5). "신실함이 우상 숭배보다 더 나은 거래"[22]이다. 물질이라는 우상은 잠깐의 쾌락을 가져다주지만, 지속적인 만족과 평화와 행복을 가져다주지 못한다. 물질을 숭배하는 자는 곧 파멸과 수치를 경험하게 된다.

둘째로, 물질의 풍요와 세력은 교만을 불러오기 십상이다(2~5절). 교만은 우리를 하나님께 대적하는 차원까지 이끈다(2절). 교만은 그 자체가 범죄이지만 또한 파생적인 범죄(불의와 강포)로 우리를 이끈다(15~16절). 교만에는 반드시 패망이 따라오게 마련이다(7~10, 16하~19절). 결국 우리는 자신이 하나님이 아님을 인정하며 교만해지지 않도록 경성해야 한다. 특히 번영할 때 깨어 있어서 교만으로 인해 실족하지 않으며, 하나님의 능력과 지혜이신 예수님을 의지해야 한다.

열방에 대한 심판과 이스라엘에 대한 소망의 약속
(겔 28:20~26)

1. 본문 주해

지금까지 모든 열방 신탁들이 언약 백성을 향한 간접적인 위로와 재확신을 위한 것임이 20~26절의 시돈에 대한 신탁과 이스라엘에 대한 격려의 메시지에서 확연히 드러난다. 불의한 핍박자에 대한 보응과 하나님의 백성에 대한 신원이라는 주제는 데살로니가후서 1:6~7의 바울의 메시지에서도 잘 드러난다.[23]

1) 시돈을 향한 심판(20~23절)

시돈에 대한 심판의 이유가 명시되어 있지 않지만, 아마 에스겔은 시돈이 두로와 밀접하게 동맹을 맺고 있어서 비슷한 죄를 예시하는 것이 불필요하다고 여겼을지도 모른다. 어쨌든 하나님께서 시돈에 대해 염병과 칼로 심판하실 때(23절), 하나님의 거룩하심과 영광이 나타날 것이며 시돈 사람들은 하나님을 인정하게 될 것이다(22하, 23하절).

2) 이스라엘에 대한 소망의 약속(24~26절)

결국 이스라엘의 주위에서 그들을 못살게 하던 민족들은 없어질 것이다(24절).[24] 이스라엘에 고통을 안긴 열국이 심판을 받게 되고(26중절) 이스라엘은 회복해 '약속의 땅'에서 평안히 살게 될 때, 하나님의 백성과 열방의 모든 족속들은 하나님을 인정하게 된다(25~26절). 하나님의 공의와 평화와 진리가 지배하는 때가 곧 올 것이며 그때까지 하나님의 언약 백성에게 믿음이 필요하다. 그때에 언약 백성은 다시 하나님에 의해 쓰임 받을 것이며 하나님의 승리에 동참할 것이다.

2. 설교를 위한 적용[25]

하나님께서 세상 모든 영역을 지배하고 다스리신다(20~24절). 이로 인해 우리는 궁극적인 승리에 대한 소망과 긍정적인 삶의 태도를 개발하고 누리는 자들이 되어야 한다. 하나님께서 우리의 삶이나 역사에 개입하실 때 그분의 거룩하심과 영광을 위해 그렇게 하신다(22절).

그러므로 우리는 자신도 모르는 사이에 빠져 드는 인간 중심의 사고와 태도를 경계해야 한다.

하나님께서는 반드시 약속(언약)을 지키는 분이시다(25~26절). 우리는 하나님의 약속의 말씀을 붙잡고 살며, 하나님께서 그것을 이뤄 주실 때까지 신실하게 맡은 바를 감당해야 한다.

맺는 말

열방에 대한 심판 신탁은 언뜻 보기에 이해하기 어렵고 우리와 관련성이 적어 보이지만, 그 안에 어느 본문 못지 않게 귀중한 신학적 진리들이 담겨 있다.

하나님께서는 역사의 주인이고 우리의 삶을 주관하는 분이시다. 하나님의 능력이 부족해 그분의 백성을 곤궁과 낭패를 당하도록 허용하시는 게 아니라, 하나님의 섭리이기 때문에 그렇게 하시는 것이다. 하나님께서 백성의 죄 때문에 때로 이방인들을 사용하여 그분의 백성을 심판하시지만, 그로 인해 하나님의 능력을 불신하거나 조롱하는 사람들도 심판하신다.

하나님의 백성에게 궁극적인 약속의 성취와 풍성한 은혜가 예비 되어 있다. 따라서 우리는 모든 경우에 하나님께서 하나님 되심을 인정해야 한다. 왜냐하면 어차피 인정하지 않을 수 없기 때문이다. 우리가 하나님의 주권자 되심을 믿음으로 영접한다면, 그것은 우리의 삶에 소망과 격려를 가져다준다. 어떤 상황에서도 말이다. 이것을 믿는 하나님의 백성은 경성하여 물질에 대한 욕심이라는 우상과, 교만이라는 세상의 유혹을 이겨 내야 한다. 그렇지 않으면 심판과 패망, 수치와 파멸이 뒤따라오게 된다.

또한 우리는 하나님께서 약속을 지키는 신실한 분이심을 믿고 그분의 주권자 되심을 인정하면서, 이웃의 불행을 기뻐하기보다 공의와 인자로 행해야 한다.

12

상한 팔과 이미 꺾인 팔

에스겔 29~32장 주해와 적용

본문의 개요

이스라엘의 지경을 넘어 열방을 향한 야웨 하나님의 공의로우신 행위는 심판의 도구로 세워진 바빌론 느부갓네살 왕의 최대 강적인 애굽에 임한다. 이는 야웨께서 이스라엘의 수호신이 아니라 열방의 유일하신 하나님이심을 밝히는 것이다. 카이런스(Ian Cairns)가 지적한 것처럼, 그분은 '이스라엘의 하나님'(God of israel)인 동시에 '열방의 하나님'(God of nations)이시다.[1] 우주 만물을 창조하신(창 1:1) 야웨 하나님은 천지의 주재로서 모든 땅과 백성을 다스리는 통치권을 갖고 계신다(행 17:24~26). 따라서 이스라엘을 심판하시는 하나님은 애굽도 심판하신다. 그 내용을 에스겔서는 애굽 심판 단락(29~32장)에서 열방 심판 문서들 중에 가장 방대한 양을 할애해 일곱 개의 신탁으로 나눠 다루고 있다.

에스겔서는 일곱 개의 애굽 신탁이 주전 587~571년 사이에 기록되었음을 증언한다. 두로의 함락(주전 571년)과 관련된 제2신탁을 제외하고 모든 신탁들은 예루살렘이 바빌론으로부터 포위당하고(주전 588년) 함락된(주전 586년 7월) 주전 587~585년 사이에 예고되었음을 볼 수 있다. 애굽은 신왕국 시대(주전 1580~708년) 이후 기울기 시작한 세틋 왕조(Saite Dynasty, 주전 663~525년)의 두 번째 왕 느고(주전 609~594년)가 므깃도 전쟁에서 유다의 요시아 왕

을 죽이고 잠시 팔레스타인을 점령했지만, 주전 605년 유프라테스 강가 갈
그미스 전쟁에서 느부갓네살 왕에게 패해 애굽으로 후퇴한다(렘 46:2; 대하
35:20).

그 후 느고 왕의 손자 호프라(주전 588~560년)가 잠시 시드기야를 도와 유
다에 영향을 미쳤지만(렘 37:5~7), 주전 566년에 그의 후계자 아마시스에게
살해당한다. 결국 애굽은 과거의 전성기를 다시는 회복하지 못하고 주변 세
력으로 존속하다가 알렉산더에 의해 종말을 맞이한다. 이에 존 위버(John W.
Weaver)는 에스겔의 애굽 신탁이 호프라 왕(주전 588~560년)을 염두에 둔 것이
라고 주장한다.[2]

호프라 왕조는 애굽 신탁에서 언급된 바로의 모습과 애굽의 패망을 가장
잘 반영한다고 볼 수 있다.

〈일곱 개의 신탁〉

신탁	본문	종교 달력과 양력	주요 내용
제1신탁	29:1~16	제 십 년 시월 십이 일 1월 7일, 주전 587년	바로 왕은 저주를 받을 것이고 애굽은 과거의 전성기를 다시는 회복하지 못할 것이다.
제2신탁	29:17~21	제 이십칠 년 정월 초일 4월 26일, 주전 571년[3]	바빌론 느부갓네살 왕이 애굽을 정복할 것이다.
제3신탁	30:1~19	없음[4]	언약 백성(유대인들)을 포함해 애굽과 동맹한 모든 종족들이 심판받을 것이다.
제4신탁	30:20~26	제 십일 년 정월 칠 일 4월 29일, 주전 587년	바로 왕의 성한 팔과 이미 꺾인 팔이 모두 꺾일 것이다.
제5신탁	31:1~18	제 십일 년 삼월 초일 6월 21일, 주전 587년	예표로써 백향목과 같던 앗수르의 멸망
제6신탁	32:1~16	제 십이 년 십이월 초일 3월 3일, 주전 585년	바로에 대한 애가
제7신탁	32:17~32	제 십이 년 어느 달 15일 15일, 주전 585년[5]	장송곡

본문 주해

1. 제1신탁－과거의 전성기를 잃어버릴 애굽(29:1~16)

구약에서 이스라엘과 애굽은 지정학적, 신앙적 여러 요소들로 인해 역사적으로 밀접한 관계를 맺고 있다. 아브라함은 우르를 떠나 가나안에 정착하기 전에 애굽으로 내려가(창 12:10), 그곳에서 광야 네게브를 거쳐(창 13:1), 가나안 헤브론으로 재진입했다(창 13:18). 나중에 이스라엘도 족장 아브라함의 길과 유사한 지리적 병행을 경험하게 되었다. 이스라엘은 가나안에서 애굽으로 내려가 잠시 번영을 누렸지만 끝내 노예가 되어 광야를 거쳐 가나안을 정복하게 되었다. 그런 여정에서 애굽은 아브라함이 아내 사라를 누이로 속이면서까지 명예와 안전에 위협을 받았던 곳이며, 이스라엘이 종노릇하던 곳으로써 대체적으로 부정적인 이미지를 지니고 있다. 애굽은 죄악 된 곳이고 심판의 대상이며(사 19~20장), 영적으로 타락한 소돔과 비교된다(계 11:8). 이스라엘은 애굽에서 눈에 가증한 우상 숭배를 배웠다(20:7). 애굽에서의 노예 생활을 통한 그들의 신음은 깊은 고통을 대변한다(출 3:7; 6:5).

그 반면에 애굽은 이스라엘에게 있어서 복된 곳이기도 하다. 이스라엘은 애굽 땅에서 기근을 면하고 번식하며 창성해 심히 강대해졌다(출 1:7). 애굽은 나일강의 규칙적인 수량과 안정된 자연 환경으로 인해 먹을 것이 비교적 풍부했던 곳이다. 따라서 이스라엘 백성은 광야에서 과거 애굽 땅에서 "고기 가마 곁에 앉았던 때와 떡을 배불리 먹던 때"(출 16:3)를 그리워하기도 했다. 분명한 것은 애굽은 한때 고대 근동의 문명을 지배하던 나라였고, 언약 백성인 이스라엘의 번영 과정에 긍정적인 영향을 끼쳤던 대제국이었다. 또한 출애굽 과정을 통해 야웨 하나님의 위대하심을 경험하기도 했다.

그러나 이제 바로 왕과 애굽은 에스겔 선지자를 통해 과거의 전성기를 다시는 회복하지 못할 것이라는 심판을 예고 받는다. 애굽에 사는 사람들과 짐승들은 칼로 끊어질 것이고(8절), 믹돌에서 수에네까지(10절)[6] 애굽의 모든 영토가 40년 동안 황폐해지고 과거의 전성기를 회복하지 못하게 될 것이다

(8~16절). 이는 바빌론 제국이 바사에 의해 붕괴되기(주전 532년)까지 애굽이 느부갓네살 왕의 칼에 의해 정복당한 때로 고레스에 의해 국권을 회복할 때까지 약 40여 년의 세월을 의미한다고 볼 수 있다. 이런 심판에는 크게 두 가지 원인이 있다.

첫째, 바로의 교만함 때문이다(3~5절). 바로는 애굽의 번영을 상징하는 나일강을 스스로 '내 것이라 내가 나를 위하여 만들었다'(3, 9절)라고 말한다. 그리고 바로는 나일강의 생태계를 지배하는 '큰 악어'[7]로 묘사된다. 그러나 그는 그 강들 중에서 나오게 될 것이며(4절), 애굽 백성들을 반영하는 강의 풍요로운 어류들은 갈고리에 꿰어 마른 땅에 던져져 들짐승과 공중 새들의 식물로 주어질 것이다(5절). 이스라엘의 출애굽 사건을 통해 경험한 야웨 하나님을 경외하지 않고 나일강의 이점을 의지하며 교만했던 바로와 애굽의 비참한 종말이 예고된 것이다. 나일강은 여전히 흐르지만 바로와 그 백성들은 그곳에서 추방될 것이다.

둘째, 바로와 애굽은 이스라엘이 기댈 때마다 나일강에 무수한 쉽게 부러지는 갈대 지팡이와 같이 이기적 행위를 반복했기 때문이다(6~7절). 이스라엘은 애굽과 여러 번 동맹을 맺었으나 어려움을 당할 때마다 애굽에게 배신을 당해 치명적인 상처를 입었다. 호세아 시대의 이스라엘과 시드기야 시대의 유다는 갈대 같은 애굽과의 동맹 때문에 온 백성이 치명적인 수난을 겪어야 했다. 그러므로 에스겔은 자신의 이익만을 채우기 위한 약속과 갈대 같은 강대국들과의 동맹이 어떤 심판을 초래하는지를 분명히 경고하고 있다.

■ 설교를 위한 적용: 청지기로서 삶

애굽은 과거의 전성기를 영원히 잃어버렸다. 그것은 청지기로서 기능을 상실했기 때문이다. 하나님께서 우주 만물을 창조하고 그 모든 것들을 인간에게 맡기셨다(창 1:28~30). 이는 소유권을 부여하신 것이 아니라 만물을 잘 다스리고 섬겨야 하는 청지기직을 위임하신 것이다.

그래서 이스라엘은 희년 제도를 통해 그들이 궁극적으로 땅의 소유자가 아니라 나그네와 같이 우거하는 자임을 알아야 했다(레 25:23). 그렇지 않으면 그 땅은 그들을 토해 낼 것이다(레 18:28). 만물의 주권자는 오직 하나님이시며 인간은 그분의 땅에 잠시 거하는 청지기임을 분명히 하기 위함이다.

이런 하나님의 법칙에 개인이나 국가도 예외가 아니다. 애굽은 고대사에서 가장 부강한 제국이었다. 나일강 델타 지역을 따라 번성한 풍요로운 농경으로 인해 찬란한 고대 문명을 발전시켰다. 그러나 불행하게도 그런 영화로 애굽은 이웃 나라들에 대해 청지기직을 상실하고 오직 바로 왕의 중앙 집권 체제의 강화만을 꾀했다. 그리고 바로는 교만해(3~5절) 나일강을 바라보며 스스로 '내 것이라 내가 나를 위하여 만들었다'(3, 9절)라고 감탄하고, 도움을 필요로 하던 이웃 나라들과 이스라엘에게 기댈 수 없는 나일강의 갈대 지팡이 같은 이기적 행위만을 반복했다(6~7절). 그 결과는 회복할 수 없는 파멸이었다(8~16절).

오늘날 자신과 교회 그리고 국가가 누리는 그 어떤 것이 있다면 그것은 온전히 하나님께로부터 온 것이요 이웃과 온누리를 향한 청지기직 수행을 위한 것임을 알아야 한다. 우리에게 있는 지식, 건강, 물질, 사회·정치·경제적 이득 등으로 인해 바로와 같이 교만해져 청지기적 소명을 상실한다면 우리도 에스겔이 예견한 애굽의 파멸과 같은 것을 면치 못할 것이다. 청지기로서 삶을 포기하는 것은 곧 하나님의 심판을 촉구하는 일이다.

2. 제2신탁─하나님의 심판의 도구로 사용된 느부갓네살 왕(29:17~21)

하나님께서 느부갓네살 왕을 통해 애굽뿐 아니라 두로도 심판하셨다(26:1~28:19). 느부갓네살 왕과 바빌론 군대는 섬이었던 두로를 육지에서 공격하기 위해 13년 동안 제방 공사를 벌이면서 흙과 돌들을 나르느라고 머리털과 어깨가 벗겨지는 큰 고통을 겪었다. 하지만 그들은 기대에 부응하는 전리품들을 얻지 못했다(18절).

두로는 그 시대에 국제적 주요 금융 국가로써 그를 정복하면 큰 보수가 있을 것으로 여겨졌지만, 보화의 대부분은 멀리 배로 운송된 상태였다. 여기서 에스겔서는 하나님께서 거룩하신 섭리에 따라 수행한 바빌론 왕과 그의 군대에게 애굽의 전리품으로 보상하실 것임을 밝힌다(19~20절).

하나님께서 그분의 언약 백성뿐 아니라 바빌론도 그분의 선한 도구로 사용하실 수 있다. 나중에 바빌론이 심판을 받을 때 바사 왕 고레스가 하나님의 종으로 쓰임을 받은 것(사 45:1~8)처럼, 에스겔서에서 느부갓네살 왕은 애굽을 심판하시는 하나님의 도구로 등장한다.

이런 하나님의 사역 선택은 뿔로 상징된 언약 백성의 힘을 키워 주고 에스겔의 말씀 사역을 회복시킬 것이다(21절). 그러므로 "우리는 실제적으로 작용하는 도구들 자체에 관심을 기울이기보다 오히려 그 도구들을 사용하고 규제하시는 하나님의 손에 관심을 기울여야 한다."[8] 심판의 궁극적인 기준은 도구(바빌론이나 바사의 왕)에 있는 것이 아니라 언약 백성을 향하신 하나님의 영원하신 공의와 섭리에 있는 것이다.

■ 설교를 위한 적용: 우리를 괴롭히는 느부갓네살들

바빌론의 느부갓네살 왕은 여러모로 역사 속에서 존경받을 만한 인물은 절대 아니었다. 그는 오늘날 민주주의 시각에서 평가해 볼 때 고대 근동 제국사에서 또 한 명의 폭군이었다. 하지만 그는 애굽을 심판하는 데 있어서 하나님의 도구로 사용되었다(29:18; 30:10). 그뿐 아니라 언약 백성인 유다를 심판하는 데 있어서도 그 사역을 수행했다(렘 25:1~14). 느부갓네살 왕으로 인한 애굽의 멸망은 격렬했고 비극적이었다. 애굽이 자랑하던 부와 소산이 노략당하고(19절), 도시는 불에 탔으며 백성들은 칼에 피를 흘렸다(30:1~9). 찬란하던 제국이 수치스러운 파멸을 면치 못한 것이다. 하지만 그런 바빌론 왕도 실제로 하나님의 심판의 한 도구에 불과했다. 그러므로 바로는 자신을 괴롭히는 느부갓네살 왕으로부터 벗어나려 했지만 그 뒤에 계시는 하나님의 공의로우신 심판을 피할 수 없었다.

오늘날 우리 주위에는 우리를 괴롭히는 수많은 느부갓네살들이 상황을 살피고 있다. 어떤 때는 여러 모양의 폭력, 경제적 압박, 신체적 고통, 정신적 모욕, 국가적 재난 등으로 우리를 파멸로 몰아간다. 그런 것들은 절대 선한 일이 아니며 근본적으로 하나님께로부터 온 것도 아니다. 하지만 그때마다 우리는 깊이 생각해 봐야 한다. 혹시 그것이 하나님의 심판의 도구는 아닌지 말이다. 자신에게 있는 모든 무기들을 동원해 갈그미스 전쟁터로 뛰어가 느부갓네살과 싸우기보다 환난 날에 하나님 앞에 나아가 우리의 교만과 죄악과 상실한 사명감들을 다시 한 번 돌아보며 그분의 도우심을 비는 참된 겸손과 지혜가 필요하다.

3. 제3신탁—언약 백성을 포함한 애굽과 동맹한 모든 자들의 파멸 (30:1~19)

"애굽에 칼이 임할 것이라"(4절). 애굽을 심판하는 본문의 신탁에서 그 도구로써 가장 많이 사용된 용어는 치명적인 칼(4, 5, 6, 11, 17절)이다. 그 칼은 열국 중에 가장 강포한 바빌론의 느부갓네살 왕의 손에 있다(10~11절). 이는 그 심판이 얼마나 강렬하고 비참한가를 예고한다. 그 칼은 바로와 애굽 백성뿐 아니라 믹돌에서 수에네까지 "애굽을 붙들어 주는"(6절) 모든 자들에게 가해진다.

첫 번째는 애굽이 자랑하던 모든 것들이 그 칼에 의해 전멸된다. 나일강을 따라 펼쳐진 옥토를 박탈당할 것이고(12절), 애굽이 자랑스럽게 여기는 멤피스의 우상들이 파괴될 것이며(13상절), 신으로 여겨졌던 애굽의 왕자들이 끊어질 것이고(13하절), 애굽의 요새로 유명한 신과 한때 북쪽 수도였던 바드로스가 함락될 것이며(14~16절), 애굽의 최대 신들인 태양 신과 고양이의 모습을 한 여신의 신전이 있던 아웬과 비베셋에서 풍요를 누리던 젊은이들이 칼에 엎드려지고 그 성읍 거민들은 포로가 될 것이다. 이는 애굽의 경제와 정치 권력 구조뿐 아니라 종교 제도까지 모든 것들이 전멸할 것을 예고한다. 특히 18절은 종말론적 심판을 묘사함으로써[9] 그 응징의 심각성을 부각시킨다.

두 번째는 애굽을 붙들어 주던 모든 자들에 대한 심판이다(5절). 본문에는 여섯 그룹이 언급되고 있는데, 이 그룹들은 아마 애굽 원정에 용병을 제공했던 동맹국들이었을 것이다. 그들은 애굽과 함께 느부갓네살 왕의 칼에 엎드려질 것이다(5절). 창세기 10:6 계보에 의하면, 구스와 붓(38:5; 렘 46:9)은 애굽 및 가나안과 함께 함의 아들임을 알 수 있다. 그들은 한때 애굽의 지배를 받기도 하고 독립적인 왕국으로 존속하기도 했다. 헤로도토스(Herodotus)에 의하면, 룻(27:10)과 굽(단 11:43)도 애굽에 용병을 지원했다.[10] "모든 섞인 백성"(5절)은 아마 아랍인들을 의미하는 것 같다(출 12:38; 렘 50:37). 그러나 이 본문에서 이해하기 힘든 그룹은 '동맹한 땅의 백성들'이다. 히브리어 '브네 에렛츠 하브리트'(בְּנֵי אֶרֶץ הַבְּרִית)는 '언약 땅의 백성들'로써, 이는 애굽에 거주하던 유대인들보다 애굽 왕과 동맹을 맺은 유대 용병들을 가리키는 것으로 추정할 수 있다.

중요한 것은, 공통적으로 이 그룹들은 애굽이 강성해지고 교만해지는 데 동참했다는 점이다. 이로써 에스겔서는 하나님의 심판은 악을 행한 한 개인뿐 아니라 그와 연관된 모든 것들 그리고 그와 함께한 모든 자들을 포함한다는 경보를 울리고 있다.

■ 설교를 위한 적용: 악인과 함께한 대가

시편 기자는 복 있는 사람의 특징에 대해 다음과 같이 묘사한다. "복 있는 사람은 악인의 꾀를 좇지 아니하며 죄인의 길에 서지 아니하며 오만한 자의 자리에 앉지 아니하고 오직 여호와의 율법을 즐거워하여 그 율법을 주야로 묵상하는 자로다"(시 1:1~2). 가장 행복한 사람은 악인의 계획과 삶의 방식 및 사업에 함께하지 않는다. 그리고 오직 여호와의 율법을 따라 살아간다. 성경은 궁극적으로 돈이 많은 사람, 건강한 사람, 권력이 있는 사람을 행복하다고 말하지 않는다. 죄와 상관이 없는 사람을 가장 행복하다고 말한다. 애굽 신탁에서 하나님의 심판은 애굽에게만 가해지는 것이 아니라 애굽의 악한 제국주의 원정에 동맹한 모든 족속들에게도 예고되고 있다(5절). 여기에 '언약 땅의 백성들'(5절)도 예외일 수 없다. 바로와 동맹한 유대인들도 애굽과 함께 하나님의 심판을 받게 된다. 그들은 불행한 사람들이다. 왜냐하면 악인과 함께한 대가를 치러야 하기 때문이다.

신명기 17:14~19은 하나님께서 원하시는 왕의 모습에 대해 자세히 기술하고 있다. 그 왕은 하나님께서 선정하실 사람으로 하나님의 말씀을 주야로 묵상해 실행에 옮겨야 한다. 여기서 이 왕에 대한 자격이나 모습이 고대 근동의 보편적인 왕의 특징과 매우 대조적이다. 여호와 하나님께서 선정하시는(17:15) 왕이 지켜야 할 것이 있다. 첫째로, 말을 번식시키지 말아야 한다(17:16). 이는 군사력이 약해질 수 있는 상황을 초래하기 때문이다. 둘째로, 아내를 많이 두지 말아야 한다(17:17). 이는 외국과의 동맹이 저조해질 수 있기 때문이다. 셋째로, 은금도 늘려서 안 된다(17:17). 이는 재정적으로 어려움을 야기할 수도 있기 때문이다.

이것은 고대 근동에서의 왕에 대한 보편적 상식을 정리하게 한다. 한 나라의 왕으로서 군사력과 탁월한 외교력 그리고 튼튼한 재정에 대한 정책을 포기하라면 왕이라는 의미가 무의미해질 것이다. 그러나 하나님께서 이 왕에게 모든 것들에 앞서 율법서를 베껴 자신과 함께 두고 평생 읽으며 그 말씀을 지키라고 명하신다(17:18~19). 즉 하나님의 말씀을 따라 언약 백성을 잘 다스려야 한다는 것이다. 바로는 이런 신명기적 왕권의 정반대편에 섰던 자다. 그에게는 강한 군사력과 외교력 그리고 재정이 있었다. 하지만 그런 모든 것들이 하나님의 말씀과 단절된 상태에서 결국 악한 일을 도모하는 데 쓰였으며 따라서 하나님의 심판을 피하지 못하게 되었다.

중요한 것은 애굽 신탁에서 이런 심판이 바로에게만 국한되지 않고 그와 함께한 모든 열방에게 가해진다는 점이다. 하나님의 말씀과 뜻을 벗어나 계획되고 얻어지는 모든 것들은 끝내 악한 것이고, 이에 동참한 자들도 그 대가를 치르게 될 것이다. 그러므로 우리는 악인을 멀리하고 '믿음의 주요 또 온전케 하시는 이인 예수 그리스도를 바라봐야' 한다. 그분의 길에 진리와 생명이 있으므로 그 안에서 성도들과 함께 선한 것들을 도모하며 살아갈 때 복 있는 사람임을 경험할 수 있다.

4. 제4신탁-바로의 성한 팔과 이미 꺾인 팔이 모두 꺾일 것이다
   (30:20~26)

본문은 애굽 왕의 팔이 칼을 잡지 못할 정도로 점진적으로 꺾이는(21절) 반면에, 바빌론 왕의 팔은 견고하게 되어 칼을 잡고 애굽을 치게 될 것이라고 예고한다(24~25절). 바로는 이미 꺾인 팔을 싸매지도, 약을 바르지도 못하는 상태이다(21절). 아마 이는 팔레스타인을 점령하고 있는 바빌론 군대를 몰아내기 위한 원정(주전 588년)에서 실패해 타격을 입은 그의 약화된 군사력을 암시하는지도 모른다.[11] 이런 바로의 파멸은 그의 '성한 팔과 이미 꺾인 팔'(22절)이 모두 꺾이면서 완전히 와해된다. 성한 팔과 이미 꺾인 팔은 바로의 호프라 왕의 말년 정황을 잘 반영한다. 호프라 왕(주전 588~560년)은 통치 초기에 유능한 행정력과 군사력으로 구브로와 시돈을 점령하고 페니키아와 팔레스타인을 자신의 영향권 안에 두기도 했다.

그러나 리비아를 돕기 위한 원정에서 헬라인들에게 크게 패배함으로써 내란을 겪게 된다. 이를 잔인하게 진압하기 위해 그의 부하 아마시스를 파견하지만, 오히려 애굽 병사들은 아마시스를 왕으로 추대하고 반격을 가해 호프라는 부분적으로 영토를 상실하고 상부 애굽으로 밀려나 나머지 애굽 지역의 통치권을 아마시스에게 빼앗긴다. 이런 중앙 집권력과 군사력의 약화는 호프라의 '성한 팔과 이미 꺾인 팔'을 잘 나타낸다. 바빌론의 느부갓네살 왕은 이 틈을 타서 아마시스를 대리인으로 삼고 애굽의 전리품을 챙겨 귀국하게 된다. 마침내 애굽은 내분으로 인해 열국 중에 흩어지고 열방 중에 헤쳐졌으며(23, 26절), 바빌론 왕 앞에서 고통 하기를 상한 자가 고통 하듯이 하게 된다(24절). 이는 애굽에서 도움을 얻고자 했던 유다의 기대를 억누르고 야웨 하나님께서 누구이신지를 열방이 증언케 한다(29절).

바로의 호프라 왕은 팔레스타인과 리비아 원정에서의 패배에도 불구하고 교만을 떨쳐버리지 않는다. '고통을 견디지 못하는 민중의 신음에 귀를 기울이지 않아 끝내 반란으로 나타난 그들의 목소리를 잔인하게 짓밟았다. 아직도 그의 한 팔이 성했을 때 그가 회개했더라면 심판의 진노를 면했을지도 모른다. 불행하게도 그의 팔은 점진적으로 꺾이기 시작하고 남은 성한 팔을 꺾으시는 하나님의 심판 앞에 그가 의지하던 전략과 군사력은 지극히 미약한 것에 불과했다. 또한 유다는 이미 꺾인 팔을 가진 애굽을 의지하며 바빌론의 점령을 모면하려 했다. 우리가 진정으로 의지할 자는 오직 야웨 하나님뿐이시다.

■ 설교를 위한 적용: 기다리시는 하나님

애굽은 하룻밤 사이에 파멸에 이른 것이 아니다. 애굽 왕의 팔이 칼을 잡지 못할 정도로 꺾이기까지 수천 년의 세월이 흘렀다(21절). 바로에게 이미 꺾인 팔도 있었지만 아직 성한 팔도 있었다(22절). 그러나 바로는 회개하지 않아 끝내 애굽의 파멸을 야기했다. 하나님은 기다리는 분이시다. 바로의 두 팔을 한 번에 모두 꺾지 않고 오래 참고 기다리셨다. 소돔과 고모라에 대한 부르짖음이 크고 그 죄악이 심히 중할 때까지 오랫동안 기다리셨고(창 18:20), 아모리 족속의 죄악이 관영할 때까지 400년을 기다리셨다(창 15:16). 하나님은 노하기를 더디 하며 은혜 베풀기를 원하는 분이시다(민 6:25). 그분의 심판은 근본적으로 응보적인 것이 아니라 구속적인 것이며 그분의 공의로우심으로부터 방사된 것이다(신 32:4).

세상 어디를 봐도 꺾이지 않은 건강한 두 팔을 볼 수가 없다. 꺾인 개인, 가정, 교회, 사회, 국가, 해 아래 모든 것들이 꺾인 팔을 가진 장애 속에 살고 있다. 그런데 아직 우리는 성한 팔이 하나 남았다고 바로와 같은 교만을 버리지 못하고 있다. 그 성한 팔이 돈일 수도 있고, 권력일 수도 있으며, 지식과 미 그리고 건강일 수도 있고, 인맥과 사상일 수도 있다. 그래서 우리는 아직도 그 한 팔을 가지고 하나님을 대적하며 방탕과 죄악과 우상 숭배를 고집한다.

지금도 하나님께서는 마지막 심판을 한없이 미루면서 기다리신다. 자신의 독생자 예수 그리스도를 십자가에서 속죄 양으로 죽이면서까지 우리가 돌아오기를 기다리신다. 그러나 바로의 성한 팔과 이미 꺾인 팔이 모두 꺾이는 것같이 그 기다림은 영원하지 않을 것이다. "오라 우리가 여호와께로 돌아가자 여호와께서 우리를 찢으셨으나 도로 낫게 하실 것이요 우리를 치셨으나 싸매어 주실 것임이라"(호 6:1).

5. 제5신탁 - 백향목과 같던 앗수르의 멸망(31장)

애굽을 누구와 비교할 것인가? 그것은 레바논의 백향목과 같던 옛 앗수르 제국이다(2~3절). 이는 영광스러웠던 전성기에도 불구하고 이미 파멸된 앗수르 제국이 애굽의 과거와 미래를 비춰 주기 때문이다. 또한 느부갓네살 왕은 앗수르 제국을 진멸시킨 자로서(주전 609년) 20년 후에 애굽마저 정복할 사람이기 때문이다. 과거 앗수르는 레바논의 백향목과 같았다. 대체로 메마르고 사막화된 고대 근동에서 레바논은 헤브론 산의 눈이 녹아 흘러내리면서 그 영양이 풍부하고 깨끗한 물로 인해 푸른 숲을 이뤘으며 각종 조류와 동물의 생태계를 이뤘다. 특히 강을 따라 25m나 높이 솟아 있던 백향목들은 레바논의 아름다움과 부를 창출해 주었다(3~9절). "네 큰 위엄을 뉘게 비하랴"(2절), 이 물음에 대한 대답으로써 옛 앗수르 왕이 언급되며 그는 "가지가 아름답고 그늘은 삼림의 그늘 같으며 키가 높고 꼭대기가 구름에 닿은 레바논 백향목"(3절)과 같았다. 그런 백향목의 그늘 아래 모든 큰 나라가 거하였고(6절), 그 뿌리가 큰 물가에 있으며 그 나무가 크고 아름다우며 가지가 길어 "하나님의 동산의 백향목이 능히 그를 가리우지 못하며 잣나무가 그 굵은 가지만 못하며 단풍나무가 그 가는 가지만 못하며 하나님의 동산의 아무 나무도 그 아름다운 모양과 같지 못하였도다"(8절).

여기서 '하나님의 동산'이란 인간적인 위대함이 모두 모인 곳이며 이는 하나님께 기원을 둔 것을 뜻한다.[12] 즉 하나님께서 만드신 이 세상의 어떤 위대한 사람도 앗수르 왕의 권세와 위엄을 능가하지 못했다는 것이다. 이렇게 레바논의 백향목과 같던 앗수르 왕이 파멸한 이유는 무엇인가?

그것은 그의 교만한 마음이 구름에 닿았기 때문이다(10절). 이는 애굽 왕이 교만했던 것과 유사하다. 본문 후반부는 결국 열국의 능한 자(11절)와 열국의 강포한 다른 민족(12절)으로 묘사된 바빌론에 의해 그 백향목이 찍힐 것을 예고한다. 그러면 생태계의 풍요로움과 그늘 아래 거했던 모든 것들이 떠나가며(12절), 앗수르의 팔이 되었던 자들과 함께 음부에 내려가게 될 것이다. 마찬가지로 바로와 그의 모든 군대들도 유사한 종말을 맞이하게 될 것이다(18절).

앗수르는 영토의 크기와 정치적 세력에서 애굽을 능가했던 대제국이었다. 레바논의 물과 숲과 동물로 상징되던 풍부한 자원과 고대사에서 가장 잔인했던 것으로 알려진 강한 군사력과 하나님의 동산의 백향목이 능히 그를 가리지 못할 정도로(8~9절) 이웃들의 부러움을 독차지했다. 그러나 꺾이지 않는 교만(10절)과 만연한 악행(11절) 그리고 동맹 관계의 상실(12~13절)은 끝내 하나님의 심판을 가져오고 말았다. 불행한 점은 이미 역사 속에서 그것을 목격했음에도 불구하고 반복한 애굽의 파멸이었다.

■ 설교를 위한 적용: 화려함 너머에

고대 근동에서 레바논의 백향목은 부러움의 대상이었다. 그 웅장함과 화려함에 제국들은 앞다퉈 그 나무를 차지하려 했다. 솔로몬도 성전 건축에 레바논의 백향목을 사용했다. 하늘 높이 뻗은 백향목은 대체로 메마른 근동 지방에서 미와 부의 상징이었다(3~9절). 그런 백향목과 비교된 것이 바로 앗수르 왕이다. 그는 "가지가 아름답고 그늘은 삼림의 그늘 같으며 키가 높고 꼭대기가 구름에 닿은 레바논 백향목"(3절) 같았다. 하지만 그런 화려함 이면에 앗수르 제국의 교만(10절)과 폭행(11절) 그리고 이웃 나라에 대한 무자비한 억압으로 인한 고립(12~13절)의 그림자가 있었다. 그런 위선은 끝내 하나님의 심판을 자처하게 되었다. '화 있을진저'(사 5:8~30). 위선에 빠진 이스라엘을 향하신 하나님의 진노의 말씀이다. 이를 예수님께서 서기관들과 바리새인들에게 경고하신 말씀과 같은 맥락에서 이해할 수 있다(마 23장). 회칠한 무덤은 화려함 이면에 썩고 있는 내면을 의미한다. 율법의 화려함으로 치장한 이스라엘이 마음의 내적 할례를 저버리고 회칠한 무덤과 같은 도덕적 해이 상태에서 돌이키지 않은 것이다.

화려함 너머에 있는 회칠한 무덤, 그것은 불행하게도 옛 앗수르나 애굽의 모습만이 아니라 오늘날 우리의 모습이기도 하다. 나아가 그리스도의 몸 된 교회마저 화려한 거룩의 모양은 있지만 거룩의 능력과 기쁨을 상실해 가고 있다.

회칠한 무덤과 같이 내면의 생명수가 마르고, 세상에 기대고 싶어 하는 초라한 모습으로 전락하고 있다. 우리나라는 전체 인구의 4분의 1이 그리스도인이며 세계에서 두 번째로 선교사를 많이 파송하고 있다. 하지만 이 땅에는 세계에서 가장 술집이 많고, 거대한 집창촌들이 줄을 지으며, 부정부패가 남발하고, 사람들이 밤새 향락과 방탕에 도취되어 있다. 이는 마치 그 화려함으로 인해 앗수르나 애굽같이 교만한 마음이 구름에 닿아 있는 것과 같다(10절).

6. 제6신탁-바로에 대한 애가(32:1~16)

"이는 슬피 부를 애가니 열국 여자들이 이것을 슬피 부름이여 애굽과 그 모든 무리를 위하여 이것을 슬피 부르리로다 나 주 여호와의 말이로다 하라"(16절). 바로는 권력을 제멋대로 휘두르는 젊은 사자와 강을 난폭하게 더럽히는 큰 악어로 묘사되고 있다(2절). 이런 바로의 종말은 하나님의 징벌로 완전히 끝이 난다(3~14절). 그렇게 강대했던 애굽의 파멸을 보고 열방은 두려워할 것이다(15절). 그것은 바로 왕이라는 한 개인의 슬픔이 아니라 애굽 전체를 비극으로 몰고 간다. 그러므로 열국 여자들은 애굽과 모든 무리를 위해 애가를 부를 것이다(16절).

■ 설교를 위한 적용: 애가에서 찬송으로

애굽의 파멸을 슬퍼하는 열국 여인들의 애가에서 우리는 더 이상 소망을 찾아볼 수 없다(16절). 그것은 절망의 노래이고 돌이킬 수 없는 한탄의 소리이다. 젊은 사자와 큰 악어와 같이 화려했던 애굽(2절)은 이제 처량한 애가의 대상이 되었다. 이런 애가를 우리는 화려해 보이는 세상 곳곳에서 듣고 있다. 오늘도 타락한 해 아래 가난과 실패와 질병과 정신적 고난으로 인한 슬픈 노래들이 변함없이 들려온다. 부하고 강한 것 같지만 내적 곤핍함으로 인해 마약과 자살의 헐떡거림이 멈추지 않고 있다. 그런 모순 앞에서 지구촌은 기아와 전쟁과 갈등으로 끊임없이 신음하고 있다. 연약한 여인들과 아이들의 슬픈 울음소리가 허공을 치며 울려 퍼진다. 그것은 바로 왕이 기대하던 모든 것들이 무너졌듯이, 세상이 기대하던 모든 것들이 끝내 헛되기 때문이다(전 1:1).

그러나 애가가 불려야 할 곳에서 찬송하는 자들이 있다. 바울과 실라이다. 그들은 억울하게 옷이 찢기고 온몸이 터지도록 매를 맞으며 그 발이 착고에 든든히 채워져 깊은 옥에 갇혔다(행 16:22~24). 하지만 그곳에서 그들은 애가를 부른 게 아니라 하나님을 찬양했다. 그때 홀연히 큰 지진이 일어나 옥터가 움직이고 옥문이 열리며 모든 사람들의 매인 것이 벗겨졌으며(행 16:26), 그들을 지키던 간수와 가족들도 하나님을 믿음으로 크게 기뻐했다(행 16:34). 우리는 그리스도 안에서 애가에서 찬송으로 전환을 경험하게 된다.

7. 제7신탁 - 장송곡(32:17~32)

본문은 강한 것 같지만 하나님의 심판 아래 곧 파멸할 애굽과 모든 나라들의 무덤 옆에서 장송곡을 부르는 것 같은 에스겔의 애가를 기록하고 있다. 그 무덤 깊은 곳에는 생존하던 세상에서 사람들을 두렵게 했던 레바논의 백향목과 같던 앗수르가 있고(22~23절), 군사력을 자랑했던 엘람이 구덩이에 내려가는 자와 함께 수치를 당하며(24~25절), 메섹과 두발과 모든 무리들이 세상을 두렵게 했던 병기를 가지고 음부에 내려가 자신의 칼을 베개 삼고(26~28절), 강성했던 에돔과 시돈 사람들도 할례 받지 못하고 칼에 살육당한 자들과 함께 그 구덩이에 내려가 수욕을 당하고 있다(29~30절).

무덤은 강한 자들을 약한 자들과 구별하지 않는다. 무덤은 모든 권력과 야망이 헛됨을 보여 준다. "지혜자나 우매자나 영원토록 기억함을 얻지 못

하나니 후일에는 다 잊어버린 지 오랠 것임이라 오호라 지혜자의 죽음이 우매자의 죽음과 일반이로다"(전 2:16). 아마 이런 전도자의 마음으로 에스겔 선지자는 이 애가에서 깊은 연민과 슬픔을 나타냈을 것이다. 바로는 오랫동안 절대적이고 오만한 권력으로 인해 세상에서 사람들을 두렵게 만들었다. 그러나 이제 그는 무덤에서 모든 무리로 더불어 할례 받지 못한 자 곧 칼에 살육당한 자들과 함께 큰 두려움을 경험하게 될 것이다(32절).

■ 설교를 위한 적용: 영화로운 죽음

에스겔의 장송곡(17~32절)은 세상에서 강하고 영화로웠으며 스스로 선민이라고 주장했던 자들이 죽음 앞에서는 할례 받지 못하고 칼에 살육당한 자들과 함께 일반으로 수욕 당하고 있음을 슬퍼한다(29~30절). 인간의 모든 죄악된 욕심은 마침내 죽음 앞에서 그 종착역을 맞이한다(약 1:15). 고대 근동의 역사를 이끌었던 앗수르(22~23절), 엘람(24~25절), 메섹과 두발(26~28절), 에돔과 시돈(29~30절) 사람들이 애굽과 함께 모두 무덤에서 떨고 있다.

그러나 예수 그리스도는 부활하셔서 잠자는 자들의 첫 열매가 되셨다. 만약 그리스도의 부활이 없다면 믿음도 헛된 것에 불과하다. 그리스도 안에서 성도들은 그 삶이 애굽의 바로와 같이 화려하지 않더라도 천사장의 마지막 나팔 소리가 울려 퍼질 때 썩을 것이 썩지 않음을 입고, 죽을 것이 죽지 않음을 입어 영원히 영화로운 몸으로 부활할 것이다. 그러므로 성도들의 죽음은 영화로운 것이다. 바울 사도는 부활의 메시지를 다음과 같이 결론짓는다. "사망아 너의 이기는 것이 어디 있느냐 사망아 너의 쏘는 것이 어디 있느냐 사망의 쏘는 것은 죄요 죄의 권능은 율법이라 우리 주 예수 그리스도로 말미암아 우리에게 이김을 주시는 하나님께 감사하노니 그러므로 내 사랑하는 형제들아 견고하며 흔들리지 말며 항상 주의 일에 더욱 힘쓰는 자들이 되라 이는 너희 수고가 주 안에서 헛되지 않은 줄을 앎이니라"(고전 15:55~58).

맺는 말

애굽의 심판은 하나님의 공의가 역사 속에서 궁극적으로 전개되며 각 나라들의 흥망성쇠를 어떻게 이뤄 가시는지 우리 모두에게 큰 교훈을 준다. 도덕성을 배제한 번영과 하나님을 경외하지 않는 교만은 한 개인을 넘어 국가적으로 비참하고 치명적인 파멸을 초래한다. 그러나 본문에서 우리는 징벌이 있기 전에 하나님께서 항상 말씀을 통해 경고와 회개의 기회를 미리 주신다는 것을 알 수 있다.

오늘날 한국 사회는 '성한 팔과 이미 꺾인 팔'을 가진 에스겔서의 애굽을 상기시킨다. 열국의 여인들이 한국을 향해 애가와 장송곡을 부르기 전에, 레바논의 백향목과 같이 키가 높고 꼭대기가 구름에 닿아 그 마음이 교만해져 하나님으로부터 쫓겨나기 전에, 지금이야말로 우리 모두는 겸손히 주님 앞에 나아가 에스겔의 애가를 피하도록 진정으로 회개해야 한다.

13

생명과 죽음에 이르는 길

에스겔 33장 주해와 적용

본문의 개요

생명과 죽음은 인간 실존에 매우 중요한 문제다. 그러나 이 문제의 열쇠는 생명의 주관자이신 하나님께 있다. 하나님은 죄인인 인간이 죽음 곧 멸망에 이르지 않고 생명에 이르기를 원하신다(딤전 2:4; 벧후 3:9). 생명에 이르는 길은 생명의 주관자이신 하나님의 요청에 믿음으로 반응하는 것이다. 죽음에서 벗어나 생명에 이르는 길이 있음을 선포하기 위해 오늘날 그리스도인들을 부르셨다.

유다와 열방에 대한 심판 선언(4~32장)에서 유다의 회복으로 가는 전환점을 이루는 33장을 크게 두 단락으로 나눌 수 있다.

첫째(1~20절) 단락은 파수꾼의 사명과 그 결과를 다룬다. 또 이 단락은 생명과 죽음을 경고하는 파수꾼(1~9절)과 생명과 죽음에 이르는 길에 대한 선포(10~20절)로 구분된다.

둘째(21~33절) 단락은 예루살렘 패망 후 공동체에 대한 경고이다. 또 이 단락은 자서전적 보고를 통한 서문(21~22절)과 예루살렘 멸망 후 두 공동체에 대한 경고(23~33절)로 구분된다.

본문 주해

1. 생명과 죽음을 경고하는 파수꾼(1~9절)

1~9절을 파수꾼의 임무와 그 결과(2~6절), 유다의 파수꾼 에스겔의 임무
와 그 결과(7~9절)로 구분할 수 있다. 이 단락은 ABC//A′B′C′라는 문예 형식
을 통해 그 메시지를 전달한다.

> A 파수꾼을 세움(2절)
>> B 파수꾼의 임무: 위험을 경고(3절)
>>> C 파수꾼의 임무 수행에 대한 결과(4~6절)
> A′ 에스겔을 파수꾼으로 세움(7상절)
>> B′ 에스겔의 임무: 여호와의 말씀으로 경고함(7하절)
>>> C′ 파수꾼의 임무 수행에 대한 결과(8~9절)

AA′는 '파수꾼'(צֹפֶה 초페)이라는 명사와 '세우다'(נָתַן 나탄)라는 동사가 쌍으로
평행을 이룬다. 파수꾼은 고대 이스라엘 사회에 잘 알려진 인물이다. 그는
고지대나 망루에 서서 적의 접근을 경고하는 역할을 담당했다. 특히 '세우
다'라는 히브리어 '나탄'은 파수꾼이라는 직책이 자신들의 안전을 위해 위임
된 역할임을 잘 표현하고 있다. 그리고 2절에서 '칼'은 생존 위협의 절정을
표현하는 은유이다. 따라서 어떤 공동체가 생사의 위협으로부터 자신들을
보호하기 위해 역할을 위임해 세운 자가 파수꾼이다. A(2절)는 그 사실을 잘
반영하고 있다. 그러나 A′(7상절)는 파수꾼을 세우는 주체가 다르다. 2절은
'그 땅 백성'이 주체이지만, 7상절은 그 주체가 여호와이시다. 여호와는 '인
자'(בֶּן־אָדָם 벤 아담)로 지칭되는 에스겔을 '이스라엘을 위한' 파수꾼으로 세운다.
여기서 우리는 이스라엘을 보호하시기 위해 행동하시는 하나님의 긍휼을
본다.

BB′는 파수꾼의 임무를 설명한다. 그 임무는 히브리어 '자하르'(זָהַר)라는

용어를 사용해 알려 준다. '자하르'의 뜻은 '비추다', '밝히다', '알리다', '가르치다', '경고하다'(BDB 263~264)이다. 문맥상 본문의 '자하르'를 '경고하다'로 해석해야 한다. B(3절)에서 제시된 파수꾼의 임무는 생명을 위협하는 칼을 보고 나팔을 불어 백성에게 경고하는 것이다. 그러나 B'(7하절)에 소개된 파수꾼으로서 에스겔의 임무는 '보고… 경고하는 것'(3절)이 아니라 '듣고… 경고하는 것'이다. 그가 경고할 내용은 '칼'이 아니라 '여호와의 입에서 나온 말씀'이다. 따라서 이스라엘의 생명을 위협하는 것은 '칼'이 아니라 여호와다. 그렇다. 타락한 백성에게 가장 큰 위협은 주변 환경이 아니라 죄악을 심판하는 공의의 하나님이시다.

CC'는 동일하게 파수꾼의 임무 수행에 따른 결과를 다룬다. 문예 형식상 그 내용은 AB//B'A'라는 대칭 구조를 통해 전달된다.

> A 파수꾼의 경고에 대한 반응의 결과(4~5절)
>> B 파수꾼이 경고하지 않은 결과(6절)
>> B' 파수꾼 에스겔이 악인에 경고하지 않은 결과(8절)
> A' 파수꾼 에스겔의 경고에 대한 반응의 결과(9절)

A(4~5절)는 파수꾼의 경고에 대한 두 반응의 결과를 소개한다. 첫째, 만약 나팔 소리를 듣고도 그 경고를 취하지 않아 죽으면 그 피의 대가는 죽은 자의 머리로 돌아간다. 둘째, 만약 그 경고를 취하면 그의 생명은 구원을 얻는다. A'(9절)는 파수꾼으로서 에스겔이 경고한 메시지 즉 악인에게 악한 길에서 '돌이키라'(שׁוּב슈브)는 경고를 듣고도 '돌이키지'(슈브) 않으면 그는 자신의 죄로 죽지만 에스겔의 생명은 구원을 얻는다. 따라서 AA'는 삶과 죽음의 책임이 파수꾼에게 있지 않고 그 경고를 듣고 반응한 자에게 있다. 그러나 BB'는 죽음의 책임이 모두 파수꾼에게 있다. 그것은 파수꾼이 그 위험을 보고도 경고하지 않아 사람이 죽었기 때문이다. 마찬가지로 에스겔이 '악인은 반드시 죽는다'(8절)라는 여호와의 말씀을 경고하지 않아 악인이 죽으면 그 피의 대

가를 에스겔의 손에서 찾을 것을 선포한다.

2. 생명과 죽음에 이르는 길(10~20절)

1) 하나님의 강력한 명령(10~11절)

10~11절은 에스겔이 이스라엘 족속에게 선포할 메시지를 전달한다. 10절은 이스라엘 족속의 질문이다. 그들의 논제는 자신들이 허물과 죄로 부패했기 때문에 어떻게 살 수 있는가 하는 것이다. 그들은 죽음과 절망을 인식하며 공포에 사로잡혀 있다. 특히 그들의 논제는 레위기 26:39에 기록된 언약의 저주를 반영한다.

11절은 여호와의 삶을 두고 맹세한 소망의 답변을 제시한다. 여호와는 악인이 죽는 것을 기뻐하시지 않고 그 악인이 회개하고 사는 것을 기뻐하신다. 뒤따르는 문장인 '돌아오라 돌아오라'(슈브 슈브)는 명령은 이스라엘이 악한 길에서 돌아서기 원하시는 하나님의 간절한 마음을 전달한다. 특히 마지막 문장인 '왜 너희가 죽고자 하느냐 이스라엘 족속아'라는 것은 이스라엘 백성이 죽지 않고 살기를 원하시는 하나님의 탄식을 담고 있다.

2) 생명과 죽음에 이르는 길(12~16절)

그렇다면 이스라엘이 죽지 않고 사는 길은 무엇인가? 12~16절은 그 방법을 두 가지 차원으로 설명한다. 첫째, 12절은 죽지 않고 사는 길에 대한 원론적 제시이다. 이 원론적 제시는 AXA'의 문예 형식을 통해 전달된다.

> A 의인의 의가 그의 범죄의 날에 그를 구원하지 못한다(12b절)
>
> X 악인이 그 악에서 돌이키는 날에 악이 그를 넘어뜨리지 못한다(12c절)
>
> A' 의인이 범죄의 날에 그 의로 살 수 없다(12d절)

AA'의 문장 구조는 '주어(의인의 의/의인) + 부정어를 동반한 동사(구원하지

못하다/살 수 없다) + 전치사 구(그의 범죄의 날에/그의 죄의 날에)'로 동일하다. 이 문
장 구조는 의인이 구원을 얻지 못하고 살 수 없는 상황을 설명한다. 의인이
그 행동을 변개해 범죄하는 날에 과거의 의가 구원의 근거로 작용하지 못한
다. X는 정반대의 상황을 제시한다. 즉 악인이 회개하면 과거의 악이 멸망의
근거로 작용하지 못한다. 이런 문예 구조는 악인이라도 회개하고 그 행위를
고치면 살 수 있음을 강조한다.

둘째, 13~16절은 생명과 죽음에 이르는 좀 더 구체적인 길을 제시한다.
본문은 의인이 죽음에 이르는 길(13절)과 악인이 죽지 않고 생명에 이르는 길
(14~16절)을 대조시킨다. 의인이 죽음에 이르는 것은 하나님의 말씀에 대한
신뢰가 아니라 자신의 의를 신뢰하고 불의를 행했기 때문이다. 반면에 악인
이 생명에 이르는 것은 그가 회개하고 '정의'(מִשְׁפָּט미스파트)와 '공의'(צְדָקָה쯔다카)를
행했기 때문이다. 15~16절은 악인이 행한 정의와 공의를 좀 더 상세히 설
명한다. 그것은 저당물을 돌려주고 강탈한 것을 갚아 주며 생명의 율례를 지
켜 행하는 것이다. 이런 진정한 회개 행위를 통해 악인의 죄는 기억되지 않
고 생명에 이른다.

12~16절은 생명에 이르는 길로써 악인에게 정의와 공의를 행하는 진정
한 회개를 제시한다.

3) 생명과 죽음에 이르는 길의 요약(17~20절)
17~20절은 12~16절의 논의를 AB//B′A′의 대칭 구조를 통해 요약한다.

> A 이스라엘의 주장과 하나님의 대답(17절)
>> B 의인이 그 공의에서 돌이켜 불의를 행하면 죽을 것이다(18절)
>> B′ 악인이 그 악에서 돌이켜 정의와 공의를 행하면 살 것이다(19절)
> A′ 이스라엘의 주장과 하나님의 대답(20절)

AA′는 이스라엘의 주장과 하나님의 응답이다. AA′에서 이스라엘의 주장

은 '주의 길이 바르지 않다'는 것이다. 그러나 하나님은 A에서 오히려 '그들의 길이 바르지 않다'고 반문하신다. 그러면서 A′에서 하나님의 적극적인 의지를 표명하신다. 그것은 각 사람의 행위(길)에 따른 심판이다. BB′는 '의인'과 '악인'이 대조를 이룰 뿐 아니라 그들의 결과도 '죽음'과 '생명'으로 대조를 이룬다. BB′의 문장 구조는 '의인-공의-불의-죽음//악인-악-정의'와 '공의-생명' 순으로 역전된다. 두 문장의 동일한 어휘는 '돌이킴으로'(שׁוּב베슈브)이다. 문제는 무엇에서 무엇으로 돌이키느냐는 것이다. 전자는 공의에서 불의로 돌이킴으로써 죽음을 자초하고, 후자는 악에서 정의와 공의로 돌이킴으로써 생명을 얻는다.

3. 공동체에 대한 경고(21~33절)

21~33절은 하나님의 약속의 성취(21~22절)와, 예루살렘이 멸망당한 후에 유다 땅과 포로지에 남은 백성들에 대한 새로운 경고(23~33절)로 구분된다. 전체 단락은 예루살렘 멸망의 보고를 통해 하나님의 약속(경고)이 성취됨을 상기시키면서 유다 땅에 남은 자와 포로지에 거하는 자들의 행동에 대한 새로운 경고를 한다.

1) 하나님의 약속의 성취(21~22절)

21~22절은 파수꾼의 경고가 성취되었음을 보여 주는 역사적 사건 곧 예루살렘의 멸망 소식을 들려준다. 하나님은 약속에 성실한 분이시다. 그분의 약속은 언제나 성취를 향해 달려간다. 예루살렘의 멸망은 하나님 약속의 성취이다. 이 약속의 성취는 포로 생활에 있는 에스겔의 메시지 선포의 원동력이 된다. 22절에 보면 '여호와의 손이 내게 있었다', '그가 내 입을 여셨다'라는 에스겔의 새로운 메시지가 시작되고 있다. 예루살렘의 함락이 파수꾼의 경고에 대한 성취를 보여 주듯이, 에스겔의 메시지도 성취될 것이다.

2) 새로운 경고(23~33절)

23~33절은 예루살렘이 멸망당한 후 유다 땅에 남은 자들(23~29절)과 바빌론에 거하는 자들(30~31절)의 문제를 다루면서 그들에게 새 경고의 메시지를 전달한다.

(1) 거짓된 의식에 사로잡힌 자들에 대한 경고(23~29절)

23~29절은 세 단락으로 구분된다. 첫째 단락은 23~24절로, 이스라엘 땅에 남아 있는 자들의 거짓 의식이 무엇인지 드러낸다. 둘째 단락은 25~26절로, 거짓 의식에 대한 하나님의 반응이다. 셋째 단락은 27~29절로, 거짓 의식을 가진 자들에 대한 하나님의 구체적인 경고이다. 세 단락은 긴밀한 관계 속에 논리적 발전을 통해 거짓 의식에 대한 하나님의 경고를 이끌어 낸다.

황폐한 땅 즉 이스라엘 땅에 남아 있는 자들은 예루살렘의 멸망을 파수꾼의 경고로, 하나님의 심판으로 인식하지 않았다. 황폐한 땅에 남은 자들은 많은 인원을 내세워 자신들이 아브라함의 기업으로 소유했던 땅을 기업으로 받기 위해 남겨진 자들이라고 생각했다(24절). 많은 수를 앞세운 땅의 소유권 주장이 그들의 거짓된 의식이었다. 약속의 땅 소유는 수에 있지 않고 하나님의 말씀에 대한 순종에 있다.

이런 거짓 의식에 대한 하나님의 반응은 "그 땅이 너희의 기업이 될까 보냐"라는 문장의 반복을 통해 거부하신다. 그 이유는 황폐한 땅에 남은 자들이 '피를 먹고'(25c, 25e절), '눈을 우상에 들며'(25d절), '칼을 의지하여 가증한 일을 행하고'(26a절), '각기 이웃의 아내를 더럽혔기'(26b절) 때문이다. 이 항목들은 그들이 철저하게 언약을 파기했음을 보여 준다. 특별히 성경에서 피 흘림과 우상 숭배가 땅을 더럽히는 사건이며, 그 결과는 땅이 그 거주민들을 토해 낸다고 경고한다(참고 민 35:33; 레 18:24~25; 겔 36:18~20). 따라서 이스라엘 땅에 남은 자들의 의식은 신앙이 아닌 욕망이요, 언약적 지식이 아닌 욕망에 집착한 거짓 의식이다.

따라서 하나님은 자신의 삶을 둔 맹세(27절)를 통해 심판을 선언하신다. 그 심판은 두 가지 면으로 설명된다. 하나는 황무한 땅에 남은 자에 관한 것이다. 그들은 '칼에 엎드러지고', '들짐승에 먹히고', '전염병에 죽게' 될 것이다. 다른 하나는 그 땅이 황무지가 될 것이다. 이 심판은 언약을 파기한 자에 대한 언약적 저주이다(참고 레 26장). 특히 땅의 황무함은 자신의 소유인 땅에 안식(레 26:34~35)을 주시는 하나님의 주권적 행동이다. 그 심판의 목적은 그들이 여호와를 알도록 하는 것이다(29절). 따라서 하나님의 심판의 목적은 멸망 자체가 아니라 멸망을 통한 하나님을 아는 본질의 회복이다(참고 출 7:17; 8:10, 22; 9:14; 10:2).

(2) 욕망을 추구하는 자들에 대한 경고(30~33절)

23~29절이 이스라엘 땅에 남은 자에 대한 경고였다면, 30~33절은 바빌론에 거하던 자들에 대한 경고다. 바빌론에 거하는 자들의 행위는 욕망에 사로잡힌 거짓된 행위였다. 그들은 에스겔 앞에서 여호와의 말씀을 듣는 것처럼 행동했지만, 여호와의 말씀에 전혀 관심을 두지 않고 에스겔의 소리만 들었다. 그들은 에스겔을 선지자로 여기지 않고 '아름다운 목소리로 사랑의 노래를 하는 자', '악기를 잘 연주하는 자'(32절)로 생각했다. 따라서 그들은 여호와의 말씀을 자신들의 행동 근거로 삼지 않았다. 그들의 입술에는 사랑이 있어도 그 마음에는 항상 '이익'이 자리하고 있었다. '이익'이라는 히브리어 '베짜'(בֶּצַע)는 '폭력으로 얻은 이익', '부당한 이익'(BDB 130)을 말한다. 즉 바빌론에 거하는 백성들의 행동 원리는 공의를 세우시는 하나님의 말씀이 아니라 자신의 욕망을 채우는 이익이었다. 하나님은 그런 자들에 대해 선포된 말씀이 성취될 때 그들에게 선지자가 있었음을 알게 될 것이라고 경고하신다.

설교를 위한 적용

첫째, 오늘날 악한 세대의 파수꾼은 그리스도인들이다. 그리스도인들이 지금 세대에 전할 메시지는 구원의 기쁜 소식만이 아니라 하나님의 심판에 대한 경고이다. 선지자들은 항상 구원 즉 회복의 메시지를 선포하기 전에 악한 세대를 향한 하나님의 심판에 대해 경고했다. 그뿐 아니라 신약의 저자들도 한결같이 장차 다가올 심판의 때를 경고했다. 그때 각 사람의 행위대로 심판이 있을 것을 밝혔다. 바울도 벨릭스 앞에서 담대히 장차 다가올 심판을 선포했다. 심판과 구원은 동전의 양면과 같다. 따라서 지금 세대의 파수꾼으로서 그리스도인들은 하나님의 심판 즉 경고의 메시지를 전하는 데 두려워하지 않고 그것을 전하는 일이 사명임을 알아야 한다.

둘째, 현대의 파수꾼으로서 그리스도인들은 삶과 죽음의 길을 선포해야 한다. 인간은 허물과 죄로 부패해졌다. 그에 대한 결과는 죽음이다. 그러나 죽지 않고 사는 길이 있다. 그것은 회개하여 정의와 공의를 행하는 것이다. 바울은 더 큰 복음의 소식을 전하고 있다. 즉 예수님이 '허물과 죄로 죽었던 우리를 살리셨다'(엡 2:1)고 선언한다. 파수꾼으로서 그리스도인들은 이 생명의 메시지를 전해야 한다.

또한 우리의 생명은 예수 그리스도의 고난과 죽음 그리고 부활에 대한 믿음에 근거한다. 우리의 윤리적 행동의 근거도 생명과 죽음의 주관자이신 하나님의 말씀에 기초한다. 하나님은 정의와 공의를 사랑하시며(시 33:5), 정의와 공의를 행하는 자에게 복을 주신다(시 106:3). 하나님은 지금도 오래 참으시고, 아무도 멸망치 않고 모두 회개하기에 이르기를 원하신다(벧후 3:9). 인간이 죽음에서 생명에 이르는 길은 회개하고 하나님께로 돌아오는 것뿐이다.

셋째, 역사는 하나님의 주권적 행동의 결과이다. 이스라엘 백성은 예루살렘 멸망이라는 치욕의 역사적 사건을 아전인수(我田引水) 격으로 해석했다. 이스라엘 땅에 남은 자들은 땅을 기업으로 받도록 남겨진 축복 받은 자들로 해석했다. 그리고 포로지 바빌론에 거하는 자들은 예언의 성취로써 역사적 사건을 경험했으면서도 하나님의 말씀에 관심이 없었다.

현대 그리스도인들의 관심은 어디에 있는가? 이스라엘 땅에 남겨진 자들처럼 수가 많음을 내세우며 현세적 복에 집착하는 자들은 아닌가? 바빌론 땅에 거하는 자들처럼, 하나님의 경고의 메시지와 가르침을 교양 강좌로만 인식하고 욕망에 사로잡혀 살고 있지는 않은가? 법과 질서를 파괴하면서 얻은 것을 하나님의 축복이라고 자랑하고 있지는 않은가? 하나님은 겸손히 주님의 말씀에 따라 행하는 자를 원하신다.

넷째, '죽지 않고 사는 길이 있다'는 것은 인간에게 주는 가장 큰 소망의 메시지이다. 에스겔은 죽지 않고 사는 길로 회개를 제시했다. 악인이 그 악에서 돌이켜 정의와 공의를 행하는 것이 죽지 않고 사는 길이다. 하나님은 이것을 간절히 원하신다. 사도들은 예수님에 대해 '산 자와 죽은 자를 심판하러 오시리라'고 고백한다. 심판의 메시지를 듣는 우리의 자세는 자신의 죄를 자복하고 행위를 고치며 하나님의 말씀에 겸손히 순종하며 사는 것이다.

또한 현대의 파수꾼으로 부르심을 받은 그리스도인들은 하나님의 심판이 있음을 담대히 선언하며, 그 가운데 죽지 않고 사는 길이, 허물과 죄로 죽은 우리를 살리기 위해 십자가에서 죽고 부활하며 승천하신 예수 그리스도를 믿는 것임을 선포해야 한다. 예수님이 심판을 위해 재림하실 것임을 선포하며, 겸허하게 회개하여 구원에 이를 것을 선언해야 한다.

14

하나님께서 행하신
여덟 가지 회복

에스겔 34~37장 주해와 적용

본문의 개요

전반부(1~24장)에서 심판 메시지와, 열방 심판(25~32장)에 이어 에스겔의
회복에 대한 예언은 33장부터라고 할 수 있다. 33장은 3장과 마찬가지로 파
수꾼에 대한 내용이다.

그러나 후반부(34~48장)에서 실제적 회복은 34장에서 거짓 목자와 참 목
자를 비교함으로써 시작되고 있다. 후반부를 대략 여덟 가지 회복으로 이해
한다면 다음과 같다.[1]

1. 여호와의 목자 역할 회복(34장)

2. 여호와의 땅의 회복(35:1~36:15)

3. 여호와의 영광의 회복(36:16~38)

4. 여호와의 백성의 회복(37:1~14)

5. 여호와의 언약의 회복(37:15~28)

6. 여호와의 주권의 회복(38~39장)

7. 백성 가운데 임재의 회복(40~46장)

8. 땅에서 여호와의 임재의 회복(47~48장)

이제 다루게 될 34~37장의 핵심 내용은 목자, 땅, 영광, 백성, 언약의 회복들로 구성되어 있다. 그리고 나머지 후반부 38~48장은 주권과 임재에 대한 내용을 다루고 있다. 25~32장에서 열방에 대한 심판은 이미 끝났지만, 그 후반부인 33~48장에서도 여전히 이방인인 에돔에 대한 심판과 마곡 땅에 있는 곡에 대한 심판이 주요 관심사가 되고 있다. 이런 심판에 대조되는 것이 바로 하나님의 백성들의 회복이며, 하나님은 마른 뼈와 같은 백성들이 회복될 것이라고 약속하신다. 따라서 34장 이후에서도 하나님의 백성들과 대적들에 대한 심판이 주요 관심사이며, 성령님을 통한 회복은 회복의 핵심 내용이라 할 수 있다.[2]

> A 세일 산에 대한 심판(35:1~36:15)
>   B 이스라엘의 새 생명(36:16~38)
>   C 마른 뼈 환상(37:1~14)
>   B′ 두 막대기로서 이스라엘의 회복(37:15~28)
> A′ 곡과 마곡에 대한 심판(38~39장)

이런 구조로 볼 때, 34~37장의 위치와 역할은 에스겔 신학에서도 참으로 중요한 부분이라고 지적하지 않을 수 없다. 그야말로 에스겔의 복음이라고 할 수 있는 내용들이다.[3] 회복은 참 목자를 통해(34장), 모든 대적들을 심판하심으로써(35~36:15), 백성들을 회복케 하심으로써(36:16~38; 37:15~28), 하나님의 영을 통해(37:1~14) 근본적으로 일어날 것을 말씀하신다.

거짓 목자들과 참 목자(겔 34장)

1. 본문 주해
34장은 이스라엘의 지도자들을 목자들로(1~16절), 백성들을 그 양으로

(17~24절) 비유해서 메시지를 주고 있다(25~31절). 목자 비유의 34장은 내용적으로 이스라엘의 목자들에 대한 심판 선포(1~10절), 여호와께서 목자로서 양들을 담당하시겠다는 약속(11~16절), 다윗을 목자로 세우시겠다는 약속(17~24절), 화평의 언약(25~31절)을 통한 회복을 말씀하신다.[4]

1) 이스라엘 목자들에 대한 심판 선포(1~10절)

전반부(1~6절)는 타락한 목자들의 행동, 후반부(7~10절)는 이들에 대한 하나님의 대책을 말씀하신다. 특히 이들은 '자기만 먹어'(2절) 백성들의 필요를 채워 주지 않았을 뿐 아니라 자신들의 이기적 목적을 위해 백성들을 악용했다(2~3절). 또한 약하고 힘없는 자들을 돌아보지도 않았고(4절), 영적 지도력과 도덕성도 부족했다(5~6절).

여기서 '목자'(רֹעֶה로에)라는 단어는 '라아'(רָעָה 양을 치다)라는 동사의 명사형이다. 여호와를 '목자'로 은유하는 것은 고대 근동의 문헌뿐 아니라 성경에도 자주 나타난다(사 44:28; 렘 2:8; 10:21; 23:1~6; 25:34~38; 미 5:4~5; 슥 11:4~17).[5] 고대 문서에는 '에타나 전설'(Etana legend)의 고대 바빌론 역본과 함무라비가 앗수르와 신바빌론의 계승자에 대해서도 왕을 목자로 묘사하고 있다.[6] 이런 '이스라엘 목자들'에게 하나님의 '화'(הוֹי호이)가 있음을 밝힌다(2절). 2하절에서 "목자들이 양의 무리를 먹이는 것이 마땅치 아니하냐"라면서 이들이 사명을 다하지 않았음을 수사학적으로 지적하신다. 즉 이들이 양들을 먹여야 하는데, 오히려 이들이 양을 먹은 것이다(2절). 이들은 양들을 위해서가 아니라 자신들을 위해 사역한 것이다. 또 4절에서 거짓 목자들은 자신들을 먹이는 것뿐 아니라, 마땅히 돌봐야 할 양들을 돌보지도 않은 것이다. 이에 대해 4절에서 다섯 가지로 설명하고 있는데, 16절과 대조적이다.[7]

4절에서 거짓 목자들이 한 일

1) '연약한 자를'(נַחְלוֹת나헬레트) '강하게'(חִזַּק하자크) 하지 않았고,
    2) '병든 자를'(חֹלָה하홀라) '고치지'(רָפָא라파) 않았고,

3) '상한 자를'(נִשְׁבֶּרֶת니세베레트) '싸매어'(חָבַשׁ하바쉬) 주지 않았고,

  4) '쫓긴 자를'(נִדַּחַת니다하트) '돌아오게'(שׁוּב슈브) 하지 않았으며,

    5) '잃어버린 자를'(אֹבֶדֶת오베데트) '찾지'(בָּקַשׁ바카쉬) 않았다.

16절에서 참 목자가 하실 일

    5') '잃어버린 자를'(오베데트) '내가 찾으며'(바카쉬),

   4') '쫓긴 자를'(니다하트) '내가 돌아오게 하며'(슈브),

  3') '상한 자를'(니세베레트) '내가 싸매어 주며'(하바쉬),

  2') '병든 자를'(하홀라),

 1') '내가 강하게 한다'(하자크).

이 두 구절은 양들의 상태를 다섯 가지로 묘사한 말(연약한, 병든, 상한, 쫓긴, 잃어버린)에 대해 정확하게 대조되고 있으며, 같은 단어를 사용하고 있다. 그 뿐 아니라 내용적으로도 거짓 목자인 이스라엘의 지도자들과 여호와이신 참 목자가 하시는 행동을 대조하고 있다.

2) 여호와는 양들의 참 목자(11~16절)

하나님께서는 목자 없는 양들에게 친히 목자가 되셔서(15절) '내 양'을 찾고 찾으시는 분으로서, 양들에 대해 관심과 사랑을 갖고(11절) 그들을 구원하며(12절) 그들을 돌아보고(13절) 먹이신다(14~15절). 특히 12~14절에서 양을 찾는 여호와 목자가 하시는 사역을 대략 여덟 가지 동사로 설명하고 있다. 목자는 ① 양 떼를 '찾고'(בָּקַר바카르), ② 그들을 '건져 내며'(נָצַל나찰, 12절), ③ 만민 중에 '끌어내고'(הוֹצִיא호쩨), ④ 열방 중에서 '모으며'(קָבַץ카바츠), ⑤ 그들의 땅으로 '데려가고'(הֵבִיא헤비), ⑥ 그들을 '먹이며'(라아), 좋은 꼴로 '먹이고'(라아), 그들은 살진 꼴을 먹으며, ⑦ 그들을 높은 산 위에 '두실 것이며'(הָיָה하야), ⑧ 그들은 좋은 우리에 '누울 것이다'(רָבַץ라바츠). 즉 구원, 인도와 보호, 먹이는 사역을 제대로 하는 참 목자의 사역을 감당하신다. 이런 여호와의 바른 목자상은

11:17, 예레미야 23:3, 시편 23편, 미가 4:6~8에 잘 나타나 있다.[8] 또 여호와께서는 공의롭게 행하는 목자시다(16하절).

3) 다윗을 목자로 세우시는 약속(17~24절)

하나님께서는 양과 양 사이(17절), 숫양과 숫염소 사이, 살찐 양과 파리한 양 사이(20절)를 심판하는 재판장이시다. 또 양 떼를 구원하는 분으로서(22절), '한 목자'(אֶחָד רֹעֶה로에 에하드)를 세워 양들을 먹이게 하실 것이다. 그가 바로 '내 종 다윗'이고 그는 양들에게 참 목자가 되며, 하나님께서 그로 하여금 백성들을 먹이도록 하신다. '내 종 다윗'은 '하나님의 종'을 말한다.[9] 흥미로운 것은 이 목자는 하나님이시고(15절) 내 종 다윗(23절)인 '한 목자'인데, 신약에서 하나님인 동시에 인간 다윗의 혈통을 잇는 자는 어떤 사람도 있을 수 없고 오직 그리스도만을 지칭한다고 볼 수 있다. 이 '한 목자'를 통해서만 하나님과 백성들은 언약 관계를 회복한다(24절).

4) 화평의 언약(25~31절)

하나님께서 그분의 백성들과 '화평의 언약'(שָׁלוֹם בְּרִית베리트 샬롬)을 맺으신다. 이 언약은 악한 짐승을 '그치게'(שָׁבַת샤바트) 하고, 그들로 하여금 안전히(개역한글은 "평안히") 거하게 하며, 잠을 자게 해 주고(25절), 그들에게 '복을 주시며'(נָתַן나탄 개역한글은 "내리며"), '비를 내려 주신다'(יָרַד야라드, 26절). 즉 '화평의 언약'은 말 그대로 '샬롬'임을 말해 주듯이, 안녕과 평안을 누릴 수 있는 삶과 목자의 보호하심(25절), 복 주심(26절)이다. 또 이런 복은 열매와 소산을 맺는 풍성한 삶을 허락하고, 땅에서는 안전을 약속하신다. 이 복은 영적, 물질적 안정도 허락하신다(27절). '화평의 언약'에서 핵심은 '베타흐'(בֶּטַח 안전, security)라는 단어가 25, 27, 28절에 세 번이나 사용되고 있다. 이와 같이 하나님의 보호하심을 통한 '안전'을 말씀하신다. 25~29절까지의 내용은 다음과 같이 ABC//A´B´C´의 구조로 나타난다.[10]

A 짐승으로부터 안전(25절)

   B 식물의 축복(26~27상절)

      C 압제자로부터 구원(27하~28상절)

A′ 짐승으로부터 안전(28하절)

   B′ 식물의 축복(29상절)

      C′ 압제자로부터 구원(29하절)

이 모든 것들은 목자이신 하나님께서 그분의 종인 다윗을 통해 양들을 돌아보시기 때문이다.

2. 설교를 위한 적용

1) 참 목자의 역할을 감당하자(1~24절)

34장 전체는 참 목자이고 왕이신 통치자에 대한 그 역할의 중요성을 보여준다. 그리스도인의 참 목자는 하나님이시며 다윗의 후손인 그리스도밖에 없다. 그러나 거짓 목자는 여러 형편에 처한 양들을 돌아보지 않는다. 교회 안에는 참으로 연약한 자, 병든 자, 상한 자, 쫓긴 자, 잃어버린 자들이 많이 있다.

연약한 자는 말씀에 약하고 신앙이 깊지 못하다. 이들은 말씀을 통해 더욱 강해져야 한다. 병든 자는 여러 가지 시험이나 세상 유혹에 빠져 신앙생활을 바르게 하지 못하며, 상한 자는 여러 가지 일로 믿지만 주위에 신앙 있는 사람들의 행동을 보고 상처를 입는다. 그리고 교회에서 쫓겨난 자들도 있는데, 이것은 권력이나 주도 세력에 의해 밀려나거나 목자의 태도로 인해 튕겨 나간 경우라고 볼 수 있다. 그리고 잃어버린 자는 교회에서 잊히거나 사람들의 관심 밖으로 소외된 경우다. 이런 모든 사람들을 바르게 세워가는 것이 목회요, 참 목자의 심정일 것이다.

또한 참 목자가 양을 구하고 그들을 편안한 곳으로 인도하며 꼴을 먹이고 보호하는 것처럼, 하나님의 목회자들은 성도들을 악에서 구하고 영적 비전을 제시하며 길을 인도하고 영적 양식을 제공하며 기도로 항상 그들을 지키고 보호할 책임이 있다. 그리고 성도들도 주변에 이런 사람들이 있는지 예수님의 심정으로 돌아봐야 한다. 하나님의 백성들에 있어서 회복의 첫 부분에 목자의 회복이 있다는 것은 오늘날 목회자들이 먼저 회복되어야 하나님의 백성들이 회복될 수 있음을 말해 주는 것이다.

2) 참 목자는 양들을 화평으로 인도하신다(25~31절)

하나님께서 백성들의 목자로서 리더십을 발휘하시면 그 양들은 화평의 삶을 누리게 된다. 이것은 지도자의 역할이 얼마나 중요한지를 잘 보여 준다. 오늘날 번영 신학적 태도가 비판을 받는 것은 사실이다. 그러나 본문에서 참 목자를 만난 백성들은 안전한 평강을 누리게 된다고 약속하신다. 이것은 하나님과 백성들의 관계가 완전히 회복되도록 백성들을 인도하는 지도자의 리더십이다. "나 여호와 그들의 하나님이 그들과 함께 있는 줄을 알며 그들 곧 이스라엘 족속이 내 백성인줄 알리라"(30절).

그리스도는 '한 목자'로서 백성들에게 화평의 언약을 세우고 지키신다. 이것은 메시아를 통해 종국적으로 이뤄질 완전한 평강을 말한다. 마치 이리가 양들과 함께 거하고 표범이 어린 염소와 함께 누우며 송아지와 어린 사자와 살찐 짐승이 함께 있는 것과 같다(사 11:6~8).

오늘날 우리는 이런 평강을 누리지 못한다. 세상은 항상 근심과 걱정거리를 우리에게 던져 준다. 개인적으로 그리스도를 목자로 모신 관계를 누리면 이런 평강을 경험할 수 있다. 그리스도인도 지 교회에서 기도하며, 그리스도의 심장으로 목회자의 가르침과 섬김을 통해 주님의 교회를 섬길 때 세속의 여러 가지 문제들 속에서도 말씀이 약속하신 화평의 언약을 경험할 수 있다.

하나님께서 여러 가지 압제자들 및 짐승들로부터 지켜 주시고, 완전한 평강 가운데 살아갈 수 있도록 도와주신다.

여호와의 땅의 회복(겔 35~36장)

1. 본문 주해

35~36장은 세일 산에 대한 심판(35:1~36:15), 이스라엘에 새 생명(36:16~38)을 주시는 회복에 관한 내용으로 구성되어 있다. 먼저 이방인들 즉 하나님의 백성들을 대적하는 세력들을 심판하시고, 그분의 백성들을 회복시켜 주신다. 대적들에 대한 심판은 성경에서 일반적으로 말씀하시는 내용들이다(사 13~23장; 렘 46~51장; 겔 25~32장 등).

1) 대적자들에 대한 심판(35:1~36:15)

세일 산에 대한 심판(35:2)으로 시작하는 전반부(35장)와, 하나님의 백성들의 입장에서 원수에 대한 심판의 예언을 다루고 있는 후반부(36:1~15)로 나눌 수 있다. 특히 후반부는 이스라엘의 원수(36:5)에 대해 다룬다. 두 단락은 많은 유사성이 있다. 따라서 흔히 두 단락을 '한 쌍'으로 부르기도 한다. 내용 상으로 전반부는 이스라엘 땅을 황무케 하는 자들에게 초점을 맞추고, 후반부는 이스라엘 편에 초점을 맞춰 이 문제를 다루고 있다. 따라서 단락 자체 안에서도 전반부는 이방인에 대한 심판 예언으로, 후반부는 하나님의 백성에 대한 회복 예언으로 이해할 수 있다.[11]

그러나 두 단락 자체가 하나님의 백성들을 대적하는 '세일'에 대한 심판으로 전체를 이해할 수 있다. 전반부와 후반부의 유사성은 예언의 시작 부분에서 '인자야 예언하여 이르라'(35:2~3; 36:1)는 표현에서도 잘 나타나며, 하나님의 백성들을 괴롭히는 자들에 대한 '하나님의 미움'(키나)들이 공통적으로 나타난다(35:11; 36:5, 6). 또한 두 단락 모두 서론 부분(35:1~2; 36:1), 심판의 절대적 선포(35:3~4; 36:8~12), 심판 선포의 이유(35:5~9, 10~13; 36:1~7), 심판의 절대적 선포(35:14~15; 36:8~12)라는 병행 대구법의 구조도 동일하다.[12]

(1) 하나님께서 세일 산을 대적하심(35장)

전반부는 하나님께서 세일 산에 대해 대적하심으로 시작한다(2~3절). 여기서 하나님께서 세일 산에 대한 심판의 당위성을 두 가지 이유를 들어 설명하신다. 첫 번째 이유는 5~9절에, 두 번째 이유는 10~12상절에 나타난다.

즉 그들이 심판을 받는 이유는 '옛날부터 가진 미움'(אֵיבָה 에이바 개역한글은 "한") 때문이다(5절). '에이바'는 '반감, 증오, 미움'이라는 뜻이다. 에서는 오래 전부터 이스라엘에 대한 '반감'이 있었다. 이것은 창세기의 기록대로 리브가의 뱃속에서부터(창 25:22~23) 시작해 에서와 야곱의 갈등은 더욱 발전했다. 이것은 바빌론의 느부갓네살 왕이 유다를 칠 때, 에서의 후손들이 지켜보면서 유다가 심판받음을 좋아했던 것을 의미한다(옵 1:1~14). 이런 잘못으로 인해 세일에게 피가 따르게 되며(6절), 황무지와 황폐가 있고(7절), 살육을 당하며(8절), 패망해 없어질 것이다(9절).

에서가 멸망하는 두 번째 이유(10~12상절)는 유다와 이스라엘이 자신의 소유가 된다는 교만 때문이었다(10절). 이것은 하나님의 백성들을 조롱한 행동이기도 하다. 그러나 '하나님께서 거기에 계셨다'(יְהוָה שָׁם הָיָה 야웨 샴 하야). 이런 조롱에 대한 하나님의 진노와 미움이 그들을 심판하실 것이다(11절). 또한 그들이 '이스라엘 산들'을 향해 욕하며, 그것을 삼킨다는 말을 하나님께서 들으셨다(12절). 이런 그들의 태도에는 하나님의 백성들에 대해 대적함과 그들의 자랑함이 나타난다(13절). 12~13절에는 '하나님이 들으셨다'는 표현이 나타나는데, 이것은 하나님께서 악한 자들의 말과 생각을 들으시며 그 마음의 교만과 오만과 조롱을 아신다는 뜻이다. 결국 하나님께서 에서를 황무케 하실 것이다(14~15절). 따라서 전반부의 전체 메시지는 에돔을 황폐시키시는 하나님의 심판을 강조하고 있다.

(2) 원수에 대한 심판 예언(36:1~15)

후반부는 대적의 말로 시작한다(1~2절). 그들은 "옛적 높은 곳이 우리의 기업이 되었도다"고 자랑한다. '옛적 높은 곳'이라는 표현은 그 내용을 이해하는 데 중요하다. 흔히 '바못'이라는 곳은 우상을 섬기는 '산당' 등을 뜻한다 (6:3, 6; 16:16; 20:29). 그러나 '바마'라는 것은 동물의 등이나 땅의 높은 곳을 상징한다. 따라서 '옛적 높은 곳'은 시적 표현으로 '이스라엘의 산'을 의미한다.[13]

3~7절까지 모든 문장들이 '그러므로'(לָכֵן라켄)라고 시작한다. 이것은 2절의 '에돔의 주장'에 대한 심판의 연속적 결과를 설명한다. 즉 하나님께서 대적으로 기업이 되게 하시고(3절), 이제 백성들에게 말씀하신다(4절). 하나님께서 친히 백성들의 대적들을 대항하시고(5절), 백성들의 수욕 당함을 아시며(6절), 결국 이방인들로 하여금 수욕을 당케 하신다(7절).

8~15절은 하나님께서 백성들의 땅에 대해 응답하시는 내용이다. 땅은 다시 열매를 맺게 되고(8~9절), 모든 이스라엘은 땅으로 돌아와 번성하며 (10~11절), 영원히 거하게 되고(12~14절), 다시는 욕을 당치 않게 될 것이다(15절).[14] 땅은 의인화해서 가지를 내고 과실을 맺으며(8절), 백성을 삼키기도 하고 제하기도 하며(13~14절), 수욕을 듣고 넘어지기도 한다(15절). 그러나 하나님께서 땅을 회복케 하시는데 그 땅과 함께하시고(9절), 사람들로 하여금 거하게 하시며(10절), 번성케 하시고(11절), '기업'(נַחֲלָה나할라)이 되게 하신다(12절). 즉 후반부는 이스라엘의 산과 땅이 회복되어 하나님의 백성들의 '기업'이 되게 하심을 강조한다. 결론적으로 전반부는 에돔의 황폐를, 후반부는 하나님의 땅의 기업에 대한 내용으로 대조를 이룬다.

2) 이스라엘의 새 생명(36:16~38)

36:16~38은 이스라엘 회복에 초점을 맞추고 있는데, 크게 세 단락으로 회복의 도래(16~23절), 회복의 일곱 가지 요소(24~32절), 회복의 결과(33~38절)로 나눌 수 있다. 이 회복은 하나님의 이름을 회복하는 것과 연관되어 있기 때문에(32절), 이런 면에서 '여호와의 명예'라는 주제로 전체를 이해할 수도 있다. 16절은 서론이고, 17~21절은 여호와의 명예에 대한 위기이며, 22~32절은 하나님의 명예를 회복하는 것이다. 또 33~38상절은 하나님의

명예를 입증하고, 38하절은 결론을 맺고 있다.[15] 회복의 근거는 '거룩한 이름'(קֹדְשִׁי שֵׁם 쉠 코드쉬) 때문이다. "거룩한 이름"은 20, 21, 22절에 각각 한 번씩 나타난다. 하나님의 회복은 "너희를 위함이 아니요… 나의 거룩한 이름을 위함이라"(22절)고 분명히 말씀하신다. 하나님의 백성들이 하나님의 이름을 더럽혔고(20절), 포로로 잡혀간 열국에서 더럽혀졌다(22절). 그러나 하나님의 이름은 '큰 이름'(הַגָּדוֹל שֵׁמִי 쉐미 하가돌 23절)이며, 열국 중에서 거룩해질 것이다(23절).

그렇다면 어떻게 하나님의 이름이 더럽혀졌을까? 하나님의 백성들의 죄악 때문이다. 백성들은 월경과 같이 그들의 행위로 땅을 더럽혔다(17절). 또 그들은 땅에 피를 '쏟고'(שָׁפַךְ 솨파크) 우상들로 땅을 '더럽혔으므로'(טָמֵא 타매), 하나님께서 분노를 '쏟으셨다'(솨파크). 그리고 그들을 땅에서 '흩으며'(פּוּץ 푸츠) '헤쳤더니'(זָרָה 자라 '흩어지게 하고'), '심판하셨다'(שָׁפַט 샤파트 19절). 즉 16~23절에서 백성들은 땅을 더럽힘으로써 하나님의 이름을 더럽혔다. 레위기 20:2~3에 보면, 하나님의 이름을 더럽히는 것은 그분의 성전을 더럽히는 우상 숭배와 연관되어 있다.[16]

하나님께서 그분의 명예 회복을 위해 백성들을 회복시키신다(24~32절). 이런 회복은 포로 귀환(24절), 용서와 속죄(25절), 새 영과 새 마음을 주심(26절), 성령님을 통해 말씀을 지키도록 도우심과 연관된다(27절). 또 백성들은 하나님께서 그들의 조상에게 주신 땅에서 영원히 살게 되고(28절), 주신 복으로 풍성함을 누리게 되며(29~30절), 죄를 싫어하게 된다(31절).[17] 이런 회복은 예수 그리스도의 구속과 성령님을 통한 '심령의 변환'(transformation)을 통해 일어난다. 여기서 흥미로운 것은 에스겔이 성령님을 마음속에 두어 회복을 주시는 것이라고 한다면, 예레미야는 말씀을 마음속에 두어 내면적 변화를 통한 회복을 강조한다는 사실이다.[18]

또한 28절에서 성령님의 오심은 여호와와 백성들과의 관계에서 언약을 새롭게 하시는 것이다. '땅에 거하는 것'은 언약의 회복을 뜻한다. "너희가 거하여 내 백성이 되고 나는 너희 하나님이 되리라"는 표현은 앞서 밝힌 바와 같이 언약적 표현이며, 하나님과의 혼인을 재확인하는 표현이다.

이렇게 하나님의 명예를 위해 백성들을 회복시킨 결과로 성읍들은 다시 건축되고 백성들은 다시 거하게 되며(33절), 황무한 땅도 개간하게 된다(34절). 민족들(개역한글은 "이방 사람")은 땅의 거민으로 거하고, 에덴동산같이 되어(35절), 여호와께서 모든 것들을 회복케 하셨음을 알게 된다(36절). 이렇게 하나님의 명예는 이방인들의 생각이 바뀌어 하나님을 인정하는 것을 통해 회복되고(33~36절), 이스라엘 백성들을 통해서도 회복된다(37~38절). 37절에서 "이스라엘 족속이 이와 같이 자기들에게 이루어 주기를 내게 구하여야 할지라"는 말씀은 '내가 이것이 이스라엘 족속으로 그들을 위해 행하도록 구하여지게 할 것이라'는 뜻이다. 즉 하나님의 백성들이 37상절 이하를 구하게 된다는 것이다. 개역한글의 '구하여야 한다'는 말이 마치 조건처럼 들려 '하나님의 약속조차 조건적 간구를 통해야 한다'라는 어감을 줄 수 있다. 그러나 본문에서 이 말씀은 하나님께서 백성들로 하여금 구해지도록 하신다는 하나님의 회복을 강조한다. 즉 포로에서 귀환하는 사람들의 수가 양 떼같이 많아지며, 수많은 사람들이 여호와를 알게 되어 하나님의 명예를 회복케 한다는 약속이다(37~38절).

2. 설교를 위한 적용

1) 하나님의 도우심을 힘입어(35:1~36:15)

하나님께서는 그분의 백성들을 철저하게 보호하신다. 성경을 보면 하나님의 뜻을 이루는 백성들을 대적하는 것을 하나님을 대적하는 것으로 인식한다. 그래서 하나님께서 백성들을 대신해 대적들과 싸우신다(수 10장). 심지어 하나님의 백성들이 실수를 하더라도 하나님께서 백성들과의 언약 때문에 백성들을 보호하며 복을 주신다(창 12:10~20; 20장; 26장). 그렇다고 해서 하나님의 백성들이 아무렇게 행동해도 된다는 뜻은 아니다(롬 6장). 하나님의 백성들에게는 특권도 있지만 책임과 의무가 더 많다. 하나님의 백성들은 세상에 살면서 수많은 대적들을 만나게 된다. 하나님의 나라와 주님의 몸 된

교회를 직접 대적하는 것은 하나님을 대적하는 일이며, 하나님의 뜻을 방해하는 것도 대적자로 되는 일이다. 대적자들은 하나님의 백성들을 미워하고 (35:5) 교만한 생각(35:10)으로 인해 종국적으로 하나님의 백성들의 기업으로 되고 만다(36:10~15).

오늘날에도 악의적으로 교회를 대적하고 방해하는 많은 세력들이 있다. 그러나 하나님께서 이런 세력들을 그분의 백성들이 누리는 하나님의 기업이 되게 하신다(36:12). 다시 말해 즉 밥이 되게 하신다(민 14:9). 온 세상은 믿음을 가진 백성들에게 밥이 된다. 따라서 주님의 일꾼들은 세상의 위협과 반대와 대적에 움츠러들거나 주눅 들지 말고, 하나님의 약속의 말씀을 믿고 복음 전파에 더욱 힘쓰며 하나님 나라의 확장을 위해 담대히 나아가야 한다.

2) 하나님의 명예 회복을 위해(36:16~38)

에스겔 시대에 하나님의 명예가 그분의 백성들 때문에 실추되었다. 오늘날도 하나님의 백성들이 하나님의 명예를 실추시키는 일을 종종 벌인다. 이것은 인간의 부패와 하나님의 완전하심과 연관된다. 인간은 하나님의 영광을 위해 살려고 하지만, 하나님의 도우심 없이는 불가능하다. 하나님의 거룩한 이름에 대한 회복은 우리를 통해 역사하시는 하나님의 말씀의 약속과 철저하게 연관되어 있다. 또한 이런 명예 회복은 거룩함의 회복과도 연결되어 있다. 무엇보다 하나님의 거룩함을 회복하는 것이야말로 하나님의 명예를 회복하는 일이다(22~23절).[19] 하나님의 교회가 정결을 유지하고, 믿지 않는 자들이 주님께 돌아오는 구원의 사역을 통해 하나님의 명예가 회복된다.

우리가 이런 사역을 행할 수 없지만, 주님의 신을 우리 속에 두어 말씀을 행하도록 도우신다(27절).

이것은 획기적인 약속이다. 왜냐하면 다른 선지자들이 많이 말씀하지 않은 내용이기 때문이다. 하나님의 명예 회복을 할 수 없는 인간들에게는 주님의 영을 통해 말씀을 이루게 하시고, 내적 변화를 통해 명예를 회복할 수 있도록 도우신다.

죽음과 분열에서 부활과 연합으로(겔 37장)

1. 본문 주해

1) 마른 뼈 환상(1~14절)

1~14절을 문학적으로 단락을 나눠 보면, 1~10절은 환상이고, 11~14절은 환상에 대한 해석이다. 이를 다시 세분하면 1~2절은 '서론적 형태'(intro-ductory formula)이고, 3~8절은 외적 회복이며, 9~10절은 내적 회복을 말씀하신다.[20]

1~14절은 대화 형태를 띠고 있다. 1~2절은 에스겔이 환상을 묘사하는 장면이고, 3~4절은 하나님과 에스겔이 대화하는 장면이며, 5~6절은 하나님의 직접적인 예언이고, 7~8절은 에스겔이 하나님의 말씀을 첫 번째로 순종하는 장면이다. 9상절은 다시 하나님께서 에스겔에게 명령하시는 장면이고, 9하절은 하나님의 직접적인 말씀이 다시 나타나며, 10절은 에스겔이 두 번째로 하나님의 말씀에 순종하는 장면이다. 또 11상절은 하나님과 에스겔이 대화하는 장면이고, 11하절은 이스라엘 백성들의 고백이다. 12~14절은 하나님의 직접적인 예언이다. 이렇게 에스겔, 하나님과 에스겔, 하나님, 이스라엘의 대화 등이 나타난다.[21]

또 1절의 '두셨는데', 14절의 '거하게 하리니'라는 동사는 모두 '누아흐'(ﬨﬨ)로써 '두다', '거하다'라는 뜻이다. 환상의 시작에서 성령님으로 이런 영적 모습을 보게 하시고, 또 '내 신'을 두어 하나님께서 약속하신 땅에 거하게 하신다(14절).

(1) 부활의 환상(1~10절)

유다 백성들의 절망적인 상태는 바빌론의 멸망(주전 586년)과 포로(주전 605, 597년) 사건을 통해 생겨난 것이다. 국가적 멸망은 그들이 유지해 온 모든 확신과 신학을 무너지게 만들었다. 따라서 그들의 상황은 절망적이었고, 마치 마른 뼈들이 널려 있는 골짜기의 환상과도 같았다. 하나님께서 그런 절망 속에서 에스겔에게 '여호와의 손'(개역한글은 "여호와께서 권능")이 임하게 하시고, 환상 가운데 그들의 실상이 마치 골짜기의 뼈와 같음을 보게 하신다(1절). 그 골짜기에는 뼈들(개역한글은 "뼈")이 심히 많고 그 뼈는 매우 말라 있다(2절). 하나님께서 에스겔에게 "이 뼈들이 능히 살겠느냐"(3절)라고 물으신다. 에스겔의 대답은 "주께서 아시나이다"(3절)이다. 이것은 확신이 없는 대답이다. 즉 이렇게 절망적인 상황에서 모든 백성들이 뼈들과 같이 많고 말라서 소망이 없다는 뜻이다. 하나님께서 이런 상황에서도 에스겔에게 소망을 주기를 원하신다. 하나님의 방법을 통해 소망이 없는 백성들로 하여금 부활을 경험케 하시고, 두 나라는 나뉘어 있지만 미래에 한 나라로 회복된다는 소망을 보여 주신다.

먼저 하나님께서 에스겔을 통해 뼈들에게 말씀을 예언(개역한글은 "대언")하기를 명령하신다(4절). 이 예언을 통해 '영'(혹은 생기)이 들어가 그들을 살리게 될 것이라고 약속하신다(5~6절). 하나님의 명령에 에스겔은 순종한다. "이에 내가 명을 좇아 대언하니." 에스겔이 예언(개역한글은 "대언")할 때 뼈들은 서로 맞아 들어간다(7절). 그러나 외형적 모습을 통해 회복은 되었지만, 내적 회복은 되지 않아 그 속에 '영'이 없다(9절). 즉 말씀을 대언(예언)하는 사역을 통해 하나님의 회복의 역사가 일어나는 것이다(4~8절).

하나님의 두 번째 명령은 사방에 있는 '생기'(혹은 영)의 불어옴에 대한 간구이다(9절). 이 예언을 통해 뼈들은 "큰 군대"(10절)가 되었다. 그리고 형태만 있는 게 아니라 실제 살아 있는 생명력을 갖게 된다.

(2) 부활 환상에 대한 해석(11~14절)

11~14절은 부활 환상에 대한 해석이다. 이 '뼈들'(עַצְמוֹת아차모트)은 바로 이스라엘 족속이며, 그들은 이렇게 고백한다. 우리의 뼈들은 말랐고, 우리의 소망은 없어졌으며, 우리는 모두 멸절되었다(11절). 자신들의 모습에 대한 인식과 절망 그리고 자포자기이다. 하나님께서 절망 가운데 있는 백성들에게

회복을 약속하시는데, 이 회복은 '무덤'(קֶבֶר케베르)을 열고 나오게 하시는 것이다(12절). 이 회복을 통해 하나님께 대한 지식을 갖게 되며(13절), '내 신'(רוּחִי루히) 즉 '성령님'을 통해 회복케 하신다(14절). 말씀하고 행하는 분이시기 때문에 하나님께서는 이 약속을 이루실 것이다(14하절).

참으로 에스겔의 마른 뼈 환상은 에스겔서에 나타난 회복들 중에서도 절정을 이룬다. 그렇다고 그 목적이 개인적 회복을 증거 하려는 것은 아니다. 실제로 학자들은 '마른 뼈 환상'의 말씀을 미래에 있을 그리스도인들의 부활 사건과 연관시키지만, 이는 본문의 초점이 아니다.[22] 3절에서 수사학적 질문인 '이 뼈들이 능히 살겠느냐'라는 질문은 하나님께서 이들을 하나님의 능력으로 살리신다는 것을 약속하심을 보여 준다. 이 뼈들이 실제로 살아날 가능성은 전혀 없다. 자신들의 힘으로는 불가능하다(2, 11절). 그뿐 아니라 자신들도 자포자기한 상태이다(11절). 그러나 하나님께서는 가능하시며, 그분의 영을 통해(14절) 살릴 수 있다. 하나님께서는 말씀하고 이루는 분이시기 때문이다.

여기서 우리는 각 단어들의 반복을 통해 메시지를 강조하고 있음을 알 수 있다. 예를 들어 본문에서 가장 많이 나타나는 단어는 '하나님'(יהוה야웨 1절에 2회, 3~6절에 2회씩, 9절에 1회, 12~13절에 2회, 14절에 2회 해서 총 11회)이다. 그리고 '루아흐'(영, 신, 생기, 바람)라는 단어는 37:1~14에서 무려 10회나 나타난다. 본문에서 이 단어는 주로 '신'(1, 14절), '생기'(5, 6, 8, 9절에 3회, 10절), '사방'(9절)이라는 말로 번역되었다. 그러나 이 단어는 히브리어로 동일한 의미인 '루아흐'(רוּחַ)이다. 실제로 개역한글에서 "생기"로 번역된 '루아흐'를 '영'으로 번역한 곳이 있다. 영역본의 the Douay-Rheims American Edition(DRA)과 The New American Bible(NAB)이라는 성경은 "생기"로 번역한 모든 단어를 '영'으로 해석하고(5, 6, 8, 9절에 3회, 10절), 9절의 "사방"이라는 단어를 그대로 '바람'으로 해석하고 있다.[23]

1~14절에서 뼈들을 살게 하는 '생기', '영'은 '내 신' 곧 하나님의 영이시고(14절), 백성들을 살리는 회복의 영이시며, 에스겔로 하여금 백성들의 영적

모습을 보게 하는 영이시고, 하나님의 백성들을 인도하는 영(1절)이시다. 또 여기에서 많이 나타나는 단어는 '뼈들'이다. '뼈들'(아차모트)은 '뼈'(נֶּ֫צֶם 에쳄)의 복수형으로써, 하나님의 백성들을 총칭하는 의미로 주로 원어에서 복수로 사용되고 있다(10회 사용). 그리고 '무덤'(12, 13절에서 각 2회씩), '예언하다'(נבא 나바), '말하다'(אמר 아마르)라는 단어들도 다섯 번 이상 사용되었다.[24] 이 단락에서는 단어를 반복하는 것뿐 아니라 대조를 통해서도 내용을 강조하고 있다. 1절에서 '뼈들이 가득하였는데', 10절에서 "큰 군대"가 되었고, 2절에서 '뼈들이 심히 말랐는데', 10절에서 그들은 '살아났으며', 11절에서 '말랐고 없어지고 멸절되었는데', 12절에서 '열고 나오고 들어가게 하시며'라고 표현한다. 3절에서 에스겔은 뼈들이 어떻게 될지 모르지만, 6절과 14절을 통해 하나님께서 어떤 분이신지를 알게 하신다.[25]

2) 두 막대기로서 이스라엘의 회복(15~28절)

막대기에 유다와 이스라엘의 자손 그리고 요셉 곧 에브라임과 이스라엘 온 족속이라고 쓰고(16절), 이 둘을 하나가 되라고 명하신다(17절). 이것은 북왕국 요셉과 남왕국 유다가 한 막대기가 된다는 것을 의미한다(19절). 그리고 한 왕(혹은 한 목자)을 통해 나라가 통치를 받게 된다는 뜻이다(18~22절). 이 나라는 다시 나뉘지 않으며(22절), 우상을 섬기지도 않게 된다(23절). 이렇게 해서 하나님과의 언약을 완전히 회복하는 것이다(23하절). 이 단락에서 '한'(אֶחָד 에하드)이라는 단어가 강조되고 있다. 22~24절에서 '한'이라는 단어가 세 번 나타나는데, '한 나라'(גוֹי אֶחָד 고이 에하드), '한 임금'(מֶ֫לֶךְ אֶחָד 멜렉 에하드 22절), '한 목자'(רֹעֶה אֶחָד 로에 에하드 24절)이다.

16~19절에 '하나'라는 단어가 무려 8회나 나타난다. 그리고 24하~28절에 '에하드'라는 단어 대신 '올람'(עוֹלָם 영원)이라는 단어가 5회 사용된다. 즉 전체적인 이스라엘의 회복은 (1) 두 막대기가 외적 연합을 갖게 되며(15~17절), (2) 두 막대기가 연합하고(18~19절), (3) 하나님께서 정치적·영적 연합을 통해 두 왕국을 하나 되게 하시며(20~25절), (4) 화평의 영원한 언약 관계를 통

해 한 나라가 되게 하신다(26~28절).[26]

우리는 두 막대기의 회복(15~28절)에 대한 말씀에서 열세 가지 하나님의 약속을 발견할 수 있다. (1) 하나님께서 그분의 백성들을 열국에서 취하여 모으실 것이고(21절), (2) 그분의 백성을 고토로 돌아가게 하시며(21절), (3) 한 나라를 이루게 하시고(22절), (4) 한 왕을 세우실 것이며(22하, 24상절), (5) 회복된 나라는 결코 나눠지지 않을 것이고(22절), (6) 그분의 백성들은 우상을 다시는 섬기지 않을 것이며(23절), (7) 하나님께서 그분의 백성들을 구원하고 정결케 하실 것이고(23절), (8) 하나님의 말씀에 순종하게 하실 것이며(24하절), (9) 백성들을 하나님의 땅에 영원히 두실 것이고(25절), (10) 새로운 화평의 언약을 세우시며(26상절; 34:25; 렘 31:31~34), (11) 그 땅에서 견고하고 번성케 하실 것이고(26절), (12) 하나님께서 그들 가운데 영원히 거하실 것이며(27절), (13) 이스라엘로 열방의 증거가 되게 하실 것이다(28절).[27]

24절의 "왕"이라는 단어는 '멜렉'(מֶלֶךְ)이나, 25절의 '그 왕'이 되리라고 하는 단어는 '나시'(נָשִׂיא)이다. '나시'는 신학적 문제가 되는 중요한 단어이다. 이 단어는 주로 '지도자'라는 뜻으로 쓰이지만, 여기서는 '왕'과 동일한 의미로 사용되고 있다. 또 26절에서는 '화평의 언약'(בְּרִית שָׁלוֹם 버리트 샬롬)이 '영원한 언약'(בְּרִית עוֹלָם 버리트 올람)으로 되게 하신다고 약속하신다. 그렇다면 여기서 말씀하시는 화평의 언약 즉 영원한 언약의 특징은 무엇일까? 화평의 언약은 34:25~31에 이미 언급한 바와 같이, 하나님께서 목자의 통치를 통해 주시는 평강에 대한 약속이다. 또 영원한 언약은 모세 오경에서 안식일의 말씀과 연관되거나(출 31:16), 할례와 연관되거나(창 17:13~14), 성전 제사 절차가 다양한 형태로 영원성(레 24:3, 8, 9; 2:13; 민 25:13)을 강조할 때 사용되었다. 즉 제사의 규례나 제사장의 규례 등에 관한 것이다.[28] 따라서 이 본문에서는 성소를 세워 하나님의 영원한 제사가 회복되는 장면을 묘사한 것으로 볼 수 있다. 이 장면은 40~48장에 있는 미래의 성전에서 자세히 설명되고 있다. 하나님의 종인 다윗에게서 그리스도가 나서 '한 목자'가 되어 그들을 평안히 통치하게 되며, 그리스도를 통해 새롭게 제사가 회복됨을 보여 준다. 그리고 성소가 백성들 가운데 있어서 하나님을 만날 수 있도록 하는 근거를 주고 항상 예배할 수 있도록 해 주신다. 따라서 성령님을 통해 하나님의 백성들이 부활을 체험하고, 망한 두 나라 역시 그리스도이신 "한 목자"(24절)를 통해 회복함을 얻는다.

24~28절에서 말씀하시는 회복은 첫째로, 하나님과 백성들의 관계성 회복이다. 즉 "나는 그들의 하나님이 되고 그들은 내 백성이 되리라"(27절)고 말씀하신다. 이것은 마치 결혼 고백과 같이 관계가 완전히 회복되는 것을 의미한다. 둘째로, 하나님께서 땅을 회복케 하셔서 성소를 그들의 땅에 두신다. 셋째로, 하나님께서 그들 가운데 거하신다고 약속하신다. "내 성소가 영원토록 그들의 가운데 있으리니"(28절)라는 말씀은 하나님의 성소인 '내 성소'(מקדשׁי미크다쉬)를 그들 중에 영원히 세우신다는 뜻이다(27절).

2. 설교를 위한 적용

1) 처절한 죽음에서 부활로(1~14절)

예수 그리스도의 십자가에서 죽으심과 부활은 신약성경의 핵심 주제이다. 구약 시대의 유대인들도 죽음, 배척 같은 바빌론의 멸망을 경험했다. 당시에 그들은 사망 선고를 받은 상태였고 민족적으로 미래의 소망도 없는 듯했다. 처절한 죽음을 경험하는 것과 같았고, 그들의 모습은 오래된 마른 뼈들과 같았다(11절). 이런 죽음을 경험한 백성들을 하나님께서 말씀(7절)과 하나님의 생기(10절)로 다시 살리셔서 살아 있는 군대가 되게 하셨다. 그들의 포로 경험은 무덤과 같고(12절), 새 출애굽의 역사는 무덤을 여는 죽음에서의 부활과 같았다(12~13절).

오늘날도 마찬가지로 하나님의 백성들이 말씀의 능력과 하나님의 영의 새롭게 하심을 경험하지 않는다면 그들의 모습은 오래된 마른 뼈들과 같을 수밖에 없을 것이고, 어떤 생명의 역사도 경험할 수 없을 것이다. 오직 하나님의 능력으로만 뼈들이 군대가 되는 경험을 할 수 있다. 개역한글의 '대언하다'(나비, 7절)는 '예언하다'라는 뜻이다. 예언은 미래의 일을 말하는 게 특징이 아니고, 구약성경 특히 선지서에서 '하나님의 말씀을 충만해서 말하다'라는 특징을 갖는다. 하나님의 백성들은 그분의 말씀을 전할 때 마른 뼈들이 살아서 골격을 갖추는 경험을 하게 된다. 이것은 전도의 역사이며, 말씀을 증거 하는 설교자의 역사이기도 하다. 사람의 뜻이 아니라, 하나님의 뜻을 증거 할 때 이런 역사가 일어난다. 따라서 그들에게 생명의 역사는 사방에서 불어온 생기를 통해서만 일어난다. 오늘날 교회가 세상을 살릴 수 있는 비법을 제시하는데 바로 하나님께서 약속하신 말씀과 영의 능력인 것이다.

2) 두 막대기에서 한 막대기로(15~28절)

분리와 분단에서 연합으로, 이념과 대립에서 하나로 가는 유일한 방법은 예수 그리스도인 '내 종 다윗'을 통해서만 가능하다. 물론 한국적 상황을 보면 통일 한국에 대한 소망의 근거를 제시하는 말씀으로 이 단락을 이해할 수도 있다. 하나님 안에서 얼마든지 한국은 통일될 수 있으며, 그런 말씀으로 본문을 이해할 수도 있다. 그러나 여기서 말씀하시는 것은 분리된 이스라엘과 유다가 하나가 되듯이, 오늘날에 분리되어 있는 많은 사람들이 그리스도를 '한 목자'로 모시게 되고, 하나님의 백성들이 관계를 회복해 함께 하나님을 섬기게 된다는 것이다(23절).

하나님께서는 '유다와 그 짝 이스라엘 자손'이라고 쓴 막대기와 '요셉과 그 짝 이스라엘 온 족속'이라고 쓴 막대기들을 서로 연합하여 하나가 되게 하라고 말씀하신다.

우리는 각자 지역적 대립, 경제적 계층, 교육적 격차, 신분 차이, 다른 환경적 배경을 갖고 있고 교회에서 분리된 경험을 하게 된다. 정치적 성향에서 나눠지고 수많은 견해에서 나눠진다. 이스라엘과 유다도 정치적으로 나눠졌지만, 은유적으로 마지막에 '한 민족'으로 된다고 말씀하신다(17절). 이것은 하나님의 백성들은 하나님을 중심으로 한 백성들로 되며, 다양한 교파로 나눠져 있지만 영원한 천국에선 하나님의 백성들로서 함께 하나님을 섬길 것이다. 신학적 다양성과 무조건적 교회 연합 운동에 대해선 고려해야 하지만, 같은 신앙을 가진 교회끼리 분리해 있는 현상은 안타깝기조차 하다. 한 하나님을 섬기는 백성들이 각자 섬기는 교회가 다르더라도 같은 마음으로 하나님의 나라를 세워가야 한다. 오늘날에 어려움을 겪는 개척 교회와 산골, 어촌, 농촌의 미자립 교회들도 같은 백성들로서 하나님을 섬기고 있다는 것을 잊지 말아야 한다.

맺는 말

34~37장은 에스겔서에서 회복에 대한 핵심 내용을 말씀하고 있다고 해도 과언이 아니다. 그래서 어떤 학자는 에스겔의 복음이라고 칭하기도 한다. 회복을 이루실 참 목자를 통해 땅을 회복하시고, 그분의 영광을 회복하시며, 백성들을 회복케 하셔서 한 하나님으로 섬기게 하실 것이다.

하나님께서 친히 참 목자가 되시고(34:15), '한 목자'(34:23)를 통해 회복케 하심으로써, 신인 양성을 지닌 예수 그리스도의 사역을 예표 한다고 볼 수 있다. 그리고 하나님께서 열방에 대한 심판 즉 교회와 하나님의 백성들에 대항하는 모든 세력들을 해결해 주실 것을 약속하신다(35~36장). 백성들을 하나님의 말씀과 영으로 회복케 하시고, 모든 백성들은 같은 하나님을 섬기도록 하실 것이라고 약속하신다(37장).

특히 에스겔은 하나님의 영 즉 성령님을 통한 회복을 강조하고 있는 반면, 예레미야는 말씀을 통한 회복을 강조하고 있음은 매우 흥미롭다.

예를 들어 36:26~28에서는 하나님의 백성들에게 성령님을 그 마음속에 두어 말씀을 행하게 하시지만, 유사한 본문인 예레미야 31:31~34에서는 그들에게 말씀을 두어 행하게 하고 회복케 하신다. 각 선지자는 시대마다 하나님께서 주신 특별한 메시지를 강조한다고 볼 수 있다.

특히 에스겔은 성령님을 통해서만 백성들이 회복되며(36장), 생기가 그들에게 불어가야 생명을 가진 군대가 된다고 약속한다. 그러므로 죽음과 분열을 경험하는 이 시대의 백성들에게도 에스겔의 메시지는 유일한 소망으로 다가오고 있다.[29] '하나님의 말씀이 에스겔에게 임하셨다.'

15

최후의 전쟁과 궁극적 목표

에스겔 38~39장 주해와 적용

본문의 개요

38~39장은 마곡의 곡과 벌이는 전쟁에 대해 언급하고 있다. 이 전쟁의 주제는 에스겔서 안에서 특별한 신학적 목적을 구현하는 데 기여한다. 이 장들은 에스겔서 안에서 33~39장까지 여호와 신앙 공동체의 새로운 건설을 위한 청사진의 마지막 단계에 속한다. 33장은 에스겔을 다시 파수꾼으로 부르는 내용이고, 34장은 신앙 공동체의 합당한 지도력의 문제를 다룬다. 35장은 에돔에 대한 심판 선언을 담고 있는데 아마 이것은 새로운 이스라엘 건설에 장애가 되는 이웃의 경쟁 집단 즉 에돔 제거에 관심을 두고 있는 것 같다. 36장은 이스라엘의 산들에 대해 다룬다. 이것은 앞의 35장과 대비되어 새로운 이스라엘이 살게 될 회복의 삶을 확언한다. 37장은 마른 뼈 골짜기 환상이다. 그 환상의 목적은 38~39장에서 벌어질 최후의 전쟁을 수행할 새로운 이스라엘의 군대 건설에 관심을 두고 있다. 마지막으로 38~39장은 새로운 이스라엘의 대적인 마곡의 곡 및 그 수하 집단과 벌일 최후의 전쟁을 묘사하고 그 결과가 궁극적으로 지향하는 바가 무엇인지를 선포한다.

이와 같이 에스겔은 하나님의 공동체 건설을 위해 필수적으로 요청되는 작업을 차례로 나열하고 있다. 따라서 전쟁의 위협이나 외부 민족 및 경쟁이나 내부의 나쁜 지도력이 모두 제거되고 생존 환경이 잘 정리된 상태에서 에스겔은 새로운 성전 건설을 위한 청사진을 40~48장을 통해 선포한다. 이런 에스겔의 회복 프로그램은 그 과정의 주체가 이스라엘 공동체나 그들의 지도자가 아니라, 오로지 여호와 하나님이라는 사실을 강조한다.

이 두 장에서 언급하고 있는 마곡의 곡과 벌이는 최후의 전쟁이 어떤 역사적 실체를 지시하는지 해석자들은 오랫동안 고심해 왔다. 특히 곡의 정체가 더욱 그렇다. 곡은 에스겔 38~39장과 요한계시록 20:8에만 등장한다. 그리고 창세기 10:2과 역대상 1:5에서 마곡은 메섹 및 두발과 함께 야벳의 아들이라고 말한다. 에스겔서에서는 마곡의 곡을 여호와 하나님이 멸망시킬 최후의 전쟁 상대자로 지목하고 있기 때문에 그 정체가 궁금하지 않을 수 없다. 어떤 학자는 곡을 특정하게 지목할 수는 없지만 흘러온 인류 역사에서 여러 가지 모습으로 나타난다고 해석하기도 한다. 이를 테면, 곡을 에티오피아나 고트족 혹은 유럽을 침공한 무슬림이나 몽고 족속 혹은 현대사에서 스탈린이나 히틀러로 볼 수 있다는 것이다. 그러나 에스겔이 바빌론에 사로잡혀 간 포로 공동체의 일원이었음을 고려한다면, 그 정체를 장구한 역사 속에 여러 모양으로 나타난 군사 집단들이라고 규정하기보다 우선적으로 이 단어가 바빌론 제국과 어떤 상관관계가 있는지 질문해 봐야 한다.

'마곡'(Magog)이란 히브리어 자음 세 개인 '멤'(מ)–'기멜'(ג)–'기멜'로 이뤄진 단어이다. 만일 이 자음들을 알파벳 순서상 하나씩 앞당겨 읽어 보면 '라멕'(ל)–'벳'(ב)–'벳'이 되어 이것을 거꾸로 읽어 보면 '바벨'이라는 소리가 난다. 우연의 일치일 수도 있지만, 이와 같은 이유로 에스겔은 마곡이라는 단어를 통해 바빌론 제국을 암호화한 것이 아닌가 하는 분석도 가능하다. 에스겔 당시에 바빌론은 하나님의 성전을 훼파하고 하나님의 백성을 포로로 붙잡아 압제하던 제국이기 때문이다. 그런 분석을 바탕으로 판단컨대 아마 곡 신탁은 바빌론 제국의 군대를 이스라엘 신앙 공동체의 전형적인 대적으로 묘사한 것일 수 있으며 그들을 파괴함으로써 하나님의 주도적 승리를 선포하는 것이라고 할 수 있다.

한편 38~39장을 읽는 대상은 바빌론에 포로로 사로잡혀 온 유다의 지도자들이다. 그런 의미에서 에스겔의 예언이 추구하는 목적은 마치 이사야 40~55장과 같다. 이사야는 고국으로 귀환하기를 두려워하는 바빌론의 유다 포로민들에게 자신감을 불어넣어 주면서 회복에 대한 희망을 선포하고 있기 때문이다. 에스겔도 이곳의 신탁 선포를 통해 크게 다르지 않은 목표를 추구한다. 다만 그는 제사장으로서 최후의 전쟁을 통해 이루려는 궁극적 목적이 예전에 실추된 여호와 하나님의 영광을 회복하는 것임을 역설한다 (39:21~29).

곡을 불러내어 심판하는 하나님(38장)

　곡을 부르심(1~17절)

　곡을 쳐부숨(18~23절)

곡의 패배와 하나님의 거룩한 이름(39:1~10)

　곡의 패배(1~8절)

　무기 수거(9~10절)

곡의 매장과 승전 잔치(39:11~20)

　곡의 매장(11~16절)

　승전 잔치(17~20절)

영광을 받는 하나님(39:21~29)

　얼굴을 가리심(21~24절)

　얼굴을 보이심(25~29절)

본문 주해

1. 곡을 불러내 심판하시는 하나님(38장)

38장을 크게 두 단락으로 나눌 수 있다. 전반부(1~17절)는 곡을 불러내시는 하나님을, 후반부(18~23절)는 불러낸 곡을 심판하시는 하나님을 묘사한다. 단락 전체에서 눈에 띄는 것이 있다. 즉 여호와가 이 모든 일의 주체시라는 것이다.

1) 원수들을 불러내는 여호와 하나님(1~6절)

에스겔은 여호와로부터 "마곡 땅에 있는 곡 곧 로스와 메섹과 두발 왕에게로 얼굴을 향하고 그를 쳐서 예언하여"(2절)라는 말씀을 듣는다. 그 내용은 "너를 돌이켜 갈고리로 네 아가리를 꿰고 너와 말과 기병 곧 네 온 군대를 끌어내되… 그들과 함께한 바 방패와 투구를 갖춘 바사와 구스와 붓과 고멜과 그 모든 떼와 극한 북방의 도갈마 족속과 그 모든 떼 곧 많은 백성의 무리를 너와 함께 끌어내리라"(4~6절)는 것이다. '로스와 메섹과 두발 왕'이라는 표현에서 첫 머리 '로스'는 히브리어로 '머리'를 뜻하므로 러시아와 관련된 고유 명사라기보다 '메섹과 두발의 우두머리 왕'으로 읽을 수도 있다. '메섹과 두발'은 27:13에서 두로의 무역 상대국으로 등장하며, 32:26~28에선 세상을 두렵게 했으나 이제 무덤에 누워 있는 자라고 경멸하는 어조로 묘사된다.

5~6절은 곡의 동맹군 다섯을 표현한다. 그들은 바사, 구스, 붓, 고멜, 도갈마인데, 바사를 제외하고 나머지는 창세기 10:2~6에 등장한다. 고멜의 후손들은 아마 우크라이나에서 유래한 인도-유럽 족속으로서 킴메리족(cimmerians)이다. 그들은 지금의 소아시아 지역에 살다가 주전 7세기에 앗수르에 의해 멸망했다. 에스겔은 도갈마 족속이 '북쪽 끝'에서 온다고 말한다. 곡의 동맹군은 메섹, 두발, 바사, 구스, 붓, 고멜, 도갈마를 포함해 일곱 족속으로 '7'은 전부 혹은 완전하다는 상징적 의미가 있다. 게다가 그들의 위치는 구스와 붓이 남쪽 끝에서 오고, 고멜과 도갈마가 북쪽 끝에서 오기 때문에 곧 벌어질 전쟁은 세계적 규모의 마지막 전쟁이 될 것임을 시사한다. 그리고 그 세계 전쟁을 주도한 세력은 일곱 동맹국이 아니라 여호와 하나님이시다. 가시적으로 살벌하고 가공할 만한 원수들이 몰려오는 것처럼 보이지만 실상은 여호와의 손길에 의해 움직이는 꼭두각시에 불과하다.

2) 전쟁의 시기와 장소(7~9절)

여호와는 곡을 '너'라고 부르며 "스스로 예비하되 너와 네게 모인 무리들이 다 스스로 예비하고"(7절)라고 명령한다. 이 부름의 긴박한 느낌과 달리, 실제로 전쟁이 일어날 시기는 "여러 날 후 곧 말년"(8절)이다. 그리고 전쟁이 벌어지는 장소는 "그 땅 곧 오래 황무하였던 이스라엘 산"(8절)이다. 이 전쟁이 벌어지는 장소의 상황은 "그 땅 백성은 칼을 벗어나서 열국에서부터 모여 들어 오며 이방에서부터 나와서 다 평안히 거하는 중"이라고 부연한다(8절). 곡이 전쟁을 일으키는 뚜렷한 목적이나 명분은 설명되고 있지 않다. 다만 전쟁의 위세를 "너와 네 모든 떼와 너와 함께한 많은 백성이 광풍같이 이르고 구름같이 땅을 덮으리라"(9절)고 묘사하고 있다.

3) 전쟁의 목표(10~17절)

10절은 곡이 심중으로 "악한 꾀"를 품을 것이라고 말함으로써 전쟁의 목적을 기술한다. 전쟁 대상자들은 "평원의 고을들"에 거주하면서 "성벽도 없고 문이나 빗장이 없어도 염려 없이 다 평안히 거하는 백성"이다(11절). 전쟁을 통해 얻으려는 것은 "은과 금… 짐승과 재물… 물건"(13절)을 약탈하는 일이다. 이와 같은 전쟁이 일어나는 것은 여호와의 주도적 역사로 인한 일이고 그 전쟁의 궁극적인 목적은 "내가 너로 말미암아 이방 사람의 목전에서 내 거룩함을 나타내어 그들로 다 나를 알게 하려 함"(16절)이다.

요약하면, 마지막 날에 벌어질 세계 전쟁은 여호와 하나님이 오래전에 계획한 사건이 실현되는 것이다. 그때가 되면 곡과 그의 동맹국 일곱 나라는 북쪽 끝과 남쪽 끝에서 연합 전선을 구축하고, 사로잡혀 간 이방 나라에서 이스라엘의 산으로 귀환해 오랫동안 평안히 거주하는 백성의 재물을 약탈하려고 몰려들 것이다. 이 전쟁은 하나님의 계획에 의해 일어난다. 그것은 여호와 하나님의 거룩함을 나타내어 그를 알게 하려는 목적 때문이다. 전쟁의 의사도 없이 평안히 살던 이스라엘 백성은 엄청난 위기에 빠질 것이지만, 여호와 하나님이 간섭하는 전쟁이므로 결국 모두가 하나님의 거룩하심만을 기억하고 깨닫게 될 것이다.

4) 곡을 멸망시키는 하나님(18~23절)

하나님을 생각지 않고 전쟁에 광분한 곡이 이스라엘 땅을 치러 오면 드디어 하나님의 '노여움'이 표출될 것이다. 그 노여움은 큰 지진(19절)과 같은 자연 재해, 전염병과 피, 쏟아지는 폭우, 비처럼 내리는 큰 우박덩이와 불 그리고 유황 같은 재난으로 나타날 것이다(22절). 이스라엘을 공격하는 곡과 그 동맹국에게 내려지는 재난을 통해 그들은 패배할 것이다. 곡의 패배에 이스라엘은 전혀 기여하는 바가 없다. 곡을 이긴 여호와 하나님은 "여러 나라의 눈에 내 존대함과 내 거룩함"을 보여 주실 것이다(23절).

우리가 근현대사를 공부하다 보면 크고 작은 전쟁들이 일어났음을 알 수 있다. 전쟁마다 특별한 이유야 있겠지만 전쟁의 목표는 지극히 단순하다. 즉 재물을 얻으려는 이기적 동기 때문이다. 그리고 전쟁의 참화를 당하는 사람들은 평안히 사는 백성들이다. 전쟁마다 너와 나, 적군과 아군으로 나뉘어 서로 죽고 죽여야 할 이유가 무엇인지를 곰곰이 생각해 보아야 할 것이다. 전쟁이 발생하는 근거는 이기심을 충족하려는 목적 외에 다른 것이 없다.

그러나 하나님이 그렸던 인류 사회는 상호 공존하면서 세상을 아름답게 (참고 "보시기에 좋았더라") 만드는 것이었다. 그러므로 여호와 하나님의 간섭과 개입의 궁극적인 목적은 이익을 극대화하려고 전쟁을 일으킨 세상의 강력한 군대를 완전히 멸망시켜 온전한 평화를 창출하는 데 있다. 이를 통해 하나님은 온 세상을 다스리는 분은 오직 여호와 하나님이시며 그분이 바라시는 바는 평화임을 깨닫기 원하신다. 이것이 바로 거룩하고 위대한 하나님의 모습이다. 성도들은 이런 하나님의 모습을 가슴에 새기고 세계 평화를 추구하며 살아가야 한다.

2. 회복된 하나님의 영광(39장)

39장은 38장의 신탁에 이어 이미 예상된 곡과 그 동맹국의 패배를 보다 상세하게 기술하고 있다. 1~8절은 곡의 패배를, 9~10절은 패배한 곡이 버린 무기를 불태워 버리는 장면을, 11~16절은 패배한 곡의 군사들의 시체를 일곱 달 동안 매장해 그 땅을 정결히 한 다음에 성대한 잔치를 베푸는 장면을 묘사한다(17~20절). 이어서 이 전쟁의 결과에 대해 설명한다. 하나님은 과거에 이스라엘의 패망으로 인해 영광 대신에 수치를 경험해야만 했다. 그것은 여호와가 그 얼굴을 가렸기 때문이다(24절). 이제 전쟁의 승리자인 여호와는 그 수치를 깨끗이 청산하고 모든 민족들 위에 다시 영광을 회복할 것이다(21~24절). 그리고 과거에 이스라엘이 포로가 되어 사로잡혀 간 까닭은 그들이 하나님께 지은 범죄로 인해 하나님의 심판을 받았음을 알게 될 것이다.

마지막 장면은 다시 에스겔의 포로 된 현실로 돌아온다. 여호와는 곡을 멸망시킨 후에 '야곱의 사로잡힌 자'들을 한 사람도 남기지 않고 고국으로 돌아오게 할 것이다. 왜냐하면 이스라엘의 온 족속을 사랑하기 때문이다. 그리고 다시는 하나님의 얼굴을 가리는 일은 없을 것이라고 재천명한다(25~29절).

1) 곡의 패배와 땅의 정화(1~20절)

하나님은 곡의 왼손에 든 활과 오른손에 든 화살을 쳐서 떨어뜨린 후 이스라엘 산에서 쓰러뜨릴 것이다. 그리고 그들의 시체는 독수리, 매, 까마귀와 같은 각종 사나운 새와 사자, 하이에나, 표범과 같은 들짐승에게 먹힐 것이다(2~5절). 38:4에서 언급한 바 있는 곡과 동맹국의 무시무시한 군사 장비는 여기서 활과 화살로 간단하게 묘사되고 있다. 승패는 공격 무기에 달려 있기 때문에 하나님은 곡의 공격 무기를 무력화시킨 다음 산에서 죽일 것이며 그들의 주검은 더 이상 상상하기 싫을 정도로 맹수들에게 잔인하게 먹히도록 내버려질 것이다. 여기서 하나님의 명백한 승리와 피하고 싶은 패배를 단언하고 있다.

이어서 하나님은 곡의 영토인 마곡과 섬에 평안히 거주하는 자들에게 불을 내릴 것이라고 선언한다(6절). 곡이 이스라엘 땅에 평안히 거주하고 있는 자들에게 진격한 것처럼, 그와 반대로 평안하다고 여기는 곡의 영토에 심판의 불이 내려질 것이라고 못 박는다. 곡의 군대만 파괴하는 것으로 그치지 않고 본국까지 멸망시켜 적대 세력을 원천적으로 제거할 것이다. 따라서 두 번 다시 여호와의 이름이 더럽혀지지 않도록 조치한다(7절).

그다음에 곡의 패배로 인해 땅에 떨어진 무기들도 제거한다. 이스라엘 성읍 거주자들이 나가서 곡의 군대 무기를 불살라 없애는 데 7년이나 걸릴 것이라고 말한다. 따라서 그동안 땔감이 필요 없을 정도가 된다(9~10절). 전쟁 무기의 완전 소각은 이스라엘에 거하는 주민들이 평화스런 삶을 일구도록 하는 양상으로 발전한다. 에스겔서의 이 대목은 은연중에 인류에게 무기 개발에 경주하기보다 평화스런 삶의 유지와 발전을 위해 노력할 것을 가르치고 있다.

제사장 에스겔은 시신 처리에 관심을 기울인다. 땅에 버려진 시체는 그 땅을 부정하게 하므로 거주민들이 일곱 달 동안 그 시체들을 매장할 것이고 그 장소는 '하몬곡의 골짜기'(곡의 군대의 골짜기)로 도시의 이름은 '하모나'(군대)로 부르게 될 것이라고 한다(11~16절). 혹자는 '하모나'가 예루살렘이라고 주장하기도 한다. 여기서 에스겔은 미래에 될 일을 말하면서 그것을 기정사실화하는 방식으로 전한다. 그래서 전쟁터와 도시의 이름까지 붙여서 이 전쟁이 역사 속에 길이 남게 될 것이라고 확신한다.

마지막 단락은 설명하기 조금 어려운 장면을 묘사하고 있다. 앞 단락은 곡의 군대 시체들을 깨끗이 매장하는 장면을, 17절부터는 매장되지 않은 시신 처리를 언급하고 있다. 특히 17절의 '잔치'(חבז제바흐)는 구약에서 짐승을 잡아 드리는 희생 제사를 말한다. 흔히 제사에서는, 제물을 드리는 사람들이 피와 기름은 여호와의 것으로 따로 드리고 나머지 살코기는 나눠 먹는다. 그런데 여기서 제사에 참여해 제물을 먹는 자들은 사람이 아닌 '각종 새와 들의 각종 짐승'이다(17절). 그들이 먹는 것은 죽은 시신들의 피와 살이다. 이것은 아마 죽임을 당한 곡의 군대에 대한 또 다른 처리 방식을 언급함으로써 그들의 패배를 다시 한 번 단정하고 자축하는 모습을 거듭 강조하기 위한 의도로 보인다.

18절에 '바산의 살진 짐승'이라는 표현은 곡의 군대를 은유한다. 곡의 군대의 시체들이란 그저 들짐승들의 배나 실컷 채우게 할 재료에 지나지 않는다는 뜻도 있을 것이다. 이 단락은 전쟁 이후 벌어질 상황이 보여 주는 음울한 현실을 상기시켜 준다. 즉 생명이 없는 시체들은 그저 들짐승들의 먹이로 전락할 뿐이며 인생의 가치가 어떻게, 무엇으로 고상해질 수 있을지를 진지하게 물어보게 만드는 대목이다.

2) 회복된 하나님의 영광(21~29절)

곡과의 전쟁 예고와 그 결과에 대한 신탁은 39:20로 끝나고 이어지는 두 단락(21~24, 25~29절)의 내용은 포로 상황에 처해 있는 에스겔의 신앙 공동체에 대한 권면으로 보인다. 그리고 두 단락은 뒤따르는 40~48장의 성전 환상을 연결시켜 주는 고리 역할을 한다.

21~24절은 역사의 종말에 벌어질 전쟁의 진정한 목적이 무엇인지 밝히고 있다. 전쟁에는 두 가지 목적이 있다. 하나는 이스라엘이 여호와는 자신들의 하나님인 줄을 알게 되는 것과 다른 하나는 이스라엘 족속이 과거에 포로로 잡혀갔던 일은 여호와의 무능 때문이 아니라 자신들의 범죄로 인해 하나님께 심판 받은 것임을 여러 민족들이 알게 된다는 사실이다. 그리고 이스라엘의 몰락은 하나님이 그 얼굴을 가렸기 때문이다. 여기서 성경의 전형적인 메시지를 발견할 수 있다. 신앙 공동체는 언제나 하나님의 얼굴을 구해야 하고, 하나님께서 끝없는 은혜와 자비를 신앙 공동체에 베풀어 주셔야 삶을 영위할 수 있다는 사실이다. 하나님의 얼굴이 비추는 것과 가려지는 것은 신앙 공동체의 삶에 엄청난 차이를 가져온다. 여호와 하나님의 얼굴을 구하라. 그 얼굴을 가리게 하는 일을 삼가라. 의롭고 바르며, 선하고 성실하게 살아라. 그래야 하나님의 은혜의 얼굴을 바라볼 수 있다.

25~29절은 포로들이 고국으로 귀환하는 주제를 다룬다. 이 단락은 지금까지 주제였던 곡과의 전쟁에 첨가된 신탁으로 보인다. 현재 에스겔의 신앙 공동체는 바빌론의 포로로 잡혀 있다. 다시 현실로 돌아온 에스겔은 포로 공

동체에게 귀환의 소망을 불어넣어 준다. 역사의 주인이신 여호와 하나님은 반드시 야곱의 사로잡힌 자들을 고국 땅으로 돌아오게 하실 것이다. 38~39장에서 승리의 전쟁을 수행한 여호와 하나님은 이제 사랑이 가득한 하나님, 영광을 회복한 하나님의 모습으로 공동체 앞에 나타나 그들의 귀환을 약속한다. 그들의 귀환 가능성은 하나님의 얼굴이 가려지지 않기 때문에 가능하다. 그들은 새로운 성전에 대한 소망을 갖고 귀환을 기다리고 있으면 현실로 경험하는 은혜를 누리게 될 것이다.

38~39장 전면에 흐르는 섬뜩한 전쟁 이야기로 시작해 마지막 단락에서 다시 현실로 돌아와 귀환의 소망을 장려하고 하나님의 얼굴이 비추기를 기다리게 만든다. 여호와 하나님은 역사의 주인이다. 구원의 역사는 정결하고 거룩한 삶에서 출발한다. 참된 신앙은 거룩한 삶의 열매를 맺는 일을 목표로 한다. 그래야 여호와 하나님이 영광을 받으실 수 있다. 우리 삶이 어떠한가에 따라 하나님의 영광이 빛날 수 있고, 정반대로 그 영광에 먹칠해 수치를 안겨 줄 수도 있다. 따라서 신앙인의 일거수일투족이 하나님의 영광에 직결되어 있음을 명심해야 한다. 신앙인의 삶의 목적은 하나님께 영광을 돌리며 사는 것이다.

16

새 성전 회복과 그리스도

에스겔 40~42장 주해와 적용

본문의 개요

에스겔서에 기록된 모든 환상과 계시의 말씀은 죄에 대한 심판과 심판 이후의 구원과 관련이 있다. 즉 에스겔서의 주요 내용은 죄에 대한 하나님의 심판(1~32장)과, 심판 이후의 회복 및 구원 언약(33~48장)으로 요약할 수 있다. 하나님은 죄에 대해 반드시 심판하시지만 그 후에는 언약에 따라 죄인을 구원하는 언약의 아버지이시다. 따라서 에스겔서는 죄의 결과인 현재의 절망을 넘어 미래의 언약적 구원의 소망을 보여 주는 구약의 복음서라 할 수 있다. 이처럼 에스겔서는 죄에 대한 하나님의 심판이 선행되고 그 후에 하나님의 자비와 긍휼에 의한 언약 백성의 용서와 회복과 구원에 대해 선포하고 있다.

에스겔서가 죄에 대한 심판을 강조하는 것은 그리스도의 대속적 죽음의 필연성을 나타내며, 심판 이후의 무조건적 은혜와 구원의 회복은 메시아를 통한 구원의 회복을 나타낸다. 결국 다니엘서가 이스라엘의 정치적 회복을 통한 메시아적 구원과 하나님 나라를 의미한다면, 에스겔서는 이스라엘의 신앙적 회복과 새 성전의 회복을 통해 메시아의 십자가 사건과 구원의 회복을 의미한다.

40~42장의 환상과 계시의 말씀도 앞서 언급한 에스겔서 전체의 내용과

주제에서 새 성전의 회복이 주는 진정한 의미를 말해 준다.

성전 회복의 환상(40장)
　주목하라, 들으라, 두라, 말하라(1~4절)
　성전 뜰의 문과 방들(5~27절)
　성전 안뜰과 방들(28~49절)
성전 내부의 환상(41장)
　성소와 지성소와 골방(1~11절)
　성전의 외부와 문(12~26절)
제사장들의 방과 성전 주변의 환상(42장)
　제사장들의 방(1~14절)
　성전 뜰과 담의 척량(15~20절)

본문 주해

1. 성전 회복의 환상(40장)

1) 주목하라, 들으라, 두라, 말하라(1~4절)

40장의 내용은 에스겔서의 마지막 부분(40~48장)의 세 단락 곧 새로운 성전 회복(40~43장), 새로운 예배 회복(44~46장), 새로운 나라의 회복(47~48장) 중 첫 단락의 일부로써, 새 성전의 회복에 관한 계시다. 유다가 멸망하면서 수많은 유다 백성이 포로로 붙잡혀 바빌론으로 끌려온 지 25년이 지났을 때, 곧 예루살렘이 완전히 함락된 후 14년이 지났을 때 여호와의 권능이 에스겔을 이스라엘 땅으로 데려가신다. 여기서 에스겔은 환상 중에 이스라엘 땅의 지극히 높은 한 산에 도착하고 그곳에서 산 아래로 펼쳐지는 한 성읍을 보게 된다. 이것은 장차 이스라엘이 회복된 후에 나타날 아름다운 성읍의 형상이다.

또한 놋같이 빛난 사람 곧 천사가 모시로 만든 끈과 척량하는 막대기를 손에 들고 성읍 입구에서 환상 중에 에스겔에게 말한 내용도 언약 백성의 회복에 관한 내용이다. '인자야 지금부터 내가 너에게 보여 줄 모든 것들을 네 눈으로 자세히 주목하고 또 네 귀로 잘 듣고 마음에 깊이 새겨 두어라. 이것이 바로 너를 이곳에 데려온 이유이기 때문이다. 그리고 네가 보는 모든 것을 이스라엘 백성에게 말하라'(4절, 사역).

4절에는 네 개의 중요한 명령형 동사가 나온다. '너는 보라'(רְאֵה레에), '너는 들으라'(שְׁמַע쉐마), '그리고 너는 두라'(שִׂים뻬심), '너는 말하라'(הַגֵּד학게드). 이 단어들은 에스겔 선지자를 다시 부르시는 하나님의 목적을 알려 준다. 하나님이 바빌론에서 포로 생활하고 있는 이스라엘 백성에게 선지자 에스겔을 통해 장래의 일에 대해 끊임없이 말씀하신다. 비록 그들은 죄를 범해 하나님의 심판을 받아 포로 생활을 하고 있지만, 예레미야 선지자를 통해 약속하신 대로 징계의 기간이 끝나면 다시 고국으로 돌아가게 해 주실 것을 재확인하며 구원의 회복에 대한 소망을 주시는 것이다.

에스겔이 환상 중에 본 이스라엘 땅의 지극히 높은 한 산은 언약의 시온 산이며 산 아래로 펼쳐지는 한 성읍은 예루살렘 성이다. 이것은 장차 이스라엘이 회복된 후에 나타날 아름다운 성읍의 형상이며 동시에 그리스도를 통한 언약의 회복 곧 그리스도의 탄생과 십자가 사건을 통한 하나님 나라의 영적 회복을 의미한다.

따라서 40장의 새 성읍과 새 성전의 환상은 심판 중에도 긍휼과 자비를 베푸시는 하나님의 눈물겨운 사랑을 보여 준다. 또한 언약 백성에 대한 하나님의 보호와 신실한 사랑을 나타내는 것이다. 곧 바빌론 포로 생활 이후에야 비로소 회복의 은혜가 주어진다는 것이다. 죄에 대한 심판(공의)이 없으면 구원의 은총(사랑)도 없다. 즉 그리스도의 십자가에서 대속적 죽음은 죄에 대한 심판(공의)인 동시에 죄인에 대한 무조건적 용서와 구원(사랑)에 대한 역사적 사건임을 암시한다.

2) 성전 뜰의 문과 방들(5~27절)

에스겔은 환상 중에 성전을 둘러싸고 있는 담을 본다. 놋같이 빛난 사람 곧 천사가 모시로 만든 끈과 척량 막대기로 재어 본 결과, 그 담의 두께와 높이는 척량 막대기 하나 정도(약 3.2m)였다.

우선 에스겔은 동쪽을 향한 문으로 들어간다. 성전 안으로 들어가기 위해선 반드시 이 문을 통과해야 한다. 이 문은 단 하나의 구원의 문이신 예수 그리스도를 상징한다(요 10:9).

계단을 지나 문의 입구를 척량하고 문지기들의 방도 재었다. 그리고 성전을 향하는 출입문의 현관도 재었다. 동쪽 문 안쪽에 크기가 같은 작은 방 세 개가 있고 그 방들의 크기도 재었다.

다시 에스겔은 천사를 따라 바깥뜰로 나간다(5~27절). 거기에 여러 개의 방이 있고 성전 뜰은 잘 포장되어 있으며 포장된 길을 따라 서른 개의 방들이 있다.

천사는 계속해 에스겔을 데리고 북쪽 문과 남쪽 문으로 가서 각각 그 문들과 주변 방들을 척량했다. 남쪽으로 난 문과 북쪽으로 난 문의 크기는 같고 주변의 방이나 창문의 크기도 같다. 이렇게 척량하는 모습을 자세히 기록한 것은 하나님의 은혜 아래 성전의 회복이 반드시 이뤄짐을 의미한다. 성전의 회복은 장차 그리스도 안에서 이뤄질 구원과 하나님 나라의 회복에 대한 그림자이다.

3) 성전 안뜰과 방들(28~49절)

에스겔은 환상 중에 천사와 함께 남쪽 문을 지나 안뜰로 간다. 그리고 안뜰의 남쪽 문과 동쪽 문의 크기와 그 주변의 방들과 창문 등을 재었다. 그곳의 크기도 다른 문들의 크기와 같았지만 북쪽으로 난 문과 남쪽으로 난 문에는 일곱 계단이 있는 반면에, 이곳 안뜰의 문으로 들어가는 길에는 여덟 계단이 있다.

에스겔은 계속해 성전 안뜰과 부속 건물의 방들을 본다(28~49절). 이는 장차 회복될 성전 안뜰에 관한 환상이다. 즉 에스겔은 성전 안뜰의 남문(28~31절), 동문과 북문(32~37절), 번제물을 씻는 방과 상(38~43절), 제사장들의 방(44~49절)을 정확하게 척량하는 환상을 본다.

이런 환상에 대해 에스겔은 자세히 보고 들으며 마음에 새겨 바빌론에서 절망 중에 포로 생활하고 있는 언약의 백성에게 전해 줘야 했다. 북쪽 문 곁에는 문이 딸린 방 하나가 있는데 제사장들이 번제물을 씻는 곳이다. 그 방 안의 양쪽에 상이 두 개씩 모두 네 개가 있고 그 위에서 번제물, 속죄제물, 속건제물을 씻는다.

또한 그 방 바깥 양쪽에도 각각 상이 두 개씩 모두 네 개가 있으며 결국 그 방의 문 안과 밖에는 네 개씩 모두 여덟 개의 상이 있다. 돌을 다듬어 만든 그 상 위에 고기들이 있고 방 벽에 갈고리 등 제물을 잡는데 필요한 여러 도구들이 걸려 있다. 또 안뜰에 방이 두 개 있는데 각각 북문과 남문을 향하고 있다.

일반적으로 남쪽을 향한 방은 성전에서 일하는 제사장들의 방이며 북쪽을 향한 방은 제단에서 일하는 제사장들의 방이다. 그 제사장들은 모두 레위의 후손들로서 사독의 자손들이었다. 성전에서 제사장의 중재 역할은 매우 중요하다.

성전에서 제사는 반드시 세 가지 요소를 갖출 때 가능하다. 즉 죄인과 제물과 제사장이다. 이것은 그리스도께서 친히 대제사장이 되시고 죄인을 대신해 자신을 제물로 하나님께 드리심으로써 인간의 죄에 대한 하나님의 공의를 만족시키실 것에 대한 그림자요 모형이다. 에스겔이 보고 있는 성전 곳곳의 척량 모습은 성전 회복과 그리스도 안에서 구원의 회복에 대한 확실성을 보여 준다.

4) 설교를 위한 적용

첫째, 본문은 예수 그리스도를 통해 나타난 구원의 회복과 하나님의 계시(말씀)만을 증거 하는 선지자적 사명을 바르게 수행해야 함을 요구한다. 선지자 에스겔은 자신의 말을 전하는 것이 아니라 '주 여호와는 이러하시다'라고 외치며 하나님의 말씀만을 가감 없이 전해야 하는 사명자로서 하나님의 부르심을 받았다(2:4). 또한 백성들이 '듣든지 아니 듣든지' 하나님의 말씀을 전해야만 했다(2:5). 수많은 유대인들이 바빌론으로 끌려와 포로 생활(14~25년)을 하고 있는 시점에서 에스겔은 마지막으로 예루살렘의 회복과 성전의 회복을 환상 중에 보았고 그것을 이스라엘 백성에게 가감 없이 전했다.

이 환상은 심판 중에서도 긍휼과 자비를 베푸시는 언약의 하나님이 이스라엘에게 신앙적 회복과 새 성전의 회복에 대한 소망으로 주어진 것이다. 동시에 이 환상은 미래에 성취될 메시아의 십자가 사건과 구원의 회복에 대한 소망으로 주어진 것이다. 따라서 에스겔서를 읽을 때 환상과 계시의 말씀을 통해 때로 상징적으로, 때로 모형적으로 언급되는 메시아를 만날 수 있어야 한다.

둘째, 에스겔이 본 성전 회복에 관한 모든 환상들은 영적 이스라엘의 구원과 하나님 나라의 회복에 대한 모형이다. 파괴된 성전이 회복되는 환상은 바빌론 땅에서 포로 생활하고 있는 이스라엘 백성에겐 놀라운 은총이며 소망이다. 나아가 이스라엘의 회복은 메시아를 통한 영적 이스라엘의 회복 곧 모든 믿는 사람들에게 임하는 하나님의 구원의 회복을 모형적으로 보여 준다. 문들의 크기와 너비와 높이를 정확하게 재는 환상은 예루살렘 성전이 반드시 회복될 것에 대한 하나님의 계시이다. 이런 환상들을 에스겔은 잘 보고 들으며 마음에 새겨 바빌론에 있는 이스라엘 백성에게 정확하게 전해야 했다.

셋째, 에스겔이 본 모든 환상들은 미래의 영적 실체인 교회에 대한 완전한 회복의 모형이다. 예루살렘 성전은 이미 파괴되었지만 지금 에스겔의 눈앞에 펼쳐지고 있는 성전의 동쪽, 북쪽, 남쪽으로 난 문들을 측량하는 모습은 장차 이스라엘의 회복과 함께 실제로 성전의 회복을 의미한다. 동시에 신약 시대의 메시아로 인한 교회의 모습이기도 하다. 새 성전의 회복은 그리스도의 대속적 죽음을 통한 영적 이스라엘의 진정한 회복 곧 구원과 하나님 나라의 도래를 말한다. 이스라엘의 회복과 성전 제도의 회복은 하나님의 무조건적 용서와 은혜를 뜻하며, 이것은 예수 그리스도를 믿는 모든 죄인들에 대한 하나님의 용서와 사랑을 뜻하기도 한다.

2. 성전 내부의 환상(41장)

41장에는 성전 내부에 대한 환상 곧 성소 내부(1~4절), 지성소와 골방(5~11절), 성전 외부 크기(12~15절), 성전 내부의 모습(16~26절) 등을 기록하고 있다. 이런 성전 내부의 모습은 솔로몬 성전의 모습과 비슷하다.

성전 내부와 문들의 크기, 너비, 높이를 정확하게 재는 모습의 환상은 예루살렘 성전이 반드시 회복될 것에 대한 하나님의 계시이다.

성전은 하나님의 임재의 상징이며 하나님이 죄인을 만나주시는 거룩한 장소이다. 이런 의미에서 구약 시대의 성전은 그리스도와 그분의 교회의 표상이다.

1) 성소와 지성소와 골방(1~11절)

먼저 천사는 에스겔을 데리고 성소로 들어가 벽과 방 등을 모두 척량한다. 그러나 지성소 안은 천사가 혼자 들어가 그 안의 크기와 벽을 척량한다. 성소와 지성소는 성전의 핵심 요소로써 예수 그리스도의 십자가 사역에 대한 모형이다. 짐승의 피를 흘림으로써 죄인들이 하나님께 나아가는 성전의 기능은 그리스도의 대속적 죽음으로써 그들이 하나님과 화목 하는 은총을 받는 것과 같다. 성소는 평소에 제사장들이 들어와 백성과 자신을 위해 하나님께 제사 업무를 수행하는 곳이다.

그러나 지성소는 오직 칠월 십 일 대속죄일에 그 해의 대제사장이 일 년에 단 한 번 들어가는 곳으로써 속죄소(시은소) 위에 피를 뿌리는 예식을 행한다. 이것은 예수 그리스도의 단번의 속죄 사역 곧 십자가에서 죽으심과 부활 사건의 예표로써 어느 누구도 지성소에 들어갈 수 없도록 엄격하게 제한했던 제사 제도의 완전한 회복을 상징적으로 보여 준다.

성전 둘레에 30여 개나 되는 많은 골방 곧 곁방들이 있고 방과 방 사이에 공터가 있다. 이 방에는 성전의 비품과 도구, 십일조와 각종 예물 등이 보관되어 있다.

2) 성전의 외부와 문(12~26절)

성전의 벽을 가린 널판에는 종려나무와 두 얼굴의 그룹 곧 천사들이 아름답게 그려져 있다. 일반적으로 종려나무는 지상의 아름다움을 상징하고 그룹은 천상의 아름다움을 상징한다. 하늘과 땅의 아름다움은 "지극히 높은 곳에서는 하나님께 영광이요 땅에서는 기뻐하심을 입은 사람들 중에 평화로다"(눅 2:14)라는 메시아 탄생의 기쁨과 의미를 같이한다. 즉 에스겔이 본 성전 벽의 아름다운 그림은 신약 교회의 영적 통일성과 아름다움을 말한다.

또한 지성소 앞 나무로 만든 제단은 예수 그리스도의 십자가 속죄 사역을 예표 하는 것으로 볼 수 있다(벧전 2:24).

마지막으로 내전과 외전 곧 안쪽 성소와 바깥 성소에 이중문이 있고 문마다 두 짝의 문들이 있다. 이 문을 통과해야만 성소 안쪽으로 들어갈 수 있다. 이 문은 구원의 문에 대한 모형으로써 예수 그리스도를 가리킨다(요 10:9).

3) 설교를 위한 적용

41장은 장차 회복될 성소와 지성소, 성전의 외부와 내부의 벽화에 대해 말씀하고 있다. 이것들은 성전에서 가장 중요한 요소들이며 예수 그리스도의 십자가 구속 사역에 대한 예표이다. 성전 제도의 가장 중요한 의미는 피 흘림의 제사이다. 이것은 메시아 곧 그리스도의 십자가 죽음을 예표 한다. 하나님께서 죄인들을 구원하시기 위한 방법으로써 죄에 대한 심판(그리스도의 죽으심)이 반드시 선행되어야 함을 뜻한다. 예수 그리스도가 대신 받은 형벌과 죽으심은 하나님의 공의의 만족이며 주님의 죽으심과 부활을 믿는 모든 사람들은 하나님의 긍휼과 용서를 받고 구원의 은총에 이르게 된다.

하나님께서는 환상과 계시를 통해 예루살렘 성전의 가장 중요한 공간인 성소와 지성소의 정확한 크기와 모습을 에스겔에게 보여 주신다. 에스겔은 천사가 보여 주는 장래에 회복될 성전의 성소와 지성소의 모습을 바빌론에서 포로 생활을 하고 있는 이스라엘 백성에게 소망의 메시지로 전해 줘야 했다. 에스겔은 장차 회복될 예루살렘 성전에 대한 환상을 정확히 보고 들으며 가슴에 새겨 둬야 했다. 그리고 그는 보고 들은 회복의 말씀을 이스라엘 백성에게 정확히 전달해야 하는 사명자로 부르심을 받았다. 에스겔이 본 성전 회복의 환상은 메시아적 방향을 갖고 있으며 하나님의 심판, 주권적 은혜, 종말론적 메시아에 대한 대망의 예언이다.

3. 제사장들의 방과 성전 주변의 환상(42장)

1) 제사장들의 방(1~14절)

천사는 에스겔을 데리고 제사장들의 방을 보여 준다. 제사장들의 방은 성전 북쪽의 바깥뜰 곧 성전 뜰 맞은편에 있다. 거기에 큰 방 두 개가 있고 천사는 이 방의 크기를 모두 척량한다. 이 방들은 제사장들이 제사 업무에 필요한 일들을 준비하는 거룩한 장소이다. 이 방들은 3층으로 되어 있는데 하나는 성전 바깥뜰로 향하고, 다른 하나는 성전 앞을 향하고 있다. 성전 앞을 향하는 방의 길이가 바깥뜰로 향한 방의 길이의 두 배이다. 이 방들은 제사장들이 음식을 먹거나 하나님께 바칠 제물들을 씻거나 보관하는 곳이다. 또 제사장들이 제사 업무를 수행하면서 식사 시간이 되면 음식을 먹거나 쉬기도 하는 구별된 공간이다.

제사장들은 이 방에 있을 때 반드시 거룩한 예복을 입어야 한다. 그들은 항상 하나님께 제사 드리는 업무와 관련해 준비하거나 대기 상태로 있어야 하기 때문이다. 그리고 제사장들은 밖으로 나갈 때는 반드시 거룩한 예복을 벗어야 한다. 이것은 그들의 구별된 직무와 삶이 하나님 앞에서 얼마나 중요한 것인지를 강조한다.

2) 성전 뜰과 담의 척량(15～20절)

마지막으로 천사는 에스겔을 데리고 성전 밖으로 가서 성전 주변 뜰을 척량한다. 성전을 중심으로 동서남북으로 길이를 재고 그 길이는 모두 같다(약 250m). 그리고 성전 사방으로 담이 있고 그 담의 길이는 사방으로 각각 250m이며 그 담은 거룩한 성소와 일반 지역을 구분하는 경계이다.

비록 에스겔은 환상으로 모든 것들을 보았지만 실제 상황과 똑같다. 에스겔이 본 모든 계시들은 장차 하나님께서 이스라엘 백성을 바빌론에서 가나안으로 보내시고 무너진 성전을 재건케 하실 것을 의미한다. 동시에 이것은 메시아를 통해 이뤄질 구원의 회복과 하나님 나라의 거룩함 및 구원받은 백성의 구별된 모습을 보여 준다.

3) 설교를 위한 적용

첫째, 제사장들의 방과 성전 안마당에 관한 환상은 성전의 중요성과 언약 백성으로서 거룩함의 회복이 얼마나 중요한 것인지를 보여 준다. 제사장들의 방은 구별된 거룩한 공간으로써 제사장들은 그곳에서 거룩한 예복을 입고 하나님을 섬길 준비를 갖추고 있다. 이것은 그리스도 안에 있는 영적 제사장인 그리스도인들의 구별된 모습과 섬김의 태도를 말해 준다. 그리스도인들은 예수 그리스도로 옷 입고 믿음과 사랑을 실천하는 영적 제사장들이다(벧전 2:5, 9).

둘째, 에스겔이 본 제사장들의 방과 성전 안팎을 구분하는 담의 길이를 재는 환상은 하나님 나라와 세상, 신자와 불신자, 거룩한 생활과 세속적인 삶을 상징적으로 보여 준다. 오늘날 그리스도 안에서 거룩한 영적 제사장인 성도들은 항상 거룩한 믿음의 예복을 입고 정결하며 거룩한 생활에 힘쓰며 하나님을 섬기는 자세로 살아야 함을 교훈한다. 주일 성수, 예배, 기도, 헌금, 전도 등 일체의 행위는 더 많은 축복을 받기 위한 수단이 아니라 구원받은 하나님의 자녀임을 드러내는 구별된 표시이다. 이런 구별된 행위는 신자와 불신자 사이를 나누는 영적 담장이라 할 수 있다.

셋째, 제사장들은 하나님을 섬기기 위해 준비된 자들이다. 따라서 그들에게는 먹는 것, 입는 것, 사용하는 것 등 모든 것들이 하나님께서 정해 주신 규례 안에서 공급된다. 이는 영적 제사장인 그리스도인들이 항상 구원에 감사하며 하나님을 섬기는 준비된 자세로 살아야 함을 교훈한다. 그리스도인들은 세상에서 빛과 소금의 역할도 잘 감당해야 하지만 구별되고 거룩한 삶의 영적 담장 아래서 하나님을 섬기며 살아야 한다. 그래서 세상 속에서 살아가지만 세상과 구별되게 살아야 한다.

17

하나님의 귀가(歸家),
그리고 다시 시작하기

에스겔 43~46장 주해와 적용

본문의 개요

바빌론에 포로로 끌려온 에스겔은 조만간 유다가 멸망하겠지만, 바빌론이 멸망하고 유다 포로 공동체가 예루살렘으로 귀환해 새로운 이스라엘을 만들어 갈 것이며, 하나님의 새로운 역사는 다른 사람이 아닌 바로 그들을 통해 이뤄진다고 생각했다. 에스겔은 앞으로 그들이 어떤 나라를 만들 것인지 미리 계획하면서 구체적인 프로그램을 만들었을 것이다. 그리고 그 작업을 에스겔의 제자들이 이어받아 완성시켰을 것으로 보인다.

미래 이스라엘에 대해 에스겔이 세운 구상은 본문에 속한 40~48장에 가장 분명하게 나타난다. 에스겔서 연구자들은 40~48장을 미래에 이뤄질 이상적인 사회 모습을 담은 청사진으로 생각했다. 40~48장에 이스라엘의 미래 모습이 담겨 있고 바빌론에서 포로 생활을 하던 유대인들이 생각하던 이상적인 사회 모습을 묘사하고 있다.

에스겔은 40~42장에서 성읍과 성전의 구조와 규모를 정확하게 파악한 후에 43장부터 두 번째 탐사를 시작한다. 첫 번째 탐사를 마친 에스겔은 지금 바깥뜰에 있는데, 곧 동문 쪽으로 간다. "그 후에 그가 나를 데리고 문에 이르니 곧 동향한 문이라"(43:1).

그곳에서 여호와의 영광이 동문을 통해 성소로 들어가는 것을 목격한다

(43:2~4). 에스겔도 성령에 이끌려 안뜰로 들어가서 여호와의 영광이 성소에 가득 찬 것을 보고(43:5), 거기서 성전과 동문 사이에 있는 제단을 보며 (43:13~27) 바깥뜰로 나온다(44:1).

그리고 북문 쪽으로 가서 그 문을 통해 다시 안뜰로 들어가고, 성전 앞으로 간다(44:4). 여기서 에스겔은 여러 가지 규례들을 받고(44:5~46:18), 거기서 북문을 지나 제사장들이 거하는 북쪽 방으로 간다(46:19). 그곳에서 바깥뜰로 나와 사면을 둘러보는데, 특히 네 구석에 있는 부엌을 둘러본다(46:23). 여기까지가 에스겔의 두 번째 성전 탐사 내용이다.

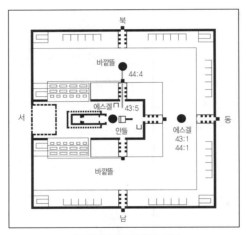

에스겔의 두 번째 성전 탐사

에스겔은 두 번째 탐사를 통해 하나님께 어떻게 예배할 것인지를 듣는다. 두 번째 탐사는 제단을 척량하는 것으로 시작한다.

새 성전 새사람(43~44장)

드디어 하나님이 귀가하시다(43:1~11)

제단부터 만들어라(43:12~27)

동문은 닫아두어라(44:1~3)

레위인, 네 죄를 네가 알렸다(44:4~14)

사독의 자손, 새로운 제사장 가문(44:15~31)

새 시대 새 생활(45~46장)

새 시대는 땅 나누기부터(45:1~8)

통치자들, 이제는 바르게 하라(45:9~17)

절기들을 제대로 지키라(45:18~46:15)

통치자들도 법 앞에서 평등하다(46:16~18)

부엌도 거룩하다(46:19~24)

본문 주해

1. 새 성전 새사람(43~44장)

1) 드디어 하나님이 귀가하시다(43:1~11)

에스겔은 인도하는 자를 따라서 동쪽 문으로 간다. 성전 전면은 동쪽을 향한다. 동문은 하나님이 사용하는 문이다. 바깥 동문과 안쪽 동문 사이에서 있던 에스겔은 하나님이 바깥 동문으로 들어가시는 모습을 본다. 하나님의 영광은 많은 물소리와 같고, 땅은 빛난다. 이런 모습은 에스겔이 1장에서 보았던 장면을 연상케 한다. 에스겔도 그렇게 생각한다. "생물들이 행할 때에 내가 그 날개 소리를 들은즉 많은 물소리와도 같으며 전능자의 음성과도 같으며 떠드는 소리 곧 군대의 소리와도 같더니 그 생물이 설 때에 그 날개를 드리우더라"(1:24).

여기서 날개 소리를 큰 물소리와 군대의 소리에 비유한다. 그렇기에 여호와의 음성이 물소리와 같다는 것은 승리의 환호를 뜻한다. 요한계시록 1:14~16에도 같은 이야기를 한다. "그 머리와 털의 희기가 흰 양털 같고 눈

같으며 그의 눈은 불꽃같고 그의 발은 풀무에 단련한 빛난 주석 같고 그의 음성은 많은 물소리와 같으며 그 오른손에 일곱 별이 있고 그 입에서 좌우에 날선 검이 나오고 그 얼굴은 해가 힘 있게 비취는 것 같더라.”

그런데 에스겔은 하나님의 영광이 나타날 때마다 얼굴을 땅에 대고 엎드린다. 이것은 매우 중요한 의미를 갖는다. 하나님 앞에서 자신을 온전히 낮추는 것이다. 감히 하나님을 뵐 수 없다는 뜻이다. 이런 경외가 신앙생활에서 필요하다. 하나님은 친근하게 대할 수 있는 분이 아니다. 하나님께로 가까이 가는 사람들은 항상 죽음을 경고 받는다. 하나님은 그만큼 두려운 분이고, 최선을 다해 섬겨야 하는 분이다.

하나님은 안쪽 동문을 지나 성전으로 들어가는데, 이 구절은 시편을 떠올리게 한다. “문들아 너희 머리를 들지어다 영원한 문들아 들릴지어다 영광의 왕이 들어가시리로다 영광의 왕이 뉘시뇨 강하고 능한 여호와시요 전쟁에 능한 여호와시로다 문들아 너희 머리를 들지어다 영원한 문들아 들릴지어다 영광의 왕이 들어 가시리로다 영광의 왕이 뉘시뇨 만군의 여호와께서 곧 영광의 왕이시로다(셀라)”(시 24:7~10).

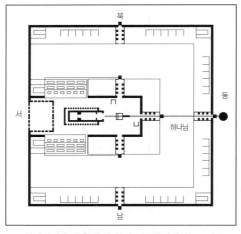

하나님이 동문을 통해 성전으로 들어가시는 모습

이 시는 누가 봐도 전쟁에서 이기고 돌아와 부르는 승전가임을 알 수 있다. 하나님이 동문을 통해 성전 안으로 들어가시는 모습(옆의 그림을 보라)을 본다는 것은 에스겔에게 매우 감동적이었을 것이다. 그는 예전에 하나님이 성전에서부터 심판하시던 것을 보았기 때문이다. 에스겔은 그 장면을 떠올린다(8~11장). 그런 하나님이 이제 성전에 영원히 거하기 위해 귀가하시는 것이다.

여호와께서 성전에 들어가자 여호와의 영광이 성전 안에 가득하게 된다. 이것은 광야에서 성막을 완성한 후에, 솔로몬이 성전을 완성한 후에 나타난 것과 동일하다. "그 후에 구름이 회막에 덮이고 여호와의 영광이 성막에 충만하매 모세가 회막에 들어갈 수 없었으니 이는 구름이 회막 위에 덮이고 여호와의 영광이 성막에 충만함이었으며"(출 40:34~35). "제사장이 성소에서 나올 때에 구름이 여호와의 전에 가득하매 제사장이 그 구름으로 인하여 능히 서서 섬기지 못하였으니 이는 여호와의 영광이 여호와의 전에 가득함이었더라"(왕상 8:10~11).

성막과 성전에 구름이 가득하다. 이것은 하나님의 입주를 상징한다. 성소는 하나님의 거처이다. 하나님은 에스겔에게 말씀하신다. "이는 내 보좌의 처소, 내 발을 두는 처소, 내가 이스라엘 족속 가운데 영원히 거할 곳이라"(7절). 얼마나 감동적인 말씀인가! 하나님은 성소를 하나님이 거하실 곳, 안식하실 곳, 영원한 거처로 삼으셨다. '하나님의 발등상'이라는 표현은 하나님이 그곳에 머문다는 것을 의미한다(대상 28:2; 시 99:5; 132:7; 애 2:1; 사 60:13).

그러면서 하나님은 이스라엘 백성이 다시는 범죄 하지 않을 것을 기대하신다. 이스라엘 백성은 성전 바로 곁에 산당들을 만들고, 거기서 하나님이 원치 않는 종교 행위를 했다. 하나님은 그들이 범죄 행위를 함으로써 하나님의 이름을 더럽혔다고 말씀하시는데, 과연 그들은 어떤 행동을 했는가? "므낫세가 여호와 보시기에 악을 행하여 여호와께서 이스라엘 자손 앞에서 쫓아내신 이방 사람의 가증한 일을 본받아서 그 부친 히스기야의 헐어 버린 산당을 다시 세우며 이스라엘 왕 아합의 소위를 본받아 바알을 위하여 단을 쌓으며 아세라 목상을 만들며 하늘의 일월성신을 숭배하여 섬기며 여호와께서 전에 이르시기를 내가 내 이름을 예루살렘에 두리라 하신 여호와의 전의 단들을 쌓고 또 여호와의 전 두 마당에 하늘의 일월성신을 위하여 단들을 쌓고 또 그 아들을 불 가운데로 지나게 하며 점치며 사술을 행하며 신접한 자와 박수를 신임하여 여호와 보시기에 악을 많이 행하여 그 진노를 격발하였으며 또 자기가 만든 아로새긴 아세라 목상을 전에 세웠더라"(왕하 21:2~7상).

여기서 므낫세 시대에 이스라엘 백성은 성전에 이방신을 섬기는 제단을 쌓고 우상을 만들어 세웠다. 이런 행위는 하나님을 완전 무시하는 것이다. 8장을 보면, 이스라엘 백성은 성전 안뜰로 들어가는 북문에 우상을 세웠다. "그가 내게 이르시되 인자야 이제 너는 눈을 들어 북편을 바라보라 하시기로 내가 눈을 들어 북편을 바라보니 제단 문어귀 북편에 그 투기의 우상이 있더라"(8:5). 이런 망령된 행동으로 인해 하나님께서 성전과 예루살렘에서 떠나신 것이다.

이제 하나님은 귀가하시면서 이스라엘 백성에게 다짐케 하신다. 지금까지 그들이 하나님의 이름을 더럽혔던 모든 행위들을 그만 두겠다고 약속케 하신다. 그럴 때 비로소 "내가 영원토록 그들의 가운데 거하리라"(9절)고 말씀하신다. 그리고 하나님은 에스겔에게 성전에 관련된 모든 것들을 알려 주고 백성으로 하여금 성전법을 철저히 준행케 하라고 명령하신다. "너는 이전의 제도와 식양과 그 출입하는 곳과 그 모든 형상을 보이며 또 그 모든 규례와 그 모든 법도와 그 모든 율례를 알게 하고 그 목전에 그것을 써서 그들로 그 모든 법도와 그 모든 규례를 지켜 행하게 하라"(11절). 하나님은 성전에서 행해야 할 일들 즉 제사와 관련된 규정뿐 아니라, 성전의 규모와 모양 그리고 성전 안에 있는 여러 물품들의 규격과 모양에 대해서도 상세히 알기를 원하신다.

■ 설교를 위한 적용

하나님은 이스라엘 백성의 범죄 때문에 예루살렘과 성전을 떠나셨다. 하나님의 떠나심은 매우 충격적인 사건이었다. 아무리 성전이 아름다워도 그곳에 하나님이 계시지 않는다면 성전은 아무런 의미가 없는 것이다. 우리가 하나님의 뜻을 행할 때, 하나님은 우리와 함께하신다.

그런데 이스라엘 백성의 죄악으로 성전을 떠나셨던 하나님이 동쪽 문을 통해 성전으로 들어오셔서 그곳을 영원한 거처로 삼으신다. 하나님의 귀가와 성전에 가득 찬 하나님의 영광은 얼마나 기다렸던 감동적인 장면인가? 그러나 이스라엘이 회개해서 하나님이 돌아오신 것이 아니다. 이스라엘은 여전히 죄악 가운데 있지만, 하나님이 귀가하시고 새로운 역사를 시작하신다. 곧 이스라엘 백성으로 하여금 죄를 부끄럽게 여기게 하시고 하나님이 일러 주시는 성전법 준행을 요구하신다.

하나님은 우리가 여전히 죄를 범하고 있지만, 다시 찾아오셔서 우리로 하여금 새로운 삶을 살기를 원하신다. 하나님은 우리에게 다시금 기대를 거신다. 그런데 우리가 하나님의 뜻대로 살기 위해선 우선적으로 하나님이 우리에게 무엇을 요구하시는지를 알아야 한다. 그것을 알지 못하고 하나님의 뜻대로 산다는 것은 불가능하기 때문이다. 따라서 우리는 하나님의 뜻이 무엇인지를 가르치고 배우는 일에 열심을 내야 한다.

2) 제단부터 만들어라(43:12~27)

하나님은 에스겔에게 성전법을 일러 주시는데, '성전의 법'을 두 번이나

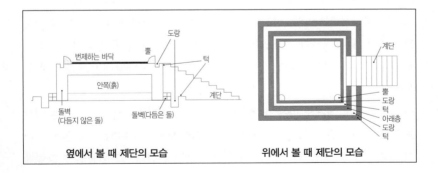

옆에서 볼 때 제단의 모습	위에서 볼 때 제단의 모습

언급하신다(12절). 이것은 성전에 관한 법이 그만큼 중요함을 뜻한다. 하나님은 성전에 관해 여러 가지를 말씀하시는데, 그중에서 가장 먼저 언급하시는 것이 제단(아래 그림 참고)이다. 하나님은 제단의 규모와 모양에 대해 상세하게 말씀하신다.

그런데 성전에 있는 여러 물건들 중에 제단을 가장 먼저 언급하시는 까닭은 무엇일까? 지금 에스겔은 안뜰에 서 있다. 그곳은 아마 제단 앞이었을 텐데, 제단을 가장 먼저 언급하는 이유는 하나님께 제사 드리는 것을 강조하기 위한 것으로 보인다. 이스라엘은 예배하는 공동체 즉 제사를 드리는 공동체이다. 그들은 예배하기 위해 바빌론에서 돌아오게 된다. 그리고 무척이나 힘든 상황에도 불구하고 성전을 재건하고, 그곳에서 하나님께 제사를 드린다.

제단을 만들고 가장 먼저 해야 할 일은 그 제단을 정결케 하는 것이다. 이스라엘 백성들이 본격적으로 제단에서 제사를 드리기 전에, 그들은 먼저 그 제단을 정결케 하는 제사를 일주일 동안 드려야 한다. 하나님은 일주일 동안 제단 정결 예식을 어떻게 드려야 할지를 상세히 일러 주신다. 하나님이 일러 주신 대로 제단을 정결케 하고 제사를 드려야 하나님이 그 제사들을 기쁘게 받으신다(27절).

■ 설교를 위한 적용

하나님이 성전법을 말씀하시면서 제단을 가장 먼저 언급하는데, 그 까닭은 이스라엘 백성에게 신앙의 본질이 무엇인지를 알려 주기 위함이다. 이스라엘 백성은 하나님을 섬긴다. 그들은 하나님께 예배드리는 공동체이며, 그것을 위해 존재한다. 이스라엘 백성들이 나중에 바빌론에서 예루살렘으로 귀환하는 까닭도 예루살렘에 성전을 재건하고 하나님께 예배드리기 위함이다.

이것은 우리에게도 마찬가지다. 우리는 누구인가? 우리도 이스라엘 백성처럼 예배하는 공동체이다. 우리는 하나님께 예배하기 위해 존재한다. 그래서 우리가 교회에 갈 때 '예배드리러 간다'라고 말한다. 그런데 말은 그렇게 하면서도, 정작 교회에서 하나님께 예배드리기보다 자신이 원하는 것을 달라고 하기에 여념이 없다. 말씀을 들을 때에도 '주님의 말씀에 귀 기울이십시오'라고 하기보다 '은혜 많이 받기 바랍니다'라고 한다. 우리는 하나님께 예배드리기 위해 교회에 간다는 사실을 기억해야 한다.

3) 동문은 닫아두어라(44:1~3)

인도자는 에스겔을 데리고 바깥 동문 쪽으로 간다. 에스겔은 이미 이곳을 탐사하고, 정확하게 척량한다(40:6~16). 이제 에스겔은 두 번째 성전 탐사를 시작한다. 하지만 에스겔은 그 문이 닫혀 있는 것을 본다. 에스겔이 그것을 볼 때, 하나님은 그에게 동문은 절대 열지 말고 영구히 닫아서 인간들이 그곳으로 들어가지 못하게 하라고 말씀하신다. 이것은 그 문을 통해 성전으로 들어가신 하나님이 다시는 예루살렘과 성전을 떠나시지 않는다는 강력한 의지를 표명하신 것이다. 그런데 이스라엘의 입장에서 본다면, 성전과 예루살렘을 떠나셨던 하나님이 이제 동문을 통해 성전 안으로 들어오셔서 성전을 보좌 삼고 그곳을 발등상 삼겠다고 하셨으니, 하나님이 닫아놓으라고 하시기 전에 혹시 하나님이 다시 떠나실까 봐 성전 문을 꼭꼭 닫고 못까지 박지 않았을까?

그런데 왕은 그 문 앞에 와서 음식을 먹고 나가게 한다. 본문은 왕을 부정적으로 묘사하기도 하지만, 그렇다고 해서 왕을 완전히 거부하지 않고 이스라엘 백성이 하나님을 예배하는 데 왕이 바른 역할을 감당할 것을 촉구한다. 따라서 왕은 다른 사람들보다 하나님 앞에 더 가까이 나아갈 수 있다. 그런데 이것은 특권만이 아니라 그만큼 책임감이 주어짐을 의미한다.

■ 설교를 위한 적용

동문을 통해 다시 귀가하신 하나님은 이스라엘 백성에게 그 동문을 영원히 닫아두라고 말씀하신다. 이것은 성전으로 귀가하신 하나님이 이제부터 영원까지 성전에 거하시겠다는 하나님 자신의 다짐이기도 하고, 하나님이 그들을 다시는 떠나시지 않도록 하나님을 경외하는 삶을 살라고 이스라엘 백성에게 말씀하시는 하나님의 요청이기도 하다. 동문을 닫아둔다고 하나님이 성전을 떠나시지 못하는 건 아니다. 인간이 동문을 영원히 닫아둘 수 있도록 하고 하나님이 그들을 떠나지 않도록 하는 것이 중요하다. 동문은 하나님이 들어오시는 문이지만, 예전에 하나님이 성전을 떠나신 문이라는 사실도 기억해야 한다.

우리는 성전이 하나님의 영원한 거처이며, 하나님의 발등상임을 알아야 한다. 교회의 주인은 하나님이시다. 이렇게 생각한다면, 우리는 성전에서 함부로 행동하지 않을 것이다. 요즘 한국 교회는 지나치게 사람 중심으로 치우치는 듯하다. 하나님이 중심이 아니라 사람들을 위한 모임인 듯하다. 하나님께 예배드리러 오는 것이 아니라 스스로 즐기러 오는 듯하다. 그런 행위들은 동문을 닫아두기는커녕 오히려 열어놓는 행위임을 알아야 한다.

4) 레위인, 네 죄를 네가 알렷다(44:4~14)

인도자가 에스겔을 데리고 북문을 통해 성전 앞으로 나아간다. 에스겔은 그곳에서 여호와의 영광이 가득한 것을 본다. 곧바로 에스겔은 얼굴을 땅에 대고 엎드린다. 하나님은 '전심'이라는 말을 거듭 사용하면서 에스겔이 성전의 법에 대해 자세하게 알 것을 당부한다.

하나님은 이스라엘 백성을 '반역하는 자 곧 이스라엘 족속'이라고 칭하신다. 이것은 2장 말씀을 떠올리게 한다. 그러면서 이스라엘 백성이 범한 죄를 지적한다. 본문 기자는 그들이 취한 행동에 대해 가증하다고 평가한다. '가증하다'라는 말은 더럽고 구토가 난다는 뜻이다. 도대체 어떤 것이 그토록 혐오감을 불러일으키고 구토 증세를 유발시킨다는 말인가? 7, 8절에서 말하는 것은 레위인들이 제 직무를 감당하지 못하고, 다른 사람이나 아무 자격이 없는 이방인들을 세워서 그 직무를 감당케 했다는 것이다. 그 직무란 바로 성전을 지키는 것이다. 그들은 성전을 수호해야 한다. 출입을 금지하는데도 불구하고 굳이 성전으로 들어오는 사람들, 이방인들은 말할 것도 없고 이스라엘 백성도 죽일 것을 명하신다. "너는 네 형제 레위 지파 곧 네 조상의 지파를 데려다가 너와 합동시켜 너를 섬기게 하고 너와 네 아들들은 증거의 장막 앞에 있을 것이니라 레위인은 네 직무와 장막의 모든 직무를 지키려니와 성소의 기구와 단에는 가까이 못하리니 두렵건대 그들과 너희가 죽을까 하노라 레위인은 너와 합동하여 장막의 모든 일과 회막의 직무를 지킬 것이요 외인은 너희에게 가까이 못할 것이니라 이와 같이 너희는 성소의 직무와 단의 직무를 지키라 그리하면 여호와의 진노가 다시는 이스라엘 자손에게 미치지 아니하리라 보라 내가 이스라엘 자손 중에서 너희 형제 레위인을 취하여 내게 돌리고 너희에게 선물로 주어 회막의 일을 하게 하였나니 너와 네 아들들은 단과 장안의 모든 일에 대하여 제사장의 직분을 지켜 섬기라 내가 제사장의 직분을 너희에게 선물로 주었은즉 거기 가까이 하는 외인은 죽이울지니라"(민 18:2~7).

여기서 레위인들조차 성소의 기구와 제단에 가까이 할 수 없음을 알 수 있다. 만약 그렇게 할 경우에 그들은 죽음을 각오해야 했다. 하나님은 이 막중한 임무를 레위인들에게 맡기셨다. 따라서 그들에겐 다른 기업이 없고, 하나님이 그들의 기업임을 여러 번 강조하신다. "여호와께서 또 아론에게 이르시되 너는 이스라엘 자손의 땅의 기업도 없겠고 그들 중에 아무 분깃도 없을 것이나 나는 이스라엘 자손 중에 네 분깃이요 네 기업이니라"(민 18:20). "그때에 여호와께서 레위 지파를 구별하여 여호와의 언약궤를 메이며 여호와 앞에 서서 그를 섬기며 또 여호와의 이름으로 축복하게 하셨고 그 일은 오늘날까지 이르느니라 그러므로 레위는 그 형제 중에 분깃이 없으며 기업이 없고 네 하나님 여호와께서 그에게 말씀하심같이 여호와가 그의 기업이시니라"(신 10:8~9).

그런데 레위인들은 이 중요한 임무를 소홀히 여기고, 다른 사람들 심지어 이방인들까지 그 일에 가담시켰다. 성전에 들어올 수 없는 이방인들을 하나님께 제사 드리는 거룩한 곳에 데려온 것이다. 이것은 성전을 지키는 책임을 맡은 레위인들이 해서는 결코 안 되는 일이다.

하나님이 이방인들은 성소에 들어올 수 없다(9절)고 명확하게 말씀하신다. 하나님은 레위인들의 행동에 대해 몹시 불쾌하게 여기셨고 이방인들을 성소에 들어오지 못하게 하셨다. 그리고 레위인들도 하나님 가까이 나아올 수 없도록 하셨다. 따라서 그들은 제사장이 될 수 없었다. 그러나 그들은 성소를 지키는 임무를 충실하게 수행해야 한다. 그들이 비록 제사를 드리는 일에 참여할 수는 없지만, 성전을 지키고 성전의 일들을 돕는 것은 여전히 맡게 된다.

■ 설교를 위한 적용

하나님은 레위인을 특별히 택하셔서 그들이 다른 이스라엘 백성과 구별되었음을 모두에게 알리셨다. 레위인은 이스라엘 백성을 계수할 때도 제외되었고 기업을 분배할 때도 제외되었다. 왜냐하면 하나님이 그들의 기업이 되셨기 때문이다. 레위인은 성전을 보호할 책임을 맡은 사람들이다. 그들은 무슨 일이 있어도, 목숨을 바쳐서라도 성전을 수호해서 성전을 거룩하게 유지해야 했다.

그럼에도 그들은 앞장서서 성전을 더럽혔다. 자신들에게 주어진 귀중하고 거룩한 사명을 하찮게 여기며 그 귀중한 일을 자격이 없는 사람들에게 맡긴 것이다. 이것은 하나님을 업신여기는 망령된 행동이다. 그래서 그들은 하나님으로부터 책망을 받고, 중요한 임무를 맡지 못하게 되었다.

교회에서 일을 맡은 사람들은 모두 레위인들이다. 하나님이 우리를 이 시대의 레위인으로 부르셨다. 교회의 직분자들은 교회를 수호하도록 부르심을 받은 사람들이다. 따라서 교회에서 일을 맡은 사람들은 교회가 거룩함을 유지하도록 최선을 다해야 한다. 그렇지 않으면 하나님으로부터 책망 받을 것이고, 중요한 직책을 맡지 못하게 될 것이다.

5) 사독의 자손, 새로운 제사장 가문(44:15~31)

레위인들이 문책을 당해 제사를 담당할 수 없게 되었기 때문에, 하나님은 사독의 자손들로 하여금 제사를 담당케 하신다. 이것은 매우 영광스러운 일임에 틀림없지만, 제사장 직분을 감당하기 위해 지켜야 할 규정도 많다. 17~31절에서 모두 일곱 가지 규정을 언급한다. 17~19절은 제사장이 성전에서 일할 때 입는 옷에 관한 규정이다. 제사장은 성소에서 나갈 때 입고 있던 옷을 갈아입어야 한다(42:14). 여기서 특이한 것은 성전에서 일할 때 땀이 나지 않게 해야 한다는 점이다.

20절은 머리털에 관한 규정이다. 21절은 성전에서 일할 때 포도주를 마시지 말라는 규정인데, 이것은 나답과 아비후 사건을 염두에 둔 것으로 보인다(참고 레 10:8~11). 하나님은 제사장들이 술을 마시고 성전에 들어가는 행동을 엄격하게 금하신다. 그렇게 할 경우에 죽임을 당할 것이라고 강력하게 경고하신다.

레위기 10:10~11에 기록된 것처럼, 23~24절은 이스라엘 백성을 바르게 가르치고 법도를 지키게 하는 직무에 대해 말씀하신다(신 33:10에서 레위인의 직무를 이렇게 규정한다). 또 제사장들은 재판도 담당했다(신 17:8~13에서 사람들이 재판할 일이 생겼을 때 제사장과 재판장을 찾아가라고 한다).

이 규정 앞에 나오는 22절은 제사장의 결혼 상대에 대한 규정이다(이것은 레 21:7, 13~14에도 나온다). 25~27절은 시신 접촉에 관한 규정이다(이것은 레 21:1~3, 11에도 나온다).

그리고 31절은 제사장이 먹지 말아야 할 것에 대한 규정이다. 이 모든 규정들은 제사장들이 직무를 감당하기 위해 얼마나 신중해야 하며, 거룩함을 유지하기 위해 얼마나 철저해야 함을 말하고 있다.

이와 달리, 28~30절은 제사장들이 받는 혜택에 대해 말하고 있다. 하나님이 그들의 기업이며, 그들은 백성이 제물로 드리는 것을 먹고 살게 된다. 백성은 제물들 중에 일부를 제사장들에게 줘야 한다(참고 민 18:8~20). 이렇게 백성이 제사장의 생계를 책임지면, 제사장은 백성에게 복을 빌어준다(참고 민 6:22~27).

■ 설교를 위한 적용

하나님은 성전 밖을 지키는 임무를 레위인들에게 계속 맡기셨지만, 성전 안에서 하는 일들(제사를 비롯한 중요한 일들)은 사독의 자손들에게 맡기셨다. 그 러면서 그들에게 지켜야 할 여러 가지 법도를 일러 주신다. 그 법도들을 지 켜야 정결함을 유지할 수 있다. 만약 하나님이 일러 주신 법도대로 하지 않 는다면, 그들은 죽임을 당할 수도 있다.

사람들이 하나님께 가까이 나아가는 것은 분명 은혜로운 일이지만 동시 에 매우 위험한 일임을 알아야 한다. 부정한 인간이 거룩하신 하나님 앞에 가까이 나아간다는 것은 지극히 위험한 일이다. 그들은 하나님을 경외할 것 을 요구받고, 사소한 실수에도 죽음을 각오해야 했다. 따라서 제사장직이란 특권만이 결코 아니다. 항상 두렵고 떨리는 마음으로 나아가야 한다.

그러나 요즘 많은 사람들이 성전에서 조심성 없이 행동하는 것을 보게 된 다. 매우 염려스러운 일이다. 하나님은 우리가 경외할 분이심을 기억해야 할 것이다.

2. 새 시대 새 생활(45~46장)

1) 새 시대는 땅 나누기부터(45:1~8)

제비를 뽑아 땅을 나누는 것은 고대 이스라엘의 오랜 전통이다. 그들은 제 비뽑기를 통해 각 지파별로 땅을 분배했다. 이는 일종의 계획 국가를 만들려 는 것이었다. 모든 사람들이 일정한 땅을 받아서 그것을 기업으로 삼아 살게 했다(참고 민 35:1~8). 땅 분배에 관한 구체적인 이야기는 48:8~35에 나온다.

그런데 여기서 중요한 것은 왕에게 땅을 주어 그 땅으로 왕가의 기업을 삼게 하라는 점이다. 즉 왕에게도 기업을 줘야 한다는 것이다. 그래서 "나의 왕들이 다시는 내 백성을 압제하지 아니하리라"(8중절)고 말씀하신다. 이는 왕이 백성을 압제하고 그들의 땅, 양도할 수 없는 '기업'을 빼앗은 것을 암시 한다. 이 일은 인간이 기본적으로 누리며 살 권리를 빼앗는 심각한 범죄 행위이다. 그런데 왕을 비롯한 권력자들은 그런 행동을 끊임없이 저질렀다. 따라서 하나님은 왕이 백성을 압제하지 않도록 조치를 취하신 것이다.

본문에는 왕에 대한 언급이 지속적으로 나온다. 비록 왕에 대한 기술이 부정적이긴 하지만 43:7, 9과 44:3에 언급하고 있다. 그리고 45:7~8, 9~17, 22; 46:2, 4, 8, 10, 12, 16~18에서도 왕에 대해 언급하고 있다. 이런 빈번한 언급은 왕이 이스라엘 사회에서 매우 중요한 역할을 담당하고 있었음을 알려 준다. 본문은 왕의 현실적 권위를 인정하면서 동시에 왕이 탈법을 자행해도 무방한 무소불위의 권세를 갖는 것이 아님을 명시한다. 그들도 하나님 앞에서 백성에 불과하다.

땅을 나누는 것은 사람들에게 기본적인 생활 여건을 마련해 주는 동시에, 그들이 누릴 삶의 한계를 정해주는 것이기도 하다. 그리고 그 한계를 넘어서지 않게 한다. 모든 땅을 지파별과 가족별로 나눠 주고 남는 땅이 없게 되었다. 따라서 자기 영역을 넘어서 더 가지려는 것은 다른 사람의 땅을 빼앗는 일이 된다. 그것은 인간의 기본적인 삶을 파괴하는 범죄 행위에 해당한다. 이것을 특히 권력자들이 명심해야 한다(참고 46:18).

그런데 땅을 나누는 과정에서 가장 중요한 것은 거룩한 구역을 정하는 일이다. 그리고 그 거룩한 구역에 성소를 둔다. 성소는 지극히 거룩한 곳이다. 그곳을 중심으로 왕과 이스라엘 백성에게 땅을 나눠준다. 이것은 이스라엘 백성이 무엇을 중심으로 살아야 하는지를 보여 준다. 왕궁이 중앙에 있는 게 아니라, 성소가 중앙에 있는 것이다.

■ 설교를 위한 적용

새 이스라엘을 건설하는 일은 이스라엘 각 지파들이 거할 곳을 정하는 것으로 시작한다. 하나님은 인간이 살아가기에 필요한 것을 모든 인간들에게 동일하게 주셨다. 이것을 '기업'이라고 한다. 기업은 결코 양도할 수 없다. 왜냐하면 그것이 없으면 아무도 인간다운 삶을 살아갈 수 없기 때문이다. 고대 사회에서 인간다운 삶을 살기 위해 가장 필수적인 것이 바로 '땅'이다. 그래서 하나님은 이스라엘 백성에게 땅을 나눠 주신 것이다.

그런데 하나님은 그들에게 땅을 나눠 주시면서, 우선적으로 거룩한 구역을 설정하게 하신다. 그리고 그 중앙에 성소를 두게 하신다. 이것은 성소가 삶의 중심임을 말해 준다. 하나님은 이스라엘 백성에게 인간다운 삶을 살기 위해 필요한 것을 주시면서, 삶의 중심이 무엇이어야 하는지를 명확하게 일러 주신다. 우리도 살면서 삶에 필수적인 것들을 취해야 하지만, 먼저 우리의 삶에 거룩한 구역을 설정해야 한다. 그리고 우리 삶의 중심을 성소에 둬야 한다. 우리는 거룩함에 근거해 삶을 영위해야 한다.

2) 통치자들, 이제는 바르게 하라(45:9~17)

하나님은 통치자들에게 특별히 명령하신다. 포악과 겁탈을 일삼지 말고, 정의와 공의를 행하도록 촉구한다. 그래서 '내 백성'을 속여 빼앗지 말라고 명령하신다. 하나님은 이스라엘 백성을 '내 백성'이라고 말씀하신다. 이스라엘은 왕의 백성이 아니라, 하나님의 백성이다. 하나님은 이 사실을 천명하신다. 이것은 솔로몬이 기브온에서 하나님께 일천번제를 드리는 장면에서도 나타난다. '내 백성'이란 매우 중요한 개념이다. 왕이 백성을 자신의 것으로 여기는 것과 하나님의 백성으로 여기는 것은 전혀 다르기 때문이다.

하나님이 이스라엘을 '내 백성'으로 칭하면서 군주에게 당부하는 것은 백성을 잘 다스리라는 것이다. 자신의 욕심을 채우기 위해 백성을 억압하거나 겁탈하지 말라고 하신다. 그러면서 도량형을 정확하게 할 것을 명령하신다. 그리고 하나님은 군주의 본분에 대해 말씀하신다. "왕은 본분대로 번제와 소제와 전제를 절기와 월삭과 안식일과 이스라엘 족속의 모든 정한 절기에 드릴지니 이스라엘 족속을 속죄하기 위하여 이 속죄제와 소제와 번제와 감사제물을 갖출지니라"(17절). 군주는 하나님의 백성인 이스라엘이 각 절기마다 하나님께 제대로 제사를 드릴 수 있도록 여건을 마련하는 역할을 한다. 이렇듯 본문은 군주의 정치적 권한을 대폭 축소하고, 그 역할을 제의적 차원에서 정의한다.

■ 설교를 위한 적용

나라를 다스리는 사람들은 자신들에게 주어진 권력을 사유화하려는 유혹에 빠지기 쉽다. 하나님은 이것을 경계하도록 엄히 명령하신다. 이스라엘 백성은 왕의 백성이 아니라, 하나님의 백성이다. 역대하 1장을 보면, 하나님이 이스라엘 백성을 '내 백성'이라고 말씀하신다. 솔로몬도 이스라엘 백성을 '당신의 백성', '하나님의 백성'이라고 칭한다. 이것은 매우 중요하다. 자신이 다스리는 백성을 하나님의 백성으로 여겼을 때, 그들을 위해 헌신하고 봉사할수 있기 때문이다. 그렇지 않으면, 백성을 압제하고 늑탈하기 쉽다.

이것은 예나 지금이나 마찬가지다. 그래서 지도자들이 어떤 자세로 직무를 수행하느냐가 중요하다. 그렇기 때문에 우리는 사회의 지도자들이 백성 위에 군림하기보다 백성을 위해 헌신하는 올바른 지도자 상을 갖추도록 계속 기도해야 한다. 우리는 '노블리스 오블리제'를 실천하는 지도자를 원한다. 그런데 우리나라 지도자들은 대다수가 '노블리스 오블리제'와 거리가 멀다. 그들은 백성을 생각하기보다 자신의 이익을 위해 움직인다. 공직자들 중에 진정한 공복(公僕)을 찾아보기 힘들다. 교회는 우리나라 지도자들에게 끊임없이 겸손을 요구해야 한다.

3) 절기들을 제대로 지켜라(45:18~46:15)

군주가 지원해야 하는 절기들 중에 가장 먼저 언급되는 것은 신정(1월 1일)인데, 이 날에 해야 할 일은 성소를 정결케 하는 것이다. 성소가 백성의 범죄로 인해 더럽혀졌기 때문에 속죄제를 드림으로써 성소를 정결케 해야 한다. 그리고 일곱째 날에는 실수로 죄지은 사람들을 위해 속죄제를 드려 성소를 정결케 해야 한다. 이스라엘이 신년 초하루를 성전 정결로 시작하는 것은 의미가 깊다. 이스라엘 백성이 1년 동안 죄짓지 않고, 성전을 정결케 유지하기 위해 애써야 한다는 것을 의미한다.

두 번째로 언급되는 절기는 유월절이며, 일주일 동안 이 절기를 지키면서 누룩을 넣지 않은 떡을 먹으라고 한다(21절). 이것은 유월절과 무교절을 동일시한 것으로 보인다. 원래 유월절은 출애굽을 기념하는 절기로써 정월 14일에 지키고, 정월 15일부터 일주일 동안 무교절로 지킨다. 무교절은 보리를 거둬들이는 농사 절기인데, 바로 앞에 유월절이 있기 때문에 후대로 내려갈수록 무교절이 유월절화(化)되는 경향을 보인다. 그런데 원래 유월절은 가족 중심으로 지키는 것이었는데, 본문에서 왕이 주관하고 있다. 이것은 요시야가 유월절을 국가적 차원에서 지킨 것을 떠올리게 한다(대하 35:7~9). 유월절이 가족 절기에서 국가적 행사로 바뀐 것이다.

그리고 원래 유월절의 제물은 양인데, 여기서 송아지를 제물로 삼는다. 유월절의 제물은 양(출 12:1~28)에서, 양을 예물로 드리고 나서 다시 소와 염소를 예물로 드리는 것(민 28:16~25, 대하 30:15~17)에서, 양과 소와 염소를 함께 드리는 것(대하 35:7~9)에서, 소를 드리는 것(겔 45:22)에서, 다시 양을 드리는 것으로 바뀌었다(스 6:19~22).

7월 15일에는 일주일 동안 수장절을 지킨다(레 23:39~44, 신 16:13, 16). 그런데 절기 때에 드리는 제사는 대체로 속죄제이다. 그만큼 속죄를 강조하는 것이다.

그다음에 언급되는 절기는 안식일과 초하루이다. 이 절기들에서 가장 강조하는 것은 동쪽 안문을 통제하는 것이다. 군주는 이 문을 통해 출입해야 하며(46:8), 다른 사람은 이 문을 사용할 수 없다.

마지막으로 언급되는 것은 매일 아침에 드리는 제사이다. 아침마다 일 년 된 양 한 마리를 드려야 하는데, 소제도 함께 드린다. 여기서는 저녁 제사에 대해선 말씀하지 않고 있다.

■ 설교를 위한 적용

이스라엘은 신정을 비롯해 여러 날들을 절기로 정하고, 하나님께 제사를 드린다. 이스라엘 백성에게 있어서 절기는 매우 중요한 것이다. 그들은 하나님의 백성이기 때문에 하나님을 섬기고 하나님께 제사를 드리는 것이 당연한 일이다. 이스라엘 백성이 바빌론에서 귀환한 까닭은 하나님이 주신 땅에서 하나님의 집을 짓고 하나님께 예배드리기 위함이다. 무엇보다 이스라엘 백성은 예배하는 공동체이다. 그들은 정한 절기에 하나님을 예배한다. 따라서 절기를 준수하는 것이 바로 하나님을 예배하는 일이 된다.

이스라엘 백성이 여러 절기들을 정하고 하나님께 예배했듯이, 우리도 예배드릴 시간들을 정하고 그 시간마다 하나님께 예배한다. 우리는 예배하는 사람들이고 교회는 예배 공동체인 것이다. 그런데 그 절기들에서 우리가 반드시 해야 할 일은 속죄이다. 즉 죄 용서함을 받아야 한다는 것이다.

그런데 요시야가 유월절을 가족 절기에서 국가 절기로 전환했듯이, 우리도 절기들을 개인의 죄뿐 아니라 사회의 죄도 고백하고 뉘우치는 계기로 삼아야 한다. 여러 면에서 한국 사회는 아직도 자신들의 죄를 뉘우치는 회개가 부족한 것 같다. 엄청난 죄를 지었는데도, 그 일에 책임지고 회개하는 사람을 찾아보기 어렵다. 한국 교회도 개인 차원뿐만 아니라 국가 차원에서 절기를 지켜야 한다.

4) 통치자들도 법 앞에서 평등하다(46:16~18)

본문은 통치자들에 대해 다시 한 번 언급하는데, 여기서 군주의 기업에 대해 말씀하신다. 즉 군주가 받은 기업도 다른 사람들처럼 보존되어야 한다. 그리고 왕이라고 해서 원래 받은 것 이상으로 기업을 늘리지 말아야 하며, 기업을 잘 유지해 후손들에게 그대로 전수해야 한다. 하나님은 왕이 기업을 늘리기 위해 백성의 기업을 뺏고, 삶의 터전을 잃은 백성으로 하여금 살 길을 찾아 어디론가 떠나게 하지 말라고 경고한다. 이것은 당시에 그런 일들이 비일비재했음을 암시한다. 열왕기상 21장에 나오는 나봇의 포도원 사건이 그 좋은 예이다. 따라서 본문 기자는 왕을 비롯한 모든 사람들이 자신들에게 주어진 기업을 잘 지키고 보존해야 한다고 말한다.

왕이 일정한 땅을 소유하고 그것을 임의적으로 늘려갈 수 없는 상황에서, 신하에게 땅을 선물로 주면 왕의 기업은 그만큼 줄어들 수밖에 없다. 이런 경우에 희년까지 기다렸다가 그때 기업을 되돌려주면, 그것을 왕의 자손들에게 물려 줘야 한다. 이렇게 함으로써 왕의 기업을 회복한다. 왕의 기업도 희년에 환수 대상이라는 게 아이러니다. 이것은 군주도 다른 사람들과 동일한 법 적용을 받아야 함을 의미한다. 군주에게 있어서 무엇보다 중요한 것은 법을 준수하는 것이다. "그가 왕위에 오르거든 레위 사람 제사장 앞에 보관한 이 율법서를 등사하여 평생에 자기 옆에 두고 읽어서 그 하나님 여호와 경외하기를 배우며 이 율법의 모든 말과 이 규례를 지켜 행할 것이라 그리하면 그의 마음이 그 형제 위에 교만하지 아니하고 이 명령에서 떠나 좌로나 우로나 치우치지 아니하리니 이스라엘 중에서 그와 그의 자손의 왕위에 있는 날이 장구하리라"(신 17:18~20).

왕이 가장 중요하게 여겨할 것은 바로 하나님의 율법이다. 그런데 제사장과 왕에 대한 규정들이 동일한 구조를 갖고 있다. 이것은 제사장과 왕이 동일한 책임과 권리를 갖는다는 것을 의미한다.

제사장(44:4~31)	비교 항목	왕(45:8~46:18)
44:5~8	과거의 죄	45:8~12
44:9~27	새로 부여받는 책임	45:13~46:15
44:28~31	기업	46:16~18

■ 설교를 위한 적용

우리가 본문을 읽으면서 느끼는 것은 모든 사람들이 법 앞에서 평등하다는 점이다. 다시 말해, 본문이 우리에게 알려 주는 것은 하나님이 보시기에 왕이나 백성이나 모두 동일하다는 것이다. 이것은 왕과 백성이 모두 율법 앞에서 동등함을 의미한다. 즉 모두가 동일한 법을 적용받는다는 뜻이다. 따라서 일반 백성만 희년에 땅을 돌려받는 것이 아니라 왕도 자신의 땅을 돌려받는다.

이런 점에서 본문은 매우 독특하다. 하나님은 법 적용을 평등하게 하라고 명령하신다. 가난하다고 편들지 말고 부유하다고 편들지 말며, 그 반대로도

하지 말라고 하신다. 법을 무시하고 매사를 임의적으로 풀려고 해선 안 된다. 그래서 교회는 법을 준수하고, 법 앞에서 모두가 평등하다는 것을 인정해야 하며, 법 집행도 평등하게 해야 한다. 하지만 명백한 규정이 있음에도 불구하고 '은혜롭게 하자'면서 교회가 편법으로 일을 처리하는 경우가 많다. 그러다가 '법이요'라고 외치면, 법 규정대로 해야 하는 우스꽝스러운 모습을 연출한다. 우리 사회도 법 적용의 형평성에 대해 논란이 많은데, 공정한 법 집행을 위해 교회부터 준법정신을 가져야 한다.

5) 부엌도 거룩하다(46:19~24)

에스겔에게 새로운 절기들에 대해 알려 준 안내자는 그를 데리고 북쪽에 있는 제사장의 '거룩한 방'으로 올라간다. 이 거룩한 방에 대해 42장에서 이미 언급했다. "그가 내게 이르되 좌우 골방 뜰 앞 곧 북편 남편에 있는 방들은 거룩한 방이라 여호와를 가까이 하는 제사장들이 지성물을 거기서 먹을 것이며 지성물 곧 소제와 속죄제와 속건제의 제물을 거기 둘 것이며 이는 거룩한 곳이라"(겔 42:13).

그런데 부엌은 그 방 뒤 서쪽에 있다. 세 번째 성전 탐사를 부엌에 대한 규정으로 마무리 하는 것은 매우 특이하다. 부엌에 관한 규정이 성전법에 속해 있다는 것이 의아하게 느껴질 정도다. 대개 부엌에 대해 암시만 하고 직접 언급하지 않기 때문이다. 부엌을 암시하는 구절은 다음과 같다. "네 하나님 여호와께서 택하신 곳에서 그 고기를 구워 먹고 아침에 네 장막으로 돌아갈 것이니라"(신 16:7). "유월절 양을 잡으니 제사장들은 저희 손에서 피를 받아 뿌리고 또 레위 사람들은 잡은 짐승의 가죽을 벗기고 그 번제물을 옮겨 족속의 차서대로 모든 백성에게 나누어 모세의 책에 기록된 대로 여호와께 드리게 하고 소도 그와 같이 하고 이에 규례대로 유월절 양을 불에 굽고 그 나머지 성물은 솥과 가마와 냄비에 삶아 모든 백성에게 속히 분배하고"(대하 35:11~13).

이 규정들은 성전 안에 부엌이 있었음을 암시한다.

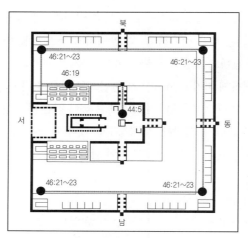

제사장의 거룩한 방과 부엌

그리고 엘리의 아들들에 대한 기록도 부엌을 암시하고 있다. "엘리의 아들들은 불량자라 여호와를 알지 아니하더라 그 제사장들이 백성에게 행하는 습관은 이러하니 곧 아무 사람이 제사를 드리고 그 고기를 삶을 때에 제사장의 사환이 손에 세살 갈고리를 가지고 와서 그것으로 냄비에나 솥에나 큰 솥에나 가마에 찔러 넣어서 갈고리에 걸려 나오는 것은 제사장이 자기 것으로 취하되 실로에서 무릇 그곳에 온 이스라엘 사람에게 이같이 할뿐 아니라 기름을 태우기 전에도 제사장의 사환이 와서 제사 드리는 사람에게 이르기를 제사장에게 구워 드릴 고기를 내라 그가 네게 삶은 고기를 원치 아니하고 날것을 원하신다 하다가"(삼상 2:12~15).

이렇게 부엌에 대해 암시하고 있지만, 직접 언급하는 본문은 찾아보기 어렵다. 그런 의미에서 부엌을 직접 언급하고 규모와 용도를 자세하게 일러 주는 19~24절은 매우 독특하다.

43~46장은 부엌에 관한 규정으로 끝난다. 부엌은 성소에서 떨어져 있지만 결코 소홀히 할 수 없는 곳이다. 왜냐하면 부엌은 하나님께 드릴 제물을 삶는 곳이기 때문이다. 그러니 부엌에서도 거룩함을 유지해야 한다. 성전은 어느 곳이나 소중하다. 따라서 하나님의 백성은 성전 어느 곳에서나 거룩함을 유지해야 한다. 제사를 드리는 제단뿐 아니라, 제물을 준비하는 부엌도 중요하고 거룩하다고 본문은 우리에게 알려 준다.

우리는 대체로 예배드리는 곳만 소중하게 생각하고 조심한다. 그러다 보니 본당에선 어느 정도 조심하지만, 다른 곳에선 조심하지 않는 경우가 많다. 특히 식사를 준비하는 부엌이나 사람들이 모이는 식당은 소란스럽기 이루 말할 수 없다. 교회인지, 시장인지 알 수 없을 정도다. 하나님은 성전 어느 곳에나 계시며, 본당에만 계시는 분이 아니다. 그렇기 때문에 부엌과 식당에도 하나님이 계신다고 생각하고, 그곳에서도 거룩함과 경건함을 유지하려고 애써야 한다.

맺는 말

지금까지 우리가 살펴본 것은 실재하는 것이 아니다. 왜냐하면 현재가 아닌 미래에 일어날 일들을 말씀하시기 때문이다. 하나님은 새로운 이스라엘을 세우실 것이다. 그리고 그 중앙에 성전을 만들고, 동문을 통해 성전으로 들어가실 것이다. 성전과 예루살렘을 떠나셨던 하나님이 귀가하시는 것이다. 하나님은 자신이 귀가하신 동문을 영원히 닫게 하심으로써 다시는 이스라엘을 떠나시지 않을 것을 다짐하신다. 그러면서 이스라엘로 하여금 그들이 저지른 죄를 부끄럽게 여기게 하고 새로운 삶을 시작하게 하실 것이다.

하나님이 원하시는 새 이스라엘은 먼저 제단을 세우고 하나님께 제사하며, 성전을 거룩하게 유지하기 위해 최선을 다하고 거룩한 구역을 설정하며, 그 중앙에 성전을 세우고 모두가 '기업'을 가지며, 군주의 주관 아래 절기들을 거룩하게 지키는 공동체이다. 이스라엘은 그런 미래를 염원하고 있다. 그들의 미래는 '하나님의 귀가'로 시작한다.

18

성전 너머의 세상

에스겔 47~48장 주해와 적용

본문의 개요

하나님의 영광이 회복된 성전에서 흘러나오는 물은 강이 되어 그것이 미치는 곳들, 특히 죽음의 바다인 사해와 그 주변의 회복으로 이어진다 (47:1~12).

생명을 주는 강의 환상은 45:8에서 잠시 언급된 각 지파들에게 기업으로 나눠 줄 땅의 경계들에 관한 환상으로 이어진다(47:13~48:29).

그리고 그 땅의 중앙에 있을 성읍의 열두 출입구에 대한 언급과 그 성읍의 이름을 언급하는 것으로 에스겔서는 끝을 맺는다(48:30~35).

요컨대 중심은 성전이다.

그러나 그 성전 너머에는 그 성전의 영향이 미쳐야 할 강, 땅, 성읍이 존재한다.

본문 주해

1. 생명을 주는 강(47:1~12)

1) 물이 강으로 됨(1~5절)

(1) 스며 나오는 물(1~2절)

부엌을 마지막으로 성전 둘러보기를 마친 에스겔은 이제 성전 건물의 문에 이른다. 거기서 그는 동쪽을 향한 성전 건물의 문지방에서 물이 나오는 것을 본다.

원문에 있는 '히네'(הִנֵּה)라는 단어는 에스겔의 발견에 극적 효과를 더한다. 이 단어는 독자들의 시선을 에스겔의 시선과 일치시킨다. 그 나오는 물을 카메라가 클로즈업해 보여 주는 것과 비슷한 장치이다.[1] 문지방에서 나오는 물은 성전 안뜰에 있는 제단 쪽으로 흐른다. 그리고 제단을 지날 즈음에 제단의 남쪽을 둘러 흐른다(1절).

물은 계속해 동쪽으로 흘러 그 물줄기가 동쪽 문까지 이어진다. 그런데 그 동쪽 문은 영광이 돌아온 이후 닫혀 있었다(43:1이하; 44:1~2). 이에 성전 안내자는 에스겔을 북쪽 문을 통해 성전 담 바깥으로 데리고 나가고, 성전 담의 북동쪽 모서리를 돌아 동쪽 문의 바깥에 이르게 한다. 그곳에서 에스겔은 문을 통과해 스며 나오는 물을 다시 만난다. 1절에 사용된 '히네'가 여기에서 다시 사용되어 독자들로 하여금 한 번 더 에스겔의 시선에 동참하도록 초대한다.

'스며 나오다'라는 표현의 히브리어는 물병에서 물이 조금씩 떨어지거나 흘러나오는 소리를 묘사한 의성어다. '졸졸' 스며 나오는 물은 에스겔과 독자들의 시선을 사로잡는다.

(2) 넘쳐흐르는 강(3~5절)

이제 안내자는 스며 나오는 물이 만드는 물줄기를 따라간다. 1,000척씩 즉 약 450m씩 거리를 재며 동쪽으로 나아가는 그는 에스겔로 하여금 매번 그 물을 건너게 한다. 처음에 발목, 다음에 무릎, 그다음에 허리까지 오는 물이었다(3~4절).

이 단락의 마지막 장면인 5절을 개역한글에 기초해 좀 더 문자적으로 번역해 보면 다음과 같다. '그리고 그가 1,000척을 척량했다. 내가 건너지 못할 강! 왜냐하면 그 물이 깊었다. 헤엄칠 만한 물! 건너지지 못할 강!'

5절에서 물의 변화에 대해 최소한 두 가지 관찰을 할 수 있다. 첫 번째는 물을 '강'(기고나할)이라고 부르고 있다는 점이다. 졸졸 흘러나온 물이 이제는 '강'이 된 것이다. 두 번째는 그 강의 깊이에 대해 '건너다'라는 동사를 한 번은 능동태('내가 건너지 못할 강')로, 또 한 번은 수동태('건너지지 못할 강'2)로 사용해 물의 깊이를 강조하고 있다는 점이다. 에스겔이 건너지 못할 뿐 아니라 어떤 사람에 의해서도 '건너지지 못할' 즉 아무도 건너지 못할 만큼 깊은 강이 된 것이다.

불어난 물의 양에 대한 강조는 그것이 점점 더 많아지는 과정을 반복적으로 표현한 3~4절의 묘사와 더불어 맨 처음 그 물의 근원과 뚜렷한 대조를 이룬다. 성전 문지방 밑에서 스며 나온 물이 조금씩 불어나더니, 마침내 큰 강으로 된 것이다.

그러나 이런 물의 양의 변화는 에스겔이 보게 될 성전 너머 세상의 변화에 대한 환상의 서곡에 불과하다.

2) 강이 가져올 변화(6~12절)

(1) 강가의 많은 나무를 봄(6~7절)

성전 안내자는 물이 강으로 변함에 대해 이미 놀랐을 에스겔에게 목격한 것을 확인한다('보았느냐? 인자야'3). 아직은 놀라기에 이르다. 에스겔에게 보여 줄 것이 더 있다.

그가 에스겔을 강가로 인도했을 때, 에스겔의 눈앞에 심히 많은 나무들이 강가 이편저편에 있는 장면이 펼쳐진다. 여기서도 '히네'(흔히 '보라'라고 번역하기도 한다)라는 단어가 사용되어 에스겔의 시선에 독자들을 초청하며 그의 놀람에 동참시킨다.

(2) 풍성한 생명을 가져오는 강물(8~12절)

두 번째 부분은 그 강물이 가져올 풍성한 생명의 모습들에 대한 인도자의 설명으로 이뤄져 있다. 이 강물은 요단 계곡을 지칭하는 듯한 '아라바'를 내려가 지금의 사해로 생각되는 '바다'의 물을 되살릴 것이다(8절).[4]

또한 이 강물은 바다만 회복시키는 것이 아니라 그것이 이르는 모든 곳과 그 속의 '모든 생물'(חַיָּה נֶפֶשׁ 네페쉬 하야)을 살릴 것이다. 물고기도 심히 많아질 것이다. '되살아나다'(רָפָא 라파 이 동사가 수동형으로 쓰였을 때 가장 일반적인 의미는 '치료되다'이다)라는 동사는 8, 9절의 핵심 단어다.[5] 이 강물은 치료와 회복을 의미한다.

이 강은 자연 세계를 넘어 사람들에게도 복이 될 것이다. '엔게디'('염소의 샘')와 '에네글라임'('두 송아지의 샘')은 각각 사해의 서편과 동편 해안 지역으로 보인다. 아무것도 살지 않는 죽음의 바다가 생명으로 가득 차게 될 때 그 주변 지역들도 유익을 누리게 된다. 지중해를 의미하는 '큰 바다'처럼 각양각색의 물고기들이 사해에 많아지면 그것들을 잡고자 하는 어부들도 모여들 것이다.

11절은 언뜻 보기에 강물의 능력의 한계를 묘사하는 부정적인 진술처럼 보인다. 그러나 이 구절을 그 강물의 '사려 깊음'을 나타내는 것으로 보면 더욱 적절하다. 사해의 모든 부분이 되살아나면, 즉 염분이 없어지거나 옅어져 물고기들이 살 수 있는 환경이 되면 사해에서 더 이상 소금이 생산되지 않을 것이다.

문제는 당시 제사와 생활에 소금이 필수적이었다는 사실이다. 이에 소금을 얻을 수 있는 장소가 여전히 남아 있을 것이라는 11절의 진술은 긍정적 의미로 이해해야 하며 '소금 땅이 될 것'이라는 번역보다 '소금을 위해 남겨질 것이다'라는 번역(참고 NIV)이 긍정적 의미를 좀 더 잘 전달해 준다.

생명을 가져오는 강물의 능력에 대한 마지막 부분의 관심은 6~7절에서 언급된 나무들로 다시 돌아간다. 그 대신에 이번엔 그 나무들과 열매와 잎에 대해 좀 더 구체적인 진술을 곁들인다. 생명을 주고 치유하는 강물의 힘은 너무나 강력해 그것이 자라게 한 나무의 열매와 잎조차 그런 강물의 능력을 여전히 소유할 것이다. 강물의 대단한 능력은 7, 9, 10절에서 강물이 만들어 내는 각종 생명체들이 '심히 많다'라고 반복해 묘사된 점에서도 느낄 수 있다. 12절에서 '그 물이 성소를 통해 나옴이라'는 진술은 모든 생명들의 변화의 근원이 성소에 있음을 재확인한다.

■ 설교를 위한 적용

첫째, 성령을 모신 성도들은 '작은 성전'이다.[6] 초막절에 예수님이 하신 "나를 믿는 자는 성경에 이름과 같이 그 배에서 생수의 강이 흘러나리라"(요 7:38)는 말씀과, 이 말씀에 대한 요한의 "이는 그를 믿는 자의 받을 성령을 가리켜 말씀하신 것이라"(요 7:39상)는 설명을 에스겔서 본문에 비춰 묵상해 본다면 다음과 같은 그림을 그릴 수 있다. 에스겔서에서 생수의 강이 흘러 나왔던 곳은 성전이다. 그런데 요한복음에서 생수의 강은 성도들이 받을 성령이라고 설명하면서 그 생수의 강이 예수님을 믿는 사람들의 배에서 흘러나올 것이라고 한다. 요컨대, 성령이 성도들에게 거하실 때 성도들은 주변에 생명을 주는 강이 흘러나오는 작은 성전이 되는 것이다.[7] 또한 작은 성전이라는 정체성은 성도 개개인의 적용을 넘어 교회 공동체로 확장된다(참고 고전 3:16). 성도들로 이뤄진 작은 성전의 능력은 다름 아닌 성령의 능력이다.

둘째, 성전은 그 담 너머의 세상에 변화를 가져온다. 거룩한 성소에서 시작한 물이 성전 너머에 있는 죽음의 바다에 새로운 생명의 기운을 가져다주어 그것을 치유하듯이 성도들에게서 흘러나오는 생수의 강인 성령은 성도들의 주변에 분명한 변화를 가져올 것이다. 이런 변화는 근본적으로 생명을 주는 '심히 풍성한' 것이다. 요한계시록 22:1~2에 기록된 새 예루살렘의 생명수의 강도 그 좌우에 있는 생명나무를 자라게 하는 생명의 근원이 되며, 그 잎사귀는 '만국' 다시 말해 온 세상을 치료하기 위한 것이다. 기독교의 소망은 결코 교회라는 울타리 속에 제한되지 않는다. 황폐한 세상에 생명의 변화를 가져오는 것이야말로 기독교 신앙이 보여 줄 수 있는 가장 큰 매력 중에 하나이다.

셋째, 변화는 처음부터 크고 화려하게 시작하지 않는다. 큰 강물이 되어 이르는 곳마다 풍성한 생명과 치유의 변화를 가져온 물은 그 시작이 매우 미미했다. 아합 시절에 가뭄을 그치게 했던 비도 일곱 번을 확인하고서야 볼 수 있었던 사람의 손바닥 크기만 한 작은 구름에서 시작되었다(왕상 18:44). 엘리야에게 말씀하신 하나님의 음성도 세미했다(왕상 19:12). 우리는 큰 강을 만나려면 문지방에서 졸졸 스며 나오는 작은 물줄기를 무시하거나 놓쳐선 안 된다. 천국은 겨자씨처럼 알아볼 수 없을 만큼 미미하게 시작하는 것이다. 우리는 작은 시작을 귀하게 여겨야 한다.

2. 다시 사람이 살게 될 땅(47:13~48:29)

1) 전체 땅의 외적 경계(47:13~23)

(1) 땅 분배에 대한 원칙(13~14; 21~23절)

땅의 외적 경계를 기록한 본문의 앞뒤로 땅을 분배하는 원칙을 기록한 말씀들이 나온다. 여기서 자주 나오는 '기업'이라는 단어와 그와 관련된 동사들은 이스라엘이 회복된 땅에서 살게 됨은 다름이 아니라 하나님께서 그분의 옛 약속을 지키신 결과임을 보여 준다.[8]

14절의 "이 땅으로 너희 열조에게 주마 하였었나니"라는 옛 약속에 대한 재확인은 이런 사실을 더욱 강조한다.

우리는 이 본문에서 하나님의 약속이 성취될 이상적 시대의 원칙을 찾아볼 수 있다. 그것은 평등(14절)과 보편성(22~23절)이다. 땅을 기업으로 평등하게 나눠 갖는 주체들은 '이스라엘의 열두 지파'이다.[9] '기업'과 더불어 자주 나오는 단어인 '지파'와 그것을 사용한 '이스라엘의 열두 지파'라는 표현은 남북 분열 왕국 이전에, 심지어 왕정 이전에 있었던 언약 백성의 공동체로서 이스라엘에 대한 함의를 가진 것으로 이스라엘의 이상적인 공동체의 모습을 그리고 있다.

그런데 이런 지파들의 체제에 '타국인'(게르)들도 포함될 것이다. 즉 지파 간 평등의 범위가 이스라엘이라는 민족의 한계를 넘어 보편적으로 적용되어야 한다(22절). 이스라엘 속에서 여러 계층으로 살아가던 타국인들은 이스라엘 사람들과 어느 정도 유사한 권리를 누리고 있었다. 할례를 받으면 유월절 식사에도 참여할 수 있었고(출 12:48), 원한다면 제사와 같은 종교 행위에도 온전히 참여할 수 있었다(참고 레 22:18).

하지만 그들에게 주어지지 않은 권리가 있었는데, 곧 땅에 관한 것이다. 타국인들은 땅을 차지할 수 없었다. 이 한계는 그들로 하여금 '이등 시민'으로 전락하게 만들었다.

그런데 에스겔의 마지막 환상에서 이 제한마저 철폐된다. 이런 보편성 혹은 포괄성의 원칙이 이상적 기업 분배의 모습으로 그려지고 있음은 매우 놀라운 일이다.

(2) 땅의 사방 경계(15~20절)

땅의 사방 경계의 지리적 위치를 파악하는 데에 크리스토퍼 라이트의 「에스겔 강해」나, 이안 두굿의 「에스겔」에 실린 지도를 보면 많은 도움을 얻을 수 있다.[10] 이 경계들의 특징들은 다음과 같다.

첫째, 이스라엘이 역사적으로 소유했던 땅의 최대 영역 혹은 좀 더 큰 영역을 포함하고 있다(특히 북쪽 경계에서 더욱 그러하다). 하지만 이 본문은 '역사적 지리'가 아닌 '신학적 지리'로써 땅의 크기보다 여기에 나타난 경계들이 싸고 있는 곳(당연한 이야기 같지만)이 하나님께서 모세에게 약속하신 땅과 본질적으로 같은 것이라는 점이 중요하다. 즉 이 땅을 기업으로 받는다는 것은 앞서 언급한 것처럼, 하나님의 오래되고 빛바래지 않은 약속의 성취를 누리는 것이다.

둘째, 요단강의 동쪽 지역을 포함하지 않는다는 점이다(18절 '동쪽은… 요단강이니'). 역사적으로 요단강의 동쪽 지역은 르우벤, 갓, 므낫세 반 지파가 차지했던 곳이다. 그런데 이 지역이 에스겔의 신학적 약속의 땅에서 빠져 있는 것이다. 우상 숭배(참고 수 22장) 혹은 소돔과의 관련(참고 창 13장)을 통해 요단 동편의 부정적 함의를 찾아내는 설명들[11]은 설득력을 갖지 않는 것은 아니지만, 요단 동편은 원래 주어진 약속의 땅에 포함되어 있지 않았기에 제외되었다는 설명이 이스라엘의 열두 지파와 조상들에게 약속한 전체의 맥락과 더 잘 어울린다. 즉 이 새로운 땅을 기업으로 회복하는 환상은 요단 동편을 포함하는 역사적 회복에 관한 것이라기보다 언약과 연관된 신학적-상징적 회복에 관한 것이다(비교 수 14~21장). 실제로 바빌론의 포로에서 이스라엘 땅으로 돌아올 수 있는 지파로 유다 지파가 유일했다. 또한 포로 이후 이스라엘은 물리적으로 여기에 기록된 경계들로 이뤄진 땅을 회복하지 못했다. 이제부터 살펴볼 동서로 반듯한 경계로 각 지파들에게 땅을 나눠 주는 것도 지리적으로 불가능하고 역사적으로도 실현되지 않았다. 이에 대해 이 본문들을 신학적 상징으로 이해하는 것이 바람직하다.

2) 땅의 내적 구획(48:1~29)

(1) 예물로 드릴 땅 북쪽과 남쪽의 지파들(1~7, 23~29절)

각 지파들의 위치는 그들이 역사 속에서 차지했던 위치보다 야곱의 자손들의 지위를 반영한다는 원칙이 좀 더 지배적이다. "예물로 드릴 땅"(참고 48:8)에서 가장 먼 북쪽과 남쪽에는 야곱의 첩들인 실바와 빌하의 아들들의 지파(1~3; 27~28절)가 위치한다. 그리고 좀 더 중심에 가까이 야곱의 본처인

라헬과 레아의 아들들이 북쪽과 남쪽에 각각 네 지파씩(4~7, 23~26절) 위치한다.

여기서 '예물로 드릴 땅'에 가장 인접해 북쪽에는 유다 지파, 남쪽에는 베냐민 지파가 위치하는데 이는 그들의 역사적 위치와 반대이다(7, 23절). 즉 '남유다 왕국'으로 대표되던 유다 지파도 새로운 땅에서 '북쪽'에 위치할 것이다. 이런 새로운 배치는 다시 회복할 나라는 남유다와 북이스라엘로 나뉨이 없는 하나 될 것임을 상징한다. 앞서 언급했듯이, 새 땅에 대한 이상은 왕국 시대 이전의 모습에 기초한다.

(2) '예물로 드릴 땅'

'예물로 드릴 땅'의 위치도 회복될 땅의 새로움을 잘 보여 준다. 이 특별한 땅의 위치에 대해 크게 두 가지 견해가 있다.

라이트의 지도를 살펴보면 '특별 보류지'의 남쪽에 위치한 지파들의 땅의 폭이 북쪽에 위치한 지파들의 그것보다 좁은 것을 알 수 있다. 이것은 '특별 보류지'의 위치를 역사적인 예루살렘의 위치와 동일시할 때 그려진다.

반면, 두굿의 지도는 각 지파들의 땅의 폭이 모두 동일한 반면에 '거룩한 땅'의 위치가 역사적인 예루살렘의 위치보다 북쪽으로 올라가 있음을 알 수 있다. 이 새로운 위치는 역사적인 예루살렘에서 북쪽으로 약 48km쯤 떨어진 곳으로 예루살렘 이전에 회막과 언약궤가 위치했던 예배의 중심지인 실로(참고 수 18:1; 삼상 1:3, 24; 4:3) 근처가 된다.

예배 중심지의 새로운 위치는 예루살렘이 우상 숭배로 더러워졌던 것(참고 8~11장)을 생각해 볼 때, 그리 놀랄 만한 것이 아니다. 또한 새로운 땅의 기업 분배가 왕정 이전의 전통에 기반하고 있다는 점에 비춰 볼 때, 오히려 더 자연스러울 수 있다. 요컨대, 에스겔서는 좀 더 근본적이고 급진적인 회복을 바라보고 있다.

'예물로 드릴 땅'의 자세한 구획은 45:1~8에 이미 나와 있다. 45장의 기록과 비교해 48장이 좀 더 자세히 다루고 있는 부분은 '성읍의 기지'에 관한 것이다(45:6; 48:15~19). 이 성읍 기지의 크기는 제사장과 레위인들에게 줄 땅들과 비교해 길이는 같고 폭은 그것들의 절반이다(라이트 507쪽; 참고 두굿 666쪽 그림). 이 성읍 기지는 그 중앙에 위치한 성읍(15~16절)과 그 둘레의 땅(성읍 사방의 남은 둘레12와 성읍 양쪽에 남아 있는 땅, 17~18상절)으로 이뤄져 있다.

여기서 주목할 것은 남아 있는 땅의 용도이다. 지파를 막론하고 성읍의 일하는 자들이 그 땅을 경작할 것이고 그 산물이 그들의 양식으로 된다(18하~19절). 즉 이 땅은 일상적 노동의 터전인 셈이다.

개역한글은 48:15에 있는 히브리어 단어 '홀'(חֹל)13을 '속된 땅' 혹은 '속된 지역'으로 번역하고 있다. 그러나 한글의 '속되다'라는 표현은 뭔가 잘못된 듯한, 심할 경우에 죄와 관련된 듯한 부정적인 느낌을 주는 표현으로써 히브리어 '홀'의 의미를 오해하게 만든다. NIV는 이 부분을 '성읍을 위한 일반적 용도'(the common use of the city)로 번역하고 있는데, 이 '일반적이다'라는 번역이 히브리어 '홀'에 더욱 적절하다. 개역한글에서도 같은 단어가 쓰인 사무엘상 21:4~5에서는 이 단어를 '보통'이라고 번역하고 있다('보통 떡', '보통 여행'). 요컨대, '속된' 일상은 악하거나 부정한 것이 아니다.14 이런 일상적 노동의 터전이 비록 '거룩하게 구별할 땅'(תְּרוּמַת הַקֹּדֶשׁ 트루마트 하코데쉬, 10, 18, 21절)과 구별되지만, '예물로 드릴 땅'(הַתְּרוּמָה אֲשֶׁר־תָּרִימוּ 하트루마 아쉐르 타리무, 8절)에 포함되어 있다는 사실은 매우 중요하다.

■ 설교를 위한 적용

첫째, 하나님의 약속은 어떤 역사적 난관에도 불구하고 반드시 이뤄질 것이다. 그리고 그 성취는 사람의 역사 속에서 왜곡된 차선의 모습이 아닌 하나님께서 원래 품으신 모습 그대로 이뤄질 것이다. 하나님의 약속에 대한 성취는 개인적 차원에서 멈추는 것이 아니라 궁극적으로 공동체 차원으로 나아간다. 아브라함이라는 개인에게 주어진 약속이 온 인류의 문제를 배경으로 했던 것처럼, '개인의 비전'도 공동체적 맥락에서 이해되고 그 안에서 의미를 찾아야 한다. 그리고 그 비전은 평등과 포괄성이라는 하나님의 이상적 원칙을 실현하는 통로가 되어야 한다.

평등과 포괄성의 원칙이 공동체의 맥락에서 드러난 탁월한 신약의 예는 이방인 교회가 예루살렘의 어려움을 돕기 위해 헌금을 모은 것이다. 복음은 유대인에게만 제한되지 않고 모든 열방에 이르렀다. 타국인들에게도 하나님의 기업을 나누는 에스겔서에 기록된 환상이 성취되기 시작한 것이다. 그리고 그 타국인들이 예루살렘 성도들을 위해 헌금을 모음으로써 또 다른 원칙인 공평의 원리를 희생과 나눔 속에서 이뤄냈다(참고 고전 16:3; 고후 8:13~14). 북이스라엘과 남유다의 구별이 없는 포괄적이고 평등한 공동체적 일치를 추구했던 에스겔의 비전은 신약에 이르러 남과 여, 유대인과 이방인, 종과 자유인의 구별이 없는 그리스도를 중심으로 한 공동체 안에서 성취되기 시작했다.

둘째, 우리의 '보통' 일상도 삶의 중심되신 하나님께 드려질 예물이다. 이 신학적 지리의 기본적 특징은 새롭게 나눠질 기업의 땅 중심에 하나님께 '예물로 드릴 땅'이 존재한다는 것이다. 그리고 구별된 땅의 중앙에 성소가 위치한다(48:8, 21). 그야말로 하나님이 모든 것들의 중심이 되신다. 모든 것들이 그분을 위하고 그분에게 속하며 그분을 기준으로 판단해야 한다는 것은 우리 신앙의 가장 기본적 원리이다. 문제는 이런 기본적 원리가 실제 우리의 생활 속에서 종종 힘을 발휘하지 못한다는 것이다.

하나님이 삶의 중심에서 내쫓기는 이유는 신앙의 영역에 대한 오해에서 비롯되기도 한다. 우리가 신앙의 영역을 '종교적' 활동에만 제한해서 이해할 경우, 하나님은 그 '종교적 영역'의 중심에는 계실지 모르지만, 그 제한된 영역의 중심이 우리 삶 전체에선 변두리에 위치할 수 있는 것이다. 여기서 '예물로 드릴 땅'에 속해 있는 '속된 땅'의 존재는 신앙의 영역에 대한 이런 오해를 바로잡는다. 우리의 '보통' 일상은 악하거나 신앙과 무관한 것이 아니다. 예물로 드려지는 땅은 종교적 목적으로 사용되는 것(48:9~14)으로만 구성되어 있지 않다. 일하는 사람들의 양식이 생산되던 노동의 터전(48:18~19)도 분명히 '예물로 드려질 땅'이다. '온 세상 주인 되신 하나님'은 성도들의 '흙과 땀이 묻은 얼굴'을 기뻐 받으신다.

3. 여호와께서 계시는 성읍(48:30~35)
에스겔서의 마지막 부분은 48:15~19에서 언급된 성읍에 관해 문들과 그 성읍 자체의 이름을 언급하며 마친다. 성전과 마찬가지로 정사각형을 하고 있는 성읍에는 문이 열두 개가 있는데, 그것들의 이름은 레위 지파를 포함한 이스라엘 각 지파들의 이름을 따를 것이다.

이 성읍은 정사각형 모양이 상징하는 것처럼 완벽할 것이며(참고 계 21:16), 각 문의 이름이 보여 주는 것처럼 회복된 하나님의 백성은 하나 되어 한 성읍을 위할 것이다.

그리고 그 성읍의 이름은 '여호와께서 거기에 계시다'가 될 것이다.

■ 설교를 위한 적용
우리가 에스겔서 마지막 부분에서 놓치지 말아야 할 것은 '여호와께서 거기 계시다'라는 이름으로 부르는 것은 성전이 아니라 성읍이라는 점이다. 성전으로 대표되는 종교적 영역에만 하나님이 임재하시는 것으로 생각하기 쉽다. 그러나 에스겔서는 마지막에 이르러 '속된 땅'(48:15)으로 구분된 곳에 위치한 성읍이야말로 '여호와께서 거기에 계시다'라는 이름에 어울리는 곳이라고 웅변한다.

맺는 말: 거룩한 산제사가 드려지는 곳

47~48장은 성전 너머의 세상을 그리고 있다. 성전은 그 너머에 있는 세상과 무관한 홀로 거룩한 장소가 아니다. 성전의 높은 담은 비록 백성 가운데 있지만 구별된 하나님의 초월성을 보여 주며, 그 문지방에서 스며 나온 생명의 강은 성소의 거룩함이 영향을 미쳐야 하는 곳은 성전 너머의 세상임

을 보여 준다. 성소의 거룩한 능력으로 정결케 되고 생명을 회복한 땅에는 사람들이 거주할 것이다.

하나님의 기업은 모든 지파가 공평하게, 타국인도 함께 풍성하게 누리게 될 것이다. 마찬가지로 성전과 성읍은 구별된다. 그러나 하나님은 초월성만 가지신 분이 아니라, 그분의 백성과 함께하는 분이시다. 그런 하나님께 일상의 노동 터전인 '속된 땅'도 드려질 예물의 땅에 포함되며, 거기에 위치한 성읍이야말로 '여호와께서 거기에 계시다'라는 이름이 붙여지는 곳이다.

거룩함은 일상에 영향을 미친다. 아니, 우리의 '보통' 일상이야말로 '상스러움' 속에 '성스러움'이 스며든 거룩한 산제사를 드리는 '여호와 삼마'의 장소이다.

주(註)

1부

1장

1. 이학재, 「에스겔 어떻게 읽을 것인가?」(서울: 성서유니온선교회, 2002), 11.
2. Joseph Blenkinsopp, *Ezekiel* (Louisville: John Knox Press, 1990), 4
3. 이학재, 앞의 책, 14.
4. Ralph Alexander, "Ezekiel," in Frank E. Gaebelein, *Isaiah-Ezekiel*, Expositor's Bible Commentary Vol. 6 (Grand Rapids: Regency Reference Library, 1986), 745.
5. Christopher J. H. Wright, *The Message of Ezekiel* (Downers Grove: Inter-Varsity Press, 2001), 41~42.
6. 클라인은 저서를 통해 위기에서 소망의 신학인 하나님의 임재를 강조하고 있다. R. W. 클라인, 「에스겔 예언자와 그의 메시지」, 박호영 옮김(서울: 성지출판사, 1999).
7. Hakjae Lee, *A Rhetorical and Theological Interpretation of RUAH in Ezekiel 37:1~34* (Stellenbosch: University of Stellenbosch, 1999), 24~73.
8. 이학재, "에스겔서에 나타난 성령", 「성서사랑방」(2000년 여름 제12호), 58~73.
9. 이학재, "예레미야 31장 31~34절과 에스겔 36장 24~28절의 상호 본문성", 「개신논집」 (2005. Vol. 5), 49~69.
10. 이학재, 앞의 책, 21~24.
11. Alexander, 앞의 책, 742~43.
12. Alexander, 앞의 책, 745~46.
13. Daniel I. Block, *The Book of Ezekiel*, Vol. 1, NICOT (Grand Rapids, Mich.: WEPC, 1997), 47.
14. Block, 앞의 책, 53.
15. Margaret S. Odell and John T. Strong, *The book of Ezekiel: theological and anthropological perspectives* (Atlanta, GA: Society of Biblical Literature, 2000).
16. William L. Holladay, "Had Ezekiel Known Jeremiah Personally?" *CBQ* 63 (2001), 31~34
17. 이학재, 앞의 책, 284~90.
18. Daniel I. Block, "Ezekiel: Theology of," in *NIDOTTE* Vol. 4 (Grand Rapids: Zondervan Publishing House, 1997), 626~27.
19. Susan, Niditch, "Ezekiel 40~48," in a visionary context, *Catholic Biblical Quarterly* (April 1986), 13~17.
20. 박호용, 「야웨 인지 공식」(서울: 성지출판사, 1997), 171.

3장

1. 우리는 구약성경의 중심 메시지가 그리스도의 고난과 대속 사역을 증거 하는 예언이라고 해석하는 입장을 '기독론적 해석'이라고 정의한다.
2. E. W. Hengstenberg, *Christology of the Old Testament*, Vol. 2, 1260.
3. 그러나 예언서들의 경우 메시아적 해석과 기독론적 해석을 엄밀하게 구별하기가 어렵다. 왜냐하면 구약 예언들 중 메시아를 다루는 구절들은 대부분 그의 대속적 고난과 부활/승귀를 또한 다루는 경우가 많기 때문이다.
4. 이 예언의 논리는 다음과 같다. 이사야가 이 예언을 하던 당시에 한 유다 여인(누구건)이 아이를 낳는다 치자. '그 아이가 선악 간의 판단을 배울 즈음에 두 동맹군이 망한다.' 이 아이는 하나님의 함께하심을 믿게 만드는 징조요 표적이다.
5. 7:14에는 '그 여자'(70인역은 '처녀'; 히브리어 עַלְמָה알마는 가임 여성 즉 결혼한 여성도 가리킬 수 있음)가 잉태하여 아들을 낳는다고 되어 있다. 전후 문맥에서 볼 때 아이를 낳는 여자는 이사야의 아내뿐이다. 따라서 임마누엘을 이사야의 아들이라고 보는 것이 본문에 충실한 해석이다. 반면에 7:14을 이사야 9:5~6('우리에게 한 아기가 태어났다')의 한 왕자(royal child)의 탄생과 연결시키는 학자들(Hammershaimb; Mowinckel)은 임마누엘의 탄생을 왕자/왕(요세푸스는 히스기야)의 탄생이라고 본다. 그러나 유다의 왕정 신학에 의하면 9장의 왕(자)의 태어남은 왕자의 생물학적 출생을 가리키지 않고 왕위 계승(시 2:7; 나단 신탁-삼하 7:12~16)을 가리키고 있음을 기억해야 한다.
6. 이사야의 아내는 8장에서 여선지자로 불린다. 아이의 이름을 짓는 예언자적 통찰력의 소유자로서 여선지자로 불리는 것이 무리가 아니다.

2부

5장

1. 에스겔서에 자주 등장하는 '그제야 너희는 내가 여호와임을 알게 될 것이다'라는 말은 '여호와 인지 공식'이다. 이 말씀은 여호와의 행위를 선포할 때 주로 사용된다. 메신저 양식인 '여호와께서 이같이 말씀하셨다'라는 표현과 함께 말씀의 정당성 혹은 말씀의 성취를 강하게 선포하는 말이다.
2. 구약성경의 예언서에는 예언자와 예언자 사이의 충돌이 많이 소개되고 있다(미가, 아모스, 예레미야). 그러나 히브리 성경은 '참' 예언자나 '거짓' 예언자라는 용어를 소개하지 않고 모두 예언자로 소개하고 있다. 거짓 예언자라는 표현은 히브리어 성경의 그리스 역본인 70인역에서 비롯되었다고 할 수 있다.
   참 예언자나 거짓 예언자를 이해하기 위해 우선 고려해야 할 것은 직업 예언자와 '나 홀로' 예언자에 대한 이해이다. 우리가 예언자로 이해하고 있는 이른바 문서 예언자는 '나 홀로' 활동했다. 그들은 당시 직업 예언자와 충돌하고, 백성들은 그의 메시지에 별 반응을 보이지 않았다. 당시 예언자는 일반적으로 직업 예언자를 지칭하는데, 그들은 예언자 학교에서 교육을 통해 만들어진 직업인이라 할 수 있다. 그들은 국가의 장래와 안위 그리고 개인사 등에 대해

신의 뜻을 전달하는 일을 했다. 따라서 꿈이나 환상은 신과 직업 예언자 사이에 없어선 안 될 중요한 매개체라 할 수 있다. 그들은 사실상 사회 지도층에 속했고, 때로 왕궁에 속한 궁중의 관리이기도 했다.

반면에 '나 홀로' 예언자는 예언자 학교에서 교육을 받은 직업적인 인물이 아니라, 갑자기 등장해 백성이나 왕에게 하나님의 메시지를 전달했던 인물이다. 그들의 메시지는 백성과 국가에게 부정적인 내용이었기 때문에 너 나 할 것 없이 모두 배척을 받았고 메시지 내용은 고려할 가치도 없는 것으로 여겨졌다. 그들 메시지의 주된 내용은 심판 선언과 회개 촉구라고 할 수 있다.

국가의 안위만을 강조한 직업 예언자와 국가 안위를 위협하는 메시지를 전하는 예언자 사이에 충돌이 있었음은 사실이다. 그렇다면 누가 진정 하나님의 메신저인가? 진정한 메신저란 메시지를 주신 분의 말씀을 전하는 사람이라 할 수 있다. 예레미야 23장은 여호와께서 메시지를 주시지도 않았는데, 그들은 선포한다고 기록하고 있다. 여호와께서 이스라엘의 반역에 대해 심판을 선언하셨는데, 오히려 직업 예언자들은 평화를 선포하고 있다. '나 홀로' 예언자가 선포하는 내용은 과거에도 있었지만 그때까지 이뤄진 것이 없는 고로 그 선포는 믿을 만한 것이 못 된다고 한다. 그 때문에 직업 예언자와 '나 홀로' 예언자 사이에 충돌이 생겨났다. 신명기 신학은 이 문제를 해결하는 방식에 대해, 예언의 성취 여부를 참과 거짓을 가르는 열쇠로 보고 있다(신 18장). 이것은 미가(미 3:5~6) 이후 계속적으로 예언자들 사이에 충돌이 있었음을 보여 주는 예이다. 신명기 신학자는 예레미야가 참 예언자였다는 사실을 증명하기 위해 그의 선포가 성취된 사실을 강조하고, 나아가 그전에 활동한 예언자들도 메시지의 성취 여부에 따라 참 예언자로 판정되었음을 볼 수 있다.

7장
1. 존 브라이트, 「이스라엘 역사」, 박문재 옮김(서울: 크리스챤다이제스트, 1995), 444~54.
2. M. Greenberg, *Ezechiel 1~20*, HThKAT (Freiburg; Basel; Wien: Herder, 2001), 360.
3. 수수께끼와 비유로 말하라는 이중적 요구는 17장의 예언에서 두 마리의 독수리, 두 개의 식물(백향목과 포도나무), 두 가지 형태의 심판(뿌리 제거와 동풍), 지상과 하늘의 작용, 심판과 구원 등의 이중적 구조와 일치한다. 전체적으로 보면 시문과 산문으로 구성된 비유와 해석이 나온 후(1~21절) 역전된 형태로 다시 처음의 비유로 돌아가는 종결부(22~24절)가 나타나 이중적 구조를 보인다. 이런 구조는 13장과 16장에서도 찾아볼 수 있다. Greenberg, 앞의 책, 354.
4. 아들의 이가 '시다'라는 번역은 원문과 거리가 있다. 히브리 동사 '카하'(קהה)는 기본적으로 '무뎌지다, 둔감해지다'(be blunt, dull)라는 의미가 있다. 그러나 이 속담이 의미하는 바는 분명하다. 아버지가 한 행동의 영향을 아들이 직접 받는다는 것이다.
5. 조셉 블렌킨솝, 「에스겔」, 박문재 옮김(서울: 한국장로교출판사, 2002), 127.
6. 블렌킨솝, 앞의 책, 126.
7. 예전에 한국에서도 '가계에 흐르는 저주'라는 말이 유행하면서 이에 관한 많은 서적들이 불티나게 팔리는 등 물의를 빚은 적이 있다. 이런 계대 저주 사상에 대해 「목회와신학」(2000년 3월호, 50~117)은 특집호를 마련해 자세히 다룬 바 있다.

8장

1. 에스겔서의 3중 구조는 다음과 같다. (1) 1~24장: 유다에 임할 심판의 신탁, (2) 25~32/33장: 열방에 대한 심판의 신탁, (3) 33/34~48장: 이스라엘의 회복의 신탁.
2. 참고 이안 두굿, 「에스겔」, 윤명훈, 임미영 옮김(서울: 성서유니온선교회, 2003), 326~28.
3. 이 이슈에 대한 자세한 논의를 보려면 다음을 참고하라. Daniel I. Block, *The Book of Ezekiel*, Vol. 1, NICOT (Eerdmans: Grand Rapids, 1997), 636~41.
4. 이 광야가 어디를 의미하는지에 집중하는 것은 본문의 의도를 잘못 이해하는 일이다. 본문에서 '광야'는 사람이 살 수 없는 지역과 상태를 의미하는 은유적 표현이다. 광야는 하나님 통치의 심판적 측면을 시사할 뿐 아니라 젖과 꿀이 흐르는 약속의 땅과 대조를 이룬다. 참고 Block, 앞의 책, 651.
5. 시온 산을 의미한다. 하지만 에스겔은 의도적으로 그 이름을 사용하지 않는다. 에스겔은 동일한 현상이 이스라엘의 회복을 전하는 신탁에서 예루살렘을 언급할 때에도 '예루살렘'이라는 명칭을 의도적으로 사용하지 않고 있다. 이것은 아마 패역과 배교가 이뤄진 그곳에 대한 거부를 표현하는 것으로 보이며 특히 회복의 시대에 그곳들이 본질적으로 예전과 전혀 다른 장소가 될 것임을 강조하는 듯하다. 48:35에서 에스겔은 예루살렘에 '여호와 삼마'(여호와께서 거기 계시다)라는 새로운 이름을 주고 있다.
6. '기억'으로 번역한 히브리어 단어는 단순히 기억하는 정도가 아니라 '자인하다', '주의를 기울이다'를 의미한다.

9장

1. 이 단어는 구약성경에서 878회, 에스겔서에서는 97회 사용된다. 이 단어는 '키 아니 야웨'(כִּי אֲנִי יְהוָה 나는 여호와이다)라는 절과 70회나 결합한다. 여기서 '야다'는 미래를 표시하는 동사로 사용된다. 따라서 에스겔서에서 이 구절은 장차 일어날 일들을 통해 하나님의 존재를 알게 될 것이라는 경고의 메시지가 된다. 에스겔서에서는 하나님께서 자신의 계획을 이루실 것을 예지하는 그분의 독특한 신학을 말하는 구절이다.
2. 조셉 블렌킨숍, 「에스겔」, 박문재 옮김(서울: 한국장로교출판사, 2002), 26.
3. 24:1
4. 33:21
5. 9:3~10; 11:22~23 등
6. 40~48장
7. 21~22장은 20:45; 21:1, 8, 18; 22:1, 17, 23에서 이 양식으로 주제가 잘 정돈되어 있다.
8. 블렌킨숍, 앞의 책, 136; 아이히로트 발트, 「에제케엘」(서울: 국제성서주석, 1991), 339~343.
9. 열왕기상 5:6; 예레미야 21:14
10. 에스겔 예언에서 문제의식은 '그날에 의인과 악인도 죽음을 당한다'라는 것이다. 이 말씀은 에스겔서뿐 아니라, 누가복음 23:31에서도 예수님께서 말씀하셨다. 그러나 우리가 예수님의 말씀을 잘 이해한다면 구원이 얼마나 은혜에 속한 것인지를 잘 알 수 있다. "푸른 나무에도 이같이 하거든 마른 나무에는 어떻게 되리요"라는 말씀에서 두 나무는 동일하게 패망하

는 것 같다. 하지만 푸른 나무에는 견딜 수 있는 힘을('이같이') 주시지만 마른 나무에는 그 가능성마저 빼앗아 버린다는 것을 의미한다. 환난은 누구나 피할 수 없겠지만, 준비하는 자에게는 극복할 힘을 주신다는 것이다.

11. 특별히 에스겔서에서 '누가 의인이며, 누가 악인인가'라는 문제는 18:10~30에 주목해야 한다. 에스겔의 예언에서 패망의 적용이 이스라엘 전체(아모스~예레미야)에서 개인으로 넘어가는 모습을 볼 때, 에스겔서는 개인의 선택이 의인과 악인을 나누는 기준이 된다. 이는 에스겔이 은혜의 선물인 구원을 하나님 편에서 바라본 시각이 아니라, 인간 편에서 바라본 시각으로 말하고 있다는 것이다.

12. 참고 아모스 7:10~13; 이사야 28:9~10; 예레미야 15:17 등

13. '베야다트 키아니 야훼'(וִידַעְתֶּם כִּי־אֲנִי יְהוָה). 여기서 '야다'라는 동사는 미래를 제시하는 미완료이다. 따라서 에스겔서에서 이 말은 미래에 일어날 놀랍고도 엄청난 일을 알게 할 때 사용된다. 또한 이 단어는 인간이 어떤 상황을 파악할 수 있는 능력을 의미한다. 주위의 상황이 어떻게 돌아가는지를 파악하고 대처하는 능력이다. 어떤 상황을 일으키는 원인자가 바로 여호와라는 것을 알리며, 그분만이 모든 것들을 시작하고 끝낼 수 있다는 선언의 말이다. 에스겔은 이 말을 빈번하게 사용해 이스라엘 백성에게 여호와께서 행하시는 것을 보고 깨달으라고 선언하고 있다.

14. 참고 W. H. 쉬미트, 「구약 성서 입문 II」, 차준희, 채홍식 옮김(서울: 대한기독교서회, 2000), 53~54.

15. 블렌킨솝, 앞의 책, 139.

16. 참고 존 브라이트, 「이스라엘 역사」, 박문재 옮김(서울: 크리스챤다이제스트, 2004), 452~454.

11장

1. 참고 이안 두굿, 「에스겔」(서울: 성서유니온선교회, 2003), 421.

2. 찰스 디어, 「에스겔」, Bible Knowledge Commentary 15, 김정님 옮김(서울: 두란노, 1988), 123.

3. 이학재, 「에스겔 어떻게 읽을 것인가: 히브리어 원문 강해를 중심으로」(서울: 성서유니온선교회, 2002), 167; Daniel I. Block, *The Book of Ezekiel*, Vol. 2, NICOT (Grand Rapids: Eerdmans, 1998), 3.

4. Leslie C. Allen, *Ezekiel 20~48*, Word Biblical Commentary 29 (Dallas, TX: Word Books, 1990), 69.

5. 디어, 앞의 책, 124.

6. Block, 앞의 책, 17.

7. 테일러는 이것을 마구간보다 방목을 하는 목초지로 본다. 존 테일러, 「에스겔」, 틴데일 구약 주석 16, 정일오 옮김(서울, 기독교문서선교회, 1994), 220. 이상근이 제안하는 것처럼 수도 랍바가 약대와 짐승의 우리가 되고 암몬의 국토 전체가 양 떼가 눕는 목초지가 되는 것으로 보면 무난할 것 같다. 이상근, 「에스겔-다니엘」(대구: 성등사, 1993), 181.

8. 디어, 앞의 책, 125.

9. 테일러, 앞의 책, 221.
10. 테일러는 유다의 포로 이후에 에돔이 유다의 남방을 점령했다는 증거가 있다고 주장한다. 테일러, 앞의 책, 221.
11. 테일러, 앞의 책, 222.
12. 이들의 유래에 대해 유진 메릴, 「제사장의 나라: 구약 이스라엘의 역사 수정판」, 곽철호 옮김(서울: CLC, 2005), 51~52를 참고하라.
13. 존 맥그리거, 「에스겔」, IVP 성경 주석: 구약, G. J. 웬함 등 편집(서울: IVP, 2005), 1008도 같은 적용을 제안한다.
14. 이안 두굿은 예를 들어, '에이즈는 동성애자들에 대한 하나님의 심판이라고 기분 좋게 선언하는 것'도 우리가 반성해야 할 행위, 인자하지 못한 행위라고 지적한다. 테일러, 앞의 책, 426.
15. 디어, 앞의 책, 136에 보면 자세한 목록이 표로 나와 있다.
16. 테일러, 앞의 책, 231; 맥그리거, 앞의 책, 999, 1010.
17. 맥그리거, 앞의 책, 1010.
18. Block, 앞의 책, 105~106.
19. 맥그리거, 앞의 책, 1011.
20. 맥그리거, 앞의 책.
21. 두굿, 앞의 책, 439.
22. 두굿, 앞의 책, 443.
23. Allen, 앞의 책, 100.
24. 이상근, 앞의 책, 205~206.
25. Block, 앞의 책, 25~48, 128.

12장

1. Ian Cairns, *Word and Presence: a commentary on the book of Deuteronomy*, ITC (Grand Rapids, Mich.: Eerdmans, 1992), 39.
2. 에스겔서에 기록된 연대 중에 가장 후기다(주전 571년). 느부갓네살 왕이 15년 만에 두로를 함락시킨 연대(주전 586~571년)를 시점으로 한 것 같다.
3. 애굽 심판의 7개 신탁 중에 유일하게 연대가 표기되지 않았다. 그러나 예루살렘이 포위당한 시점을 암시하고 있으므로(29:1과 30:20을 보라) 주전 587년 1월에서 4월 사이에 기록된 것으로 추정해 볼 수 있다.
4. 제 십이 년 '어느 달'은 4월 13일, 586부터 4월 1일, 585년 사이를 의미한다. 70인역에는 '1월 15일'로 기록되어 있다(4월 27일, 586년).
5. John W. Weaver, *Ezekiel*, TNCBC (Grand Rapids:, Mich.: Eerdmanns Pub., 1971), 159~60.
6. 믹돌은 요새를 의미하는데 아마 북쪽 요새를 말하는 것 같고, 수에네(Aswan)는 남쪽에 위치한 도시다. 이는 이스라엘의 '단에서 브엘세바'(삿 20:1; 삼상 3:20)와 같이 전국을 의미한다.

7. 악어는 '바다의 괴물'(창 1:21), '뱀'(출 7:9), '용'(렘 51:34)으로 번역된다. 본문에서는 일반적으로 그 길이가 6~12m에 달하던 나일강의 악어를 의미한다고 볼 수 있다. 참고 Walther Zimmerli, *Ezekiel 2*, A Commentary on the Book of the Prophet Ezekiel Chapters 25~48 (Philadelphia, PA: Fortress Press, 1983), 106.

8. G. 발로우 외, 「에스겔」, 베이커 성경 주석 31, 박양조 옮김(서울: 기독교문사), 592.

9. 18절에 종말론적 전멸의 묘사는 이 심판의 절정을 보여 준다. 그 장소가 드합느헤스(Tahpanhes)로 나오는데, 그곳의 위치는 아직 정확히 알려져 있지 않다. 그곳이 애굽의 마지막 함락 장소였을 가능성을 배재할 수 없다. 참고 Zimmerli, 앞의 책, 134

10. Zimmerli, 앞의 책, 129.

11. 참고 Weavers, 앞의 책, 166.

12. Geoge Gallow, *Ezekiel*, 30~48.

13장
참고도서
1. Allen, L. C. *Ezekiel 20~48*. WBC Vol. 29. Dallas, Texas: Word Books, 1990.

2. Cooper, L. E. *Ezekiel*. NAC Vol. 17. Nashville: Broadman Pess, 1994.

3. Eichrodt, W. *Ezekiel*. OTL. Philadelphia: The Westerminster Press, 1970.

4. Lemke, W. E. *Life in the Present and Hope for the Future*. Interpretation 38. 1984. 165~80.

5. 찰스 디어. 「에스겔」. Bible Knowledge Commentary 15. 김정님 옮김. 서울: 두란노, 1983.

6. 이학재. 「에스겔 어떻게 읽을 것인가?」. 서울: 성서유니온선교회, 2002.

14장
1. Daniel I. Block, *The Book of Ezekiel*, Vol. 2, NICOT (Grand Rapids: WEPC, 1998), 272.

2. Hakjae Lee, *A Rhetorical and theological interpretation of RUAH in Ezekiel 37:1~14* (Stellenbosch: University of Stellenbosch, 1999).

3. Christopher J. H. Wright, *The Message of Ezekiel* (Downers Grove: Inter-Varistiy Press, 2001), 273~314.

4. Lamar Eugene Cooper, *Ezekiel*, The New American Commentary (Broadman & Holman Publishers, 1994), 299.

5. Seock-Tae Sohn, *YHWH, the Shepherd of Israel: A Nomadic Metaphor of Hebrew Bible*, JSRT 2 (1995), 1~37; Cooper, 앞의 책, 298.

6. Block, 앞의 책, 280~81.

7. Block, 앞의 책, 342.

8. Block, 앞의 책, 290.

9. Block, 앞의 책, 299.
10. Block, 앞의 책, 305.
11. Block, 앞의 책, 310.
12. Block, 앞의 책, 310~24.
13. Block, 앞의 책, 327.
14. Cooper, 앞의 책, 312.
15. Block, 앞의 책, 314, 343.
16. Block, 앞의 책, 314, 348.
17. Cooper, 앞의 책, 316~17.
18. 이학재, "예레미야 31장 31~34절과 에스겔 36장 24~28절의 상호 본문성", 「개신논집」 (2005. Vol. 5), 49~69.
19. Wright, 앞의 책, 291~92.
20. Hakjae Lee, 앞의 책, 94.
21. Hakjae Lee, 앞의 책, 95.
22. Block, 앞의 책, 388.
23. Hakjae Lee, 앞의 책, 24~49.
24. Hakjae Lee, 앞의 책, 175.
25. Hakjae Lee, 앞의 책, 187.
26. Block, 앞의 책, 394~95.
27. Cooper, 앞의 책, 327~28.
28. Donald C. Polaski, "Reflection on a Mosaic Covenant: The Eternal Covenant(Isa 24:5) and Intertextuality," *JSOT* 77 (1988), 55~73.
29. 끝으로 이 글에서 대부분의 내용은 필자의 책을 참고했음을 밝힌다. 그리고 여러 부분이 중복되고 있지만, 최대한 다른 면을 발견하려고 노력했음도 밝힌다. 이학재, 「에스겔 어떻게 읽을 것인가?」(서울: 성서유니온선교회), 2002.

18장

1. Adele Berlin, *Poetics and Interpretation of Biblical Narrative* (Winona Lake: Eisenbrauns, 1994), 91~95.
2. 개역한글은 수동태 구문을 '능히 건너지 못할 강'으로 번역하고 있다.
3. 히브리어 본문에는 개역한글에 있는 '이것을'이라는 목적어가 명시되어 있지 않다.
4. 허성갑의 히브리어 직역 구약성경은 이 본문을 '썩은 바다로 흘러 들어갈 때'로 번역하고 있다. 이와 관련된 본문 비평적 문제는 Walther Zimmerli, *Ezekiel 2* (Philadelphia: Fortress Press, 1983), 507을 보라.
5. 실제로 이 동사는 에스겔서 전체를 통틀어 네 번만 등장하는데(34:4; 47:8, 9, 11) 그중에 세 번이 우리의 본문이다.
6. 이안 두굿, 「에스겔」, 윤명훈, 임미영 옮김(서울: 성서유니온선교회, 2003), 688.
7. 두굿, 앞의 책, 688.

8. 월터 브루거만, 「성서로 본 땅」, 강성열 옮김(서울: 나눔사, 1991), 222~23.

9. 레위 지파는 예물로 드릴 땅과 연관된 부분을 차지하게 될 것이고, 이로 인해 요셉에게는 므낫세와 에브라임을 통해 두 몫의 기업이 돌아간다(13절).

10. 두 지도는 '예물로 드릴 땅'의 위치에 대해 서로 다른 이해를 보여 준다. 자세한 내용은 뒤에 다뤘다. 크리스토퍼 라이트, 「에스겔 강해」, 정옥배 옮김(서울: IVP, 2004), 506; 두굿, 앞의 책, 699.

11. Walther Eichrodt, *Ezekiel* (London: SCM press, 1970), 590~91; R. W. 클라인, 「에스겔: 예언자와 그의 메시지」, 박호영 옮김(서울: 성지출판사, 1999), 282~83.

12. 중앙부의 성읍이 정확하게 가로 4,500척, 세로 4,500척이므로 폭 250척의 들이 그 사방 둘레를 이룬다(16절).

13. 이 단어는 구약성경에 7회 나온다. 레위기 10:10; 사무엘상 21:4, 5; 에스겔 22:26; 42:20; 44:23; 48:15.

14. '거룩함'(holy), '정함'(common/clean), '부정함'(unclean)의 정의와 관계에 대해서 Gordon Wenham, *The Book of Leviticus* (Grand Rapids: Eerdmans, 1979), 18~25를 보라.

원어 일람표(히브리어/헬라어)

P. 11
예헤즈케엘 יְחֶזְקֵאל
하자크 חָזַק
엘 אֵל

P. 14
루아흐 רוּחַ

P. 19
케도쉬 이스라엘 קְדוֹשׁ יִשְׂרָאֵל

P. 21
라크 רַךְ
로에 에하드 רֹעֶה אֶחָד
나시 נָשִׂיא

P. 33
쉐키나 שְׁכִינָה

P. 35
마쉬아흐 מָשִׁיחַ

P. 41
알마 עַלְמָה

P. 54
마라드 מָרַד
마라 מָרָה

P. 59
초페 צוֹפֶה
차파 צָפָה
미츠파 מִצְפֶּה

P. 77
바모테켐 בְּמוֹתֵיכֶם
바마 בָּמָה
미즈베홋테켐 מִזְבְּחוֹתֵיכֶם
하마네켐 חַמָּנֵיכֶם
길루레켐 גִּלּוּלֵיכֶם

P. 81
짜카르 זָכַר
쿠트 קוּט
야다아 יָדַע

P. 89
카라 קָרָא
자아크 זָעַק

P. 90
야드 יָד

P. 99
싸레 하암 שָׂרֵי הָעָם

P. 100
루아흐 רוּחַ

P. 136
히다 חִידָה
마샬 מָשָׁל

P. 138
요네케트 יוֹנֶקֶת
호테르 חֹטֶר
네체르 נֵצֶר
체마흐 צֶמַח

P. 143
테슈바 תשובה

P. 144
라켄 לָכֵן
슈브 שׁוּב

P. 156
마라 מָרָה

P. 163
야다 יָדַע
야다 키 아니 야훼
יָדַע כִּי אֲנִי יְהוָה

P. 179
오헬 אֹהֶל

P. 196
크레티임 כְּרֵתִים
히크라티 הִכְרַתִּי

P. 198
초르 צוֹר

P. 214
브네 에렛츠 하브리트
בְּנֵי אֶרֶץ הַבְּרִית

P. 226
초페 צוֹפֶה
나탄 נָתַן
벤 아담 בֶּן־אָדָם
자하르 זָהַר

P. 227
슈브 שׁוּב

P. 229
미스파트 מִשְׁפָּט
쯔다카 צְדָקָה

P. 230
베슈브 בְּשׁוּב

P. 232
베짜 בֶּצַע

P. 237
로에 רֹעֶה
라아 רָעָה
호이 הוֹי
나헬레트 נַחְלוֹת
하자크 חָזָק
하홀라 הַחוֹלָה
라파 רְפָא

326

P. 238
니세베레트 נִשְׁבֶּרֶת
하바쉬 חָבַשׁ
니다하트 נִדַּחַת
슈브 שׁוּב
오베데트 אֹבֶדֶת
바카쉬 בָּקֵשׁ
바카르 בָּקָר
나찰 נָצַל
호쩨 הוֹצֵא
카바츠 קִבֵּץ
헤비 הֵבִיא
하야 הָיָה
라바츠 רָבַץ

P. 239
로에 에하드 רֹעֶה אֶחָד
베리트 샬롬 בְּרִית שָׁלוֹם
샤바트 שָׁבַת
나탄 נָתַן
야라드 יָרַד
베타흐 בֶּטַח

P. 242
키나 קִנְאָה

P. 243
에이바 אֵיבָה
야웨 샴 하야 יְהוָה שָׁם הָיָה

P. 244
라켄 לָכֵן
나할라 נַחֲלָה

P. 245
쉠 코드쉬 שֵׁם קָדְשִׁי
쉐미 하가돌 שְׁמִי הַגָּדוֹל
쇼파크 שָׁפַךְ
타메 טָמֵא
푸츠 פּוּץ
자라 זָרָה
샤파트 שָׁפַט

P. 248
누아흐 נוּחַ

P. 249
아차모트 עַצְמוֹת

P. 250
케베르 קֶבֶר
루히 רוּחִי
야웨 יְהוָה
루아흐 רוּחַ

P. 251
에쳄 עֶצֶם
나바 נָבָא
아마르 אָמַר
에하드 אֶחָד
고이 에하드 גּוֹי אֶחָד
멜렉 에하드 מֶלֶךְ אֶחָד
로에 에하드 רֹעֶה אֶחָד
올람 עוֹלָם

P. 252
멜렉 מֶלֶךְ
나시 נָשִׂיא

버리트 샬롬 בְּרִית שָׁלוֹם
버리트 올람 בְּרִית עוֹלָם

P. 253
미크다쉬 מִקְדָּשַׁי

P. 258
멤 מ
기멜 ג
라멕 ל
벳 ב

P. 264
제바흐 זֶבַח

P. 269
레에 רְאֵה
쉐마 שְׁמַע
뻬심 וְשִׂים
학게드 הַגֵּד

P. 304
히네 הִנֵּה

P. 305
나할 נַחַל

P. 306
네페쉬 하야 נֶפֶשׁ חַיָּה
라파 רְפָא

P. 309
게르 גֵּר

P. 312
홀 חֹל
트루마트 하코데쉬 תְּרוּמַת הַקֹּדֶשׁ
하트루마 아쉐르 타리무
הַתְּרוּמָה אֲשֶׁר־תָּרִימוּ

P. 317
알마 עַלְמָה

P. 318
카하 קָהָה

P. 319
키 아니 야훼 כִּי אֲנִי יְהוָה

P. 320
베야다트 키아니 야훼
וְיָדַעְתָּ כִּי־אֲנִי יְהוָה

---

* ח. ס. צ. ו는 원칙적으로 'ㅎ', 'ㅆ', 'ㅊ', '부'로 음역했으나, 필자가 'ㅋ', 'ㅅ', 'ㅉ', '우'를 선호한 경우 필자의 의견을 존중했습니다.
* יהוה는 필자에 따라 '야웨'(혹은 '야훼')나 '아도나이'로 표기했습니다.